Vanlife
Leben und Reisen im Camper

Ed Bartlett und Becky Ohlsen

Inhalt

Willkommen im Vanlife

Mein Camper und ich

Rechts: Küste am Highway 1 in der Nähe von Big Sur.

Die besten Routen

Willkommen im Vanlife

Dieses Buch ist ein Handbuch. Es soll dir beim Kauf und beim Ausbau deines Campingvans helfen. Und es soll dir Anregungen liefern, wie du ihn nutzen kannst.

Egal ob für ein Hobby oder für Sport, für einen Familien-Campingtrip am Wochenende oder gar für eine dauerhafte Existenz unabhängig vom Stromnetz – möglichst einfache Vans sind beliebter denn je. Das bedeutet eine größere Auswahl, einen besseren Nutzen sowie eine immer bunter werdende Gruppe von Besitzern. Über Internetforen und Onlineplattformen, die als virtueller Campingplatz dienen, kann man sich in einem globalen Netzwerk Gleichgesinnter als Community unter der Bezeichnung „Vanlife" zusammenschließen. Reisen ist schon seit Längerem ein Synonym für Freiheit und Entdeckergeist, dies gilt insbesondere für die Reise mit dem Auto. Für Millionen von Besitzern auf der ganzen Welt ist der Campingvan das ultimative Reisegefährt und gleichermaßen auch ein Symbol für Freiheit. Er ist mehr als nur ein Fahrzeug, er ist ein Lebensstil und er vermittelt ein individuelles Gefühl von der Freiheit der Straße – sei es für eine Nacht, ein Wochenende, einige Monate oder sogar Jahre.

Erläuterungen zum Buch

Teil 1 des Buches legt den Fokus auf praktische Informationen und Ratschläge – von der Frage, welche Art von Van welchen Bedürfnissen entspricht, über unzählige Umrüstungsmöglichkeiten bis hin zu Tipps zu Stauraum, Reiseplanung und Optimierung des Campingerlebnisses.

In Teil 2 werden 10 Vanlife-Pioniere und ihre Fahrzeuge porträtiert. Dabei geht es um ihre Motivation und ihre Erfahrungen, aber auch um die Details ihrer Umbauten.

In Teil 3 wird eine Auswahl fantastischer Routen auf der ganzen Welt präsentiert.

Für wen auch immer, vom Vanlife-Veteranen bis zu all denen, die noch von der künftigen Freiheit im Campingvan träumen – dieses Buch bietet jede Menge neue Ideen und Anregungen für die Reise.

Was ist Vanlife?

Das ist eine gute Frage, um zu starten. Schließlich ist der Campingvan eigentlich keine neue Erfindung: Bereits 1950 kam zuerst der kultige VW-Bus (T1) mit der geteilten Frontscheibe heraus. Warum möchte ihn eine neue Generation unter einem griffigen, hippen Label neu erfinden? Steckt da Substanz hinter dem neuen Hashtag?

Der gegenwärtige Aufschwung von Vanlife ist wohl das Resultat aktueller globaler sozialer, wirtschaftlicher und kultureller Trends, wie es ähnlich auch bei der Ursprungsbewegung erfolgreich der Fall war. In den 1960ern und 1970ern waren es zunächst die Hippie-Bewegung und später die Surfer-Szene – beide übrigens mit starkem Trend zum VW-Bulli, der in jenerZeit ein fast totales Monopol auf dem Markt hatte –, die sowohl das Fahrzeug selbst als auch romantische Vorstellungen über den dazugehörigen Lebensstil ins Mainstream-Bewusstsein brachten.

Heute gibt es eine jüngere Generation, die sich mit dem Kinderkriegen Zeit lässt, sowie auch immer mehr Leute mittleren Alters, die keine Lust auf Eigenheimhypotheken und vom öden Büroalltag genug haben. Dank Internet ist es heute möglich, Geld zu verdienen, ohne dass man ein festes Büro dazu benötigt, während man sich über Facebook und Instagram untereinander verbindet und Storys und Tipps austauscht und nicht-virtuelle Treffen organisiert – ähnlich wie einst die Hippies um ihre Lagerfeuer saßen. Auf diese Weise ist eine Vanlife-Szene zusammengewachsen, die ihre eigene Dynamik entwickelt hat – befeuert durch großartige Fotos von Sonnenuntergängen, Lagerfeuern und ausgefallenen, selber ausgebauten Vans an diversen exotischen Orten, weit entfernt von offiziellen Campingplätzen oder Massentourismus.

Zum Zeitpunkt des Erscheinens der englischen Ausgabe dieses Buches (2018) hatte der Hashtag #vanlife über drei Millionen Klicks mit diversen Spin-offs, die alle im sechsstelligen Bereich liegen. Und trotz der gelegentlich kitschigen und klischeehaften Posen ist es doch fast unmöglich, sich dem Charme und dem Reiz dieses Themas zu entziehen. Natürlich muss man sich bewusst sein, dass die Bilder in den sozialen Medien mehrfach gefiltert werden: Was letztendlich zu sehen ist, sind höchstwahrscheinlich die bearbeiteten Highlights der Realität. Die Wirklichkeit vom Leben im Camper wird hingegen von Mirte van Dijk, Besitzerin des wunderbaren Oldtimer-Citroën Typ H auf Seite 42, treffend so resümiert: „Erwarte keine romantischen Sonnenuntergänge und exotischen Abenteuer am laufenden Band, denn Vanlife kann hart sein."

In einem Van zu leben kann beengt, heiß oder kalt, schmutzig, laut, frustrierend und gelegentlich sogar gefährlich sein. Das ist wahrscheinlich nichts für Leute, für die Dinge grundsätzlich einfach sein und nach Plan laufen müssen! Dafür musst du jedoch nicht deinen Job aufgeben. Du kannst Haus und Besitz verkaufen und lernen, Solarpanele am Dach des neuen rollenden Hauses zu installieren, um klarzukommen. Vanlife ist eine Geisteshaltung, und alle sind willkommen.

Einen Van aussuchen

Ob Fünf-Sterne-Hotel oder Schlafsack unter dem Sternenhimmel, Campingvans bieten für jeden etwas. Vom umgebauten Kastenwagen bis zum voll ausgestatteten Wohnmobil gibt es für jedes Budget und jeden Zweck etwas Passendes.

Beim Kauf eines Fahrzeugs solltest du als Erstes deine ganz individuellen Anforderungen bedenken. Eine Checkliste wie die untenstehende ist sinnvoll, bevor du über die Optionen nachdenkst. Für ein Alltagsfahrzeug, das für gelegentliche Wochenendtrips verwendet wird, ist ein voll ausgestattetes 5-Bett-Wohnmobil ebenso wenig sinnvoll wie ein Zweisitzer-Cabrio für eine fünfköpfige Familie. Bei einem Campingvan gilt es eine Menge zusätzlicher Aspekte zu bedenken, die über ein normales Auto hinausgehen. Deshalb lohnt es sich, Stift und Papier zu nehmen und aufzulisten, welche Funktionen essenziell, welche wünschenswert oder welche ledig-

Checkliste

Nutze ich den Van auch als Alltagsfahrzeug?

- Wirtschaftlichkeit
- Größe/Manövrierfähigkeit
- Wie sieht es aus mit Höhenbeschränkungen oder schmalen bzw. steilen Straßen?

Möchte ich durchs Gelände fahren?

- Front- bzw. Heckantrieb oder Allradantrieb
- Wahl der Reifen

Wie viele Personen fahren im Van mit?

- Gesetzliche Sitzplatzanforderungen
- Schlafgelegenheiten

Möchte ich auf offiziellen Campingplätzen übernachten oder eher wild campen?

- Energieoptionen – Landstrom/Batterietrennrelais/Solarstrom
- Zugang zu Toiletten und Duschen

Koche ich regelmäßig selber oder esse ich hauptsächlich auswärts?

- Einbauküche oder modulare Optionen
- Wassertank/Aufbewahrung von Lebensmitteln

Möchte ich sperrige Ausrüstung außen am Fahrzeug transportieren?

- Optionen für Anhängerkupplung/Dachgepäckträger etc.
- Beladen/Entladen/Stauraum

lich angenehme Extras sind. Vor der Entscheidung für ein bestimmtes Modell solltest du Prioritäten entsprechend deiner Situation und deinem Budget setzen. Nachfolgend einige wichtige Fragen für die Checkliste.

Das „K"-Wort

Ein Wort, das dir beim Vanlife sehr vertraut wird, ist „Kompromiss". Jeder Aspekt von Vanlife erfordert ein Geben und Nehmen. Möchtest du innen mehr Platz haben? Okay, aber ein größeres Fahrzeug wird mit den schmalen Straßen zu kämpfen haben, die zum perfekten Wildcamping-Spot führen. Willst du regelmäßig wild campen? Schön und gut, aber dann musst du grundlegende Dinge bedenken wie Unabhängigkeit von zentralen Ressourcen etwa durch Solarstrom, größeren Wassertank und entsprechend Stauraum für Lebensmittel. Egal wie du dich entscheidest, es wird sich wahrscheinlich anderswo auswirken. Also überlege gut, was wirklich wichtig ist, und mach dich auf allerlei Fallstricke gefasst. Die Checkliste soll dir helfen, zwischen Wesentlichem und lediglich Optionalem zu unterscheiden.

Budget

Die wichtigste Entscheidung ist, ob du ein fabrikfertiges Wohnmobil oder aber ein Basisfahrzeug kaufen möchtest, das, je nach Zeit und Budget, schrittweise umgebaut werden soll. Mit entsprechender Zeit und Geduld ist Letzteres sicher auch eine Erfahrung, die dich stolz macht.

Der ausschlaggebende Entscheidungsfaktor bei der Wahl des Vans wird wahrscheinlich das Budget sein. Wenn man einen nagelneuen, serienmäßig eingerichteten Van kauft, kann man sich in den ersten drei Jahren ganz dem Reisen hingeben. Für die

Links: Unterwegs in Alberta, Kanada.

meisten ist es jedoch die realistischere Option, ein gebrauchtes umgebautes Fahrzeug oder ein Basisfahrzeug zum Umbauen zu erwerben. Hier werden die Dinge jedoch etwas komplizierter.

Die finanzielle Kalkulation für diese Art von Leben und Reisen ist eine sehr persönliche Angelegenheit, deshalb kann man da keine verbindliche Empfehlung abgeben. Generell sollte man jedoch ein vernünftiges, großzügiges Budget für den besten Basistransporter veranschlagen. Schließlich ist zuverlässig von A nach B zu gelangen ja der Hauptzweck eines Fahrzeugs. Hier am Anfang Geld zu sparen kann dann später leicht zusätzliche Kosten verursachen. Wenn du technisch versiert bist, leg ruhig selber Hand an, achte aber beim Umbau auf Qualität und Vollständigkeit, sonst bekommst du es später umso mehr mit technischem Versagen, Rost und Reparaturen zu tun.

Testen vor dem Kauf

Eine gründliche Recherche ist der Schlüssel dazu, dass du den richtigen Van findest und unterwegs das Beste aus ihm herausholst. Beim Umbau musst du nicht nur viel Zeit in die Nachrüstung des Fahrzeugs investieren, sondern auch in das Studium der zahlreichen Optionen für Umbau und Campingausrüstung, was Vanlife erst zu einem großartigen Erlebnis macht. Besser ist es, du informierst dich in Online-Foren und bei persönlichen Treffen der Community, als dass du dich von Hochglanzfotos auf Instagram beeindrucken lässt. Ein guter Tipp vor einer größeren Anschaffung ist es, den Van vor dem Kauf zu testen, besonders dann, wenn du dauerhaft in dem Fahrzeug leben willst. Es gibt inzwischen zahlreiche Reisemobilvermietungen (auch solche für private gebrauchte Wohnmobile), bei denen man entsprechende Praxiserfahrungen machen kann. Das hilft bei der Entscheidungsfindung und der Beantwortung einiger Fragen der Checkliste. Und es existiert sogar eine App im Stil von Airbnb, die Besitzer von Wohnmobilen mit potenziellen Mietern zusammenbringt.

Am besten ist es, du mietest zunächst etwas in Größe und Stil, wie es deinen Bedürfnissen am ehesten entspricht, und unternimmst damit die längste Tour, die Zeit und Geld gerade noch zulassen. So eine Investition kann auf lange Sicht Kosten sparen, und der Spaß, den du an dieser Reise hast, sowie die Erkenntnisse, die du dabei gewinnst, werden hoffentlich die Ausgaben rechtfertigen.

Was macht einen guten Van aus?

Ungeachtet der Marke oder des Modells gibt es bestimmte Elemente, auf die man bei jedem Fahrzeug achten sollte. Ist die Entscheidung für Größe und Typ des Vans einmal getroffen, solltest du einige dieser Punkte vor dem Kauf berücksichtigen.

Antrieb

Ein starker und zuverlässiger Motor ist das A & O, achte deshalb darauf, dass seine Wartung gut dokumentiert ist. Übrigens ist die Kilometerleistung nicht unbedingt ein zuverlässiger Indikator – moderne Dieselmotoren mit geringer Belastung können bequem Hunderttausende von Kilometern mit lediglich einigen wenigen Routine-Kundendiensten zurücklegen. Und bei serienmäßig hergestellten Vans kann man eh davon ausgehen, dass sie sorgfältig gewartet wurden.

Überlege auch sorgfältig, auf welcher Art von Routen du unterwegs sein willst, und plane entsprechend.

- Regelmäßige Fahrten in unwegsamem, schlammigem Gelände erfordern idealerweise einen Allradantrieb, was die Wahl des Fahrzeugs eingrenzt. Ein Allradantrieb benötigt mehr Sprit auf normalen Straßen und schlägt sich auch auf Gewicht und Servicekosten nieder.
- Mit Automatikgetriebe lässt sich entspannter fahren, Schaltgetriebe ermöglichen jedoch bessere Kontrolle in bergigem Terrain.
- Die Vorzüge eines Tempomats werden leicht übersehen, kommen aber zum Tragen, wenn du viel auf Fernstraßen unterwegs bist.
- Seltene Modelle und Oldtimer-Fahrzeuge haben einen Coolness-Faktor, können jedoch leichter liegen bleiben, und du musst eventuell lange auf Ersatzteile warten.
- Ein größerer und leistungsstärkerer Motor macht längere Fahrten angenehmer, verursacht aber höhere Benzin- und eventuell auch Versicherungskosten.

Aufhängung

Je nach Art des Umbau wird das Fahrzeug dadurch erheblich schwerer. Das wirkt sich nachteilig auf Fahrverhalten und Straßenlage aus und kann in Extremfällen dazu führen, dass einige Teile mehr aushalten müssen als das, wofür sie zugelassen sind.

Beliebte Fahrzeuge zur Umrüstung wurden vorher oft als Nutzfahrzeuge verwendet, d.h., sie sind von der Aufhängung und Federung her bereits für größere Lasten zugelassen. Wenn du mehr Wert auf höheren Fahrkomfort solltest du dich eher nach serienmäßigen Großraumlimousinen (die im Deutschen als „Van" bezeichnet werden) umsehen.

Wenn du dir im Hinblick auf die richtige Auswahl von Reifen, Bremsen und Aufhängung unsicher bist, informiere dich unbedingt bei einem erfahrenen Kfz-Mechaniker.

Isolierung

An die Isolierung wird für gewöhnlich bei der Anschaffung eines normalen Autos weniger gedacht, für das Leben im Van ist sie jedoch essenziell. Dies gilt vor allem für die Umrüstung eines Transporters, der normalerweise im hinteren Teil keine Isolierung und große Flächen von nacktem Blech aufweist, was vor allem auf Schnellstraßen zu beträchtlicher Lärmentwicklung führt. Eine Isolierung hilft außerdem auch bei der Temperaturregulierung.

Glücklicherweise ist die Isolierung eines Vans eine der einfacheren Do-it-Yourself-Arbeiten, dafür lassen sich auch leicht umweltfreundliche Materialien verwenden. Anders liegt der Fall bei einer Großraumlimousine bzw. einem Kleinbus, die schon ab Werk isoliert sind.

Fahrzeughöhe

In Fahrzeug aufrecht stehen können – das steht für viele ganz oben auf der Wunschliste, wenn es um die Auswahl des richtigen Fahrzeugs geht. Das ist besonders wichtig, wenn man nicht nur an Wochenenden unterwegs ist. Für Novizen ist die Dachhöhe vielleicht das wichtigste Kriterium, das praktisch ausprobiert werden sollte, bevor man sich für ein Fahrzeug entscheidet.

Die meisten Vans sind mit unterschiedlichen Radständen und Dachhöhen erhältlich, sodass du auch im Hinblick darauf unter verschiedenen Marken und Modellen auswählen kannst. Eine falsche Entscheidung kann jedoch später sehr schmerzhaft sein – physisch und finanziell.

Die naheliegendste Lösung wäre, dass du ein Fahrzeug mit einem Hochdach kaufst. Wenn du jedoch an einem Ort lebst oder in solche reist, wo es Höhenbeschränkungen gibt, oder wenn der Campingvan dein einziges Fahrzeug ist, kann die große Höhe problematisch sein. Darüber hinaus gibt es weltweit immer öfter Höhenbeschränkungen für Parkplätze, um das Übernachten und Wildcampen von Vans und Wohnmobilen zu unterbinden.

Einen Van umbauen

Nun könnte man zwar einfach eine Campingmatte hinten in einen leeren Kastenwagen hineinwerfen, aber dann würde dir doch einiges entgehen: Die Suche nach einem passenden Fahrzeug, der individuelle Umbau – all das gehört doch zum Vanlife dazu!

Zwar ist das unmittelbare Erleben der Natur in der Regel doch der Hauptgrund dafür, dass Menschen einen Van kaufen und ihn fürs Campen umbauen, doch sollte man sich auch innen drin wohl fühlen. Lass dich nicht von Instagram-Bildern täuschen – Vanlife kann beengt, laut und frustrierend sein. Deshalb zahlt es sich aus, genügend Zeit für Recherche und Planung des Ausbaus einzukalkulieren und dabei besonders Aspekte wie Stauraum, Packen und Beladen zu bedenken.

Ein wichtiger Punkt beim Umbau eines Transporters ist, sich genau über die einschlägigen gesetzlichen Vorschriften zu erkundigen (z. B. bei TÜV oder Dekra). In Deutschland kann im Prinzip jeder Transporter oder Kastenwagen als Wohnmobil zugelassen werden, sobald eine Reihe von Bedingungen hinsichtlich des Umbaus erfüllt sind. Das hat in der Regel sogar eine günstigere Versicherung und Kfz-Steuer zur Folge. Auf alle Fälle muss du deine Kfz-Versicherung über alle Änderungen informieren, dein Fahrzeug wird dann als Wohnmobil versichert.

Kaufen oder umbauen?

Die erste Frage jedoch ist, ob du dein Fahrzeug selber umbaust oder eine Fachwerkstatt damit beauftragst.

Meist muss man für einen bereits ausgebauten Campingvan einiges mehr bezahlen als für ein entsprechendes Transporter-Basismodell. So mag es denn auch kostengünstiger sein, ein Basisfahrzeug zu kaufen und es selber auszubauen. Das erfordert zwar mehr Zeit und Mühe, hat aber den Vorteil, dass man weiß, was genau alles gemacht wurde, und man selber entscheiden kann, wie man es macht. Für die Kalkulation solltest du sicherstellen, dass du realistische Angebote für Materialien (und Dienstleistungen, sofern du sie in Anspruch nimmt) erhältst und dass bei der Planung auch wirklich nichts vergessen wird.

Ähnlich wie bei umfangreicheren Haussanierungen ist es sinnvoll, ein Reservebudget von mindestens 10 % einzuplanen, und die meisten Vanlifer werden bestätigen, dass das ursprünglich geplante Zeitbudget mindestens verdoppelt werden sollte, selbst wenn die Arbeiten zunächst noch so einfach erscheinen mögen.

Sitzplätze

Welchen Zweck ein Van auch immer erfüllen soll, er muss auf alle Fälle Sitzgelegenheiten bieten, sobald du ein schönes Plätzchen gefunden hast. Abhängig davon, wie viele Leute mitfahren sollen, ist ein flexibles Sitzplatzsystem wichtig.

Rechts: Mit dem Campingvan unterwegs im neuseeländischen Tongariro National Park.

Da Sitze die platzraubendsten Elemente in einem Fahrzeug sind, ist es wichtig, ihre Position sowie ihre Verstellungs- und Entfernungsmöglichkeiten via Schienen, Schrauben oder Schnellverschlussscharnieren sorgfältig zu planen. Sitze mit flexibler Konfiguration und mehrfachen Verwendungszwecken – ob als Stauraum oder als Klappbett – können den entscheidenden Unterschied ausmachen, ob und wie du dein Leben an Bord genießen kannst.

Das Design der Heckkabine ist von der Größe des Fahrzeugs und den individuellen Prioritäten abhängig. Selbst wenn der Van groß genug ist, damit man Seitenbänke und einen Esstisch einbauen kann – wie auf Instagram-Fotos von Camping-Dinnern halb im Freien immer wieder zu sehen –, kann das auf Kosten von wertvollem Stauraum gehen.

Am besten nimmst du Stift und Papier, um deine Ideen vor der Umsetzung festzuhalten. Vielleicht übst du schon mal vorher, indem du auf einem ähnlichen Plan die Nutzflächen deines Hauses oder deiner Garage skizzierst.

Für Vans ohne abgeschlossene Fahrerkabine ist ein um 180 Grad drehbarer Fahrer- bzw. Beifahrersitz eine beliebte und erschwingliche Option. Diese einfache Modifikation erweitert den hinteren Wohnbereich, steigert die Benutzerfreundlichkeit und schafft ein neues Raumgefühl.

Dabei gilt es zu beachten, dass es strenge Vorschriften bezüglich der Nutzung der Passagiersitze während der Fahrt gibt. Achte deshalb beim Kauf oder Umbau eines Fahrzeugs darauf, dass eine maßgeschneiderte, vom Basismodell abweichende Sitzanordnung zu 100 % den gesetzlichen Anforderungen entspricht. Ansonsten riskierst du, dass die Versicherung im Falle eines Unfalls den Schaden nicht bezahlt.

Schlafen

Fast ebenso wichtig wie die Sitzplätze sind die Schlafplätze. Die beliebtesten Optionen sind:

>> **Umbaubares Bett:** Der durchschnittliche Vanlifer – wenn es ihn denn geben sollte – hat wohl ein auf die eine oder andere Weise umbaubares Bett. Ungeachtet der Fahrzeuggröße gibt es diverse Lösungen für den schnellen Umbau eines Sitz- und/oder Essbereichs zu einem Schlafbereich. Zu den üblichen Umbauoptionen für das Bett gehört die einfache, aber effektive Klappbank, die sowohl in Dreiviertelbreite als auch in Vollbreite erhältlich ist.

Der offensichtliche Vorteil eines umbaubaren Bettes ist, dass der Innenraum maximal variabel genutzt werden kann, was aber auch bedeutet, dass du mindestens zweimal täglich das Bett auf- und wieder abbauen und die Bettwäsche verstauen musst. Klappbetten können hinsichtlich ihrer Qualität extrem variieren. Achte deshalb auf den Ruf der Marke und das Sicherheitszertifikat und überzeuge dich davon, dass sie korrekt montiert sind.

>> **Festes Bett:** Wo der Platz es erlaubt, ist ein festes Bett für die meisten wohl das Höchste der Gefühle. Ein jederzeit verfügbares Bett erspart dir eine Menge Zeit, die man für spannendere Dinge verwenden kann. Und es verschafft dir zudem die Gelegenheit, jederzeit tagsüber ein Nickerchen zu halten!

Der Einbau eines festen Bettes in einen kleineren Camper wie etwa die VW-Busse der T-Serie kann je nach Prioritäten Kompromisse bei anderen Aspekten des Fahrzeugs erfordern. In Vans mit Hochdach jedoch, wie dem Mercedes Sprinter, lässt sich auf halber Höhe über einem größeren Stauraum ein Schlafplatz einrichten (siehe Seite 98).

Vermutlich ist der wichtigste Faktor beim Schlafen jedoch nicht die genaue Position des Bettes, sondern das, worauf man sich bettet. Aufblasbare Matratzen sind perfekt für umbaubare Betten, da sie bei Nichtgebrauch kaum Platz wegnehmen. Jedoch ist das Aufblasen bzw. Luftablassen zeitraubend, zudem sind sie reparaturanfällig. Für feste Betten ist Visco-Schaumstoff eine Option, da er relativ leichtgewichtig, in unterschiedlicher Dichte erhältlich und einfach in Form zu schneiden ist.

>> **Aufstelldach:** Eine der besten – und beliebtesten – Optionen für kleinere Vans ist das Aufstelldach. Das bedeutet, dass das ganze Dach oder ein Teil davon hochgeklappt und aufgestellt werden kann, um damit zusätzlichen Schlafraum zu schaffen. Da das Dach ein tragendes Teil der Karosserie ist, wird dieser Umbau in der Regel von darauf spezialisierten Werkstätten vorgenommen; viele Reisemobil-Hersteller bieten Aufstelldächer jedoch schon standardmäßig ab Werk an.

Aufstelldächer werden für gewöhnlich in Fahrzeuge mit begrenzter Innenhöhe eingebaut, was dann auch bedeutet, dass man sich bei aufgestelltem Dach nicht mehr den Kopf anschlägt. Viele Hersteller bieten zusätzliche Lüftungen und Fenster mit Reißverschluss im Stoffteil ihrer Konstruktionen an, eine Konstellation, durch die sich ein kleiner Van beim Campen viel luftiger und komfortabler anfühlt.

Sobald du den Dreh raus hast, wird diese Art der Dacherhöhung zu einer so einfachen Angelegenheit, dass du sogar Gebrauch davon machen wirst, wenn du nur für eine kurze Weile parkst. Und gerade Sportbegeisterte werden auch die Möglichkeit zu schätzen wissen, sich ungestört und bequem umziehen zu können.

Kochen

Ganz unterschiedlich – vielleicht mehr als bei allen anderen von Vanlife – sind die Lösungen beim Thema Kochen. Ein Paar, das ständig oder große Teile des Jahres in seinem Fahrzeug lebt, wird wohl ganz andere Anforderungen haben als ein Single, der den Van nur mal am Wochenende nutzt. Der Umfang der Küchenausstattung hängt auch von der generellen Einstellung zum Essen ab. Ein passionierter Feinschmecker wird die Zubereitung des Essens beim Vanlife eher als kreative Chance betrachten denn als lästige Pflicht. Bei Kurztrips mit nur einer Übernachtung mag man vielleicht gut ohne eigenhändige Essenszubereitung in der Bordküche auskommen, für längere Reisen sollten jedoch die folgenden Optionen in Betracht gezogen werden:

>> **Grillen:** Zum Campen gehört ein Grill – so auch beim Vanlife! Viele Vanlifer haben ihren Grill, wenn ihr Fahrzeug groß genug ist, dauerhaft an Bord. Für Fahrzeuge mit Platzmangel kommen flache Klappkonstruktionen infrage, und für gelegentliche Nutzer gibt es Einweg-Grills, die nach Möglichkeit recycelt werden sollten.

Grills sind für den Außengebrauch geschaffen, was bei schlechtem Wetter ein Problem sein kann. Mit einem Vorzelt lässt sich jedoch schnell und einfach eine Außenküche schaffen. Wer Feuer mag, für den gibt es auch eine Reihe von Kombigrills, die gleichzeitig als Grill und als Feuerschale dienen.

>> **Tragbarer Gaskocher:** Ein tragbarer Gaskocher ist einer der flexibelsten Gegenstände der Vanlife-Ausrüstung, die Variationen reichen von einer eigenständigen Einheit bis zu Multi-Kochfeldern, die normalerweise auf ein zusammenklappbares Gestell montiert werden.

Die kleineren Kocher sind zwar extrem praktisch, jedoch anfällig gegen Wind und Kälte. Sie brennen relativ ineffizient, und die kleinen Einweg-Butankartuschen sind rasch leer, weshalb man Ersatz mitführen muss.

Einer der vielseitigsten tragbaren Gaskocher ist der Cadac Gasgrill Safari, der einem gasbetriebenen Grill ähnelt und mit größeren, wiederauffüllbaren Butanflaschen betrieben werden kann. Das Modell Safari Chef bietet verschiedene Kochoptionen, d.h., es kann alles von einem Braten bis zu einer Kasserolle bewältigen und lässt sich kompakt zusammenklappen. Für schnelles und effizientes Wasserkochen taugt auch ein Gaskocher mit Schraubkartuschen und integriertem Topf mit Wärmetauscher, der die Effektivität der Flamme vervielfacht.

>> **Einbau-Gaskocher:** Wer eine Einbauküche bevorzugt, für den gibt es eine Vielzahl von Modulen, von denen manche sogar eine integrierte Spüle haben. Wenn deine Kochaktivitäten über den gelegentlichen Wochenendbedarf hinausgehen, lohnt es sich, Grill und Kochfelder fest zu installieren.

Es gibt einen zunehmenden Trend zu modularen Einbaulösungen in anderen Bereichen des Campers, etwa ausziehbare Schubladen im Bereich der Heckklappe. Diese elegante Lösung bewirkt, dass man mehr Platz für andere Dinge im Hauptwohnbereich hat, und wenn sich dann noch die Heckklappe nach oben öffnen lässt, hat man zusätzlichen Regenschutz und hervorragende Belüftung beim Kochen.

>> **Elektrik:** Obwohl Gas die beliebteste Energieart für den Campingvan ist, werden auch passende elektrische Lösungen angeboten, darunter eine kompakte Mikrowelle. Wenn du den Van größtenteils an Standorten nutzt, wo es eine Stromversorgung gibt, ist Strom die bessere Option, nicht zuletzt wegen der Platzersparnis. Die ständigen Sorgen über ausgehendes Gas gehören dann der Vergangenheit an. Der erhebliche Stromverbrauch aller möglichen elektrischen Geräte und Anlagen an Bord bedeutet jedoch, dass man stets auf Stromnetz und Stromquellen angewiesen ist.

Gas ist ein leicht brennbarer Stoff, es gibt zahlreiche Sicherheitsaspekte bei Auswahl, Installation und Nutzung gasbetriebener Einrichtungen im Campingbus zu beachten. Bei Zweifeln sollte immer ein Fachmann befragt werden.

Hygiene

Wie Kochen kann auch Hygiene lediglich ein zweitrangiges Anliegen sein, wenn nur kurze Reisen unternommen werden und die Bereitschaft zu weniger Komfort vorhanden ist. Für alles, was über ein Wochenende hinausgeht, solltest du jedoch über Lösungen zu Körperhygiene und Sauberhaltung von Kleidung und Fahrzeug nachdenken. Letzteres ist überraschend wichtig – so will etwa die Wahl des Bodenbelags gut überlegt sein, wenn etwa regelmäßig Ausrüstung, Leute oder Haustiere mitgenommen werden, die oft nass oder voller Schlamm sind.

Zu den vielen Effekten, die sich in einem Campingvan verstärken, gehören auch unangenehme Gerüche. Glücklicherweise gibt es zahlreiche Möglichkeiten, auch beim Campen für Sauberkeit – oder zumindest für die Vermeidung unangenehmer Gerüche – zu sorgen:

>> **Natur:** Für die abenteuerlustigeren Vanlifer ist im Freien zu schwimmen die ultimative Körperreinigung. Egal ob Flüsse, Seen oder Meer – es ist eine großartige Kombination von Hygiene und Freizeitaktivität. Verwende dabei aber nur ökologische Produkte, und pass gut auf dich auf!

Links: Vanlife in Cochise Stronghold, Arizona.

>> Dusche: Wenn man über entsprechend Platz verfügt, ist eine Einbaudusche ein Luxus, den man wohl nicht bereut. Es gibt kaum etwas, das das körperliche Befinden so rasch verändert wie eine heiße Dusche, wenn man „on the road" ist. Natürlich musst du dir dann außer über den Platzbedarf auch über die Wassertanks und Wasserzufuhr Gedanken machen, insbesondere über die Entsorgung von Grauwasser. Selbst wenn du ökologische Produkte verwendest, solltest du Grauwasser am besten an offiziellen Entsorgungsstationen oder in Abflüsse ablassen, die sicher in Kanalisation leiten.

Wenn kein Platz für eine passende Einbaulösung vorhanden ist, stellen transportable Solarduschen genügend Wärme und Durchflussmenge zum Waschen bereit. Eine Kabine zum Schutz der Intimsphäre ist recht einfach gebaut. Es gibt sogar Pop-up-Gehäuse, die als Toilettenhäuschen genutzt werden können. Die Solardusche ist auch praktisch zum Abspülen von Geschirr, zum Säubern von Haustieren oder einfach nur der Füße nach einem Wander- oder Strandtag.

>> Sporteinrichtungen und Tankstellen: Es ist vielleicht nicht naheliegend, aber in fast jeder Stadt und und in manchen kleineren Orten gibt es öffentliche Schwimmbäder, wo du gegen Eintritt auch die Dusche nutzen kannst. Darüber hinaus verfügen immer mehr Tankstellen über Duschen und sanitäre Anlagen.

>> Trockenwäsche: Eher eine temporäre denn eine echte Hygienelösung sind Trockenshampoos, besonders bei langem Kopfhaar.

>> Feuchttücher: Wie die Trockenwäsche solltest du auch Feuchttücher nur sparsam einsetzen. Bei vielen Vanlifern läuft es oft auf einen täglich alternierenden Rhythmus hinaus, wenn es um Hygiene geht. Baby-Feuchttücher und Trockenwäsche können helfen, dies schmackhafter zu machen. Wie bei allen Aspekten von Vanlife solltest du auch hier auf die Umwelt achten, wenn es um das Wegwerfen von Einwegprodukten wie Tüchern geht.

>> Geschirr: Geschirr sollte am besten schnellstmöglich nach dem Kochen gereinigt werden, da festgetrocknete Essensreste beim Campen schwierig zu handhaben sind. Wie zu Hause auch sollten zunächst Pfannen und stark verschmutztes Geschirr eingeweicht, danach Tassen und Gläser gespült werden, gefolgt von Tellern und zuletzt von Pfannen und Grills.

Wer keine Bordküche hat, für den halten die Campingplätze einen Gemeinschaftsbereich zum Abspülen bereit. Hier macht sich ein Eimer für den Transport des Geschirrs bezahlt. Der kann zudem auch als Waschschüssel dienen. Für sehr beengte Räume empfehlen sich zusammenfaltbare Schüsseln. Wie bei einer Einbaudusche solltest du auch hier über den Umgang mit Spülwasser sowie über die Umweltverträglichkeit des Waschmittels nachdenken.

>> Kleidung: Für kürzere Trips – selbst bis zu einer oder gar zwei Wochen – lässt sich, wie bei einem normalen Urlaub, genug einpacken, um nicht waschen zu müssen. Wenn man gern Sportarten betreibt, bei denen man schmutzig wird, ist es jedoch sehr hilfreich, Kleidung und Ausrüstung sofort abzuwaschen, um sie dann beim Campieren auf einer Wäscheleine trocknen zu lassen.

Campingplätze verfügen zumindest über Einrichtungen zur Handwäsche, viele sogar über Waschmaschinen. Deshalb kann es sich lohnen, zwecks Waschen und Trocknen der Kleidung eine oder zwei Nächte auf einem Campingplatz zu verbringen. Und ebenfalls nutzen lassen sich natürlich auch die Waschsalons in den Städten.

>> Toilette: Das zweifellos „anrüchigste" Thema dieses Buches ist, wie man beim Vanlife mit gewissen menschlichen Bedürfnissen umgeht.

In einer idealen Welt gäbe es, wo immer man auch hingehen mag, öffentliche Toiletten, und es gibt tatsächlich viele Leute, die aus genau diesem Grund an bestimmten Plätzen bleiben.

>> Kassettentoilette: Bei einer Einbautoilette speist sich deren Wasserzufluss aus demselben Tank, aus dem auch das Wasser für Duschen und Geschirrspülen entnommen wird. Das Schwarzwasser wird dann in einem von außen herausnehmbaren Tank oder einer Kassette gesammelt und an geeigneter Stelle entsorgt.

>> Porta Potti: Die häufigste Lösung für Vans ohne Platz für eine Einbau-Kassettentoilette ist das Modell Porta Potti, das ähnlich funktioniert, nur in kleinerem Format. Die tragbare Einheit besteht aus zwei Behältern: einem Frischwasserbehälter mit WC-Schüssel und Spülung sowie einem separat herausnehmbaren Abwassertank. Beide Tanks müssen zur Geruchsvermeidung und zum Abbau von Abfallprodukten mit chemischen Zusätzen versehen werden. Porta Potti ist klein genug, um einfach verstaut werden zu können, und kann sowohl innerhalb als auch außerhalb des Vans verwendet werden sowie zusammen mit einem Duschzelt oder einer Toilettenkabine.

Strom und Energie

Unabhängig von den jeweiligen Urlaubsplänen solltest du deinen Energiebedarf und -verbrauch sorgfältig planen. Die meisten hartgesottenen Vanlifer erleben irgendwann den gefürchteten Moment, wenn beim Umdrehen des Zündschlüssels aufgrund einer leeren Batterie nichts mehr geht.

Generell gibt es drei Dinge, von denen es sich lohnt, immer mehr dabeizuhaben, als man bei der Planung der Reise zunächst denkt: Wasser, Kraftstoff und elektrischer Strom. Wenn eines dieser drei Dinge ausgeht, kann das extrem frustrierend und in Extremfällen sogar gefährlich sein.

Mit energiehungrigen Geräten an Bord wie einem Kühlschrank und einer wachsenden Zahl von mobilen Stromfressern wie Smartphones, Tablets, Kameras und diversen Sportgeräten, die allesamt regelmäßiges Aufladen erfordern, kann sogar ein kurzer Wochenendtrip die Fahrzeugbatterie leeren.

Es gibt eine Reihe solider Systeme zur Ergänzung und Überwachung der Batterieladung eines Fahrzeugs, und es lohnt sich, darüber mit verschiedenen Leuten zu sprechen – von anderen Vanlifern bis hin zu professionellen Automechanikern – sowie die aktuellen und zukünftigen Erfordernisse sorgfältig zu bedenken. Denn es wird bestimmt teurer und störanfälliger, wenn du Elemente wie Verkabelung und Steckdosen zu einem späteren Zeitpunkt einbauen oder erweitern musst. Folgende Lösungen kommen infrage:

>> Freizeitbatterie/Batterietrennrelais: Als Standardlösung für den geringeren bis durchschnittlichen Verbrauch beinhaltet diese Konfiguration neben der Starterbatterie eine zweite Hochleistungsbatterie im Fahrzeug. Normalerweise kann man mit einer solchen Freizeitbatterie zusätzliche elektrische Systeme betreiben wie etwa die Beleuchtung im Wohn- und Schlafraum oder 12-V-Steckdosen. Ein Batterietrennrelais sorgt dafür, dass beide Batterien durch die Lichtmaschine aufgeladen werden, solange der Motor läuft, unterbricht jedoch die Verbindung zwischen beiden Batterien bei ausgeschaltetem Motor, um zu verhindern, dass die Starterbatterie entladen wird.

Das Batterietrennrelais reduziert also die Wahrscheinlichkeit, das Fahrzeug aufgrund einer leeren Starterbatterie nicht starten zu können, hat jedoch den offensichtlichen Nachteil, dass die Freizeitbatterie nicht aufgeladen wird, wenn das Fahrzeug mehrere Tage lang nicht bewegt wird. Deshalb ist es sinnvoll, über andere oder zusätzliche Stromoptionen nachzudenken.

>> **Landstrom:** Wer sich regelmäßig auf Campingplätzen aufhält oder vielleicht den Van für längere Zeit zwischen den Reisen abstellen möchte mit der Option, dass er aufgeladen bleibt, sollte sein Fahrzeug auf Landstrom umrüsten. Damit kann der Van über ein Verlängerungskabel und einen Verteilerkasten auf dem Platz an das öffentliche Stromnetz angeschlossen werden. Für Wildcamper jedoch ist eine solche Ergänzung weniger sinnvoll. Die Umrüstung auf Landstrom beinhaltet allerdings die Installation eines festen äußeren Einspeisesteckers, was normalerweise mit Arbeiten an der Fahrzeugkarosserie verbunden ist.

>> **Solarstrom:** Da Solarpanele weiterhin im Preis fallen und die Solartechnik voranschreitet, sind Erstere eine zunehmend begehrte und bezahlbare Option auch für Fahrzeuge. Solarstrom scheint in mehrfacher Hinsicht die perfekte Option für Vanlifer zu sein: Die meisten Vans haben ein flaches Dach, und die Fahrzeuge kommen fast nur draußen zum Einsatz, wo die Sonne als immerwährende saubere Energiequelle die Panele speist. Dabei gilt es jedoch zu bedenken, dass dies zwar für eine Region wie Kalifornien zutreffen mag, wo scheinbar immer die Sonne scheint, der Einsatz von Solaranlagen jedoch etwas kritischer betrachtet werden muss, falls man z.B. die meiste Zeit in Schottland oder Skandinavien verbringt.

Solarstrom ist sicher keine Lösung für jedermann – viele Vanlifer transportieren z.B. regelmäßig Dinge wie Sportausrüstung oder zusätzliche Stauboxen auf dem Dach ihres Fahrzeugs. Du kannst jedoch auch kleinere Panele kaufen, die schnell und einfach zu montieren sind und ergänzend Strom liefern können. Sie liefern natürlich nicht so viel Energie wie eine feste Installation, helfen jedoch, eine Freizeitbatterie aufzuladen.

>> **Powerbanks:** Da Batterien immer kleiner, leistungsfähiger und erschwinglicher werden, wächst der Markt für tragbare Powerbanks erstaunlich schnell. Zurzeit noch wenig nützlich für größere, energiehungrige Geräte, können tragbare Powerbanks eine vielseitige Lösung sein, um kleinere Geräte wie Smartphones voll aufzuladen. Viele Vanlifer verwenden ihre Smartphones für Navigation und Information, wenn sie neue Gegenden erkunden. Daher ist es extrem wichtig, über eine verlässliche, tragbare Stromquelle zu verfügen.

Für die Zukunft werden eine wachsende Zahl von Hybrid-Solar-Powerbanks sowie Einheiten mit größerer Kapazität erwartet, die ausschließlich im Außenbereich eingesetzt werden, wo die Sonne scheint. Eine Quelle grenzenloser und vollständig grüner Energie wird damit immer besser nutzbar, die die Freizeitbatterien ergänzen oder am Ende vielleicht sogar ersetzen könnten.

>> **Weitere Erwägungen:** Abgesehen von der Entscheidung, welche Art von Strom die richtige ist, musst du bei einer Umrüstung auch überlegen, wie viele Steckdosen installiert werden und wo sie sich befinden sollen. Das kann durchaus knifflig sein, solange der Van noch nie benutzt wurde. Es ist das Huhn-Ei-Dilemma, was aber durch Mieten oder

Ein VW-Campingbus T2 unterwegs in der sanften Hügellandschaft der Nordinsel Neuseelands.

Ausleihen eines ähnlichen Fahrzeugs entschärft werden kann.

Für Camper ohne eingebaute Steckdosen, die eine Anschlussmöglichkeit für Laptops benötigen, ist es auch möglich, einen Wechselrichter zu installieren, der den vom Fahrzeug produzierten 12-Volt-Strom in die für das Gerät benötigte Spannung umwandelt. Dabei ist zu beachten, dass solche eine Konfiguration die Fahrzeugbatterie sehr belasten kann; sie sollte daher am besten nur bei Ladungsüberschuss benutzt werden, z. B. während der Fahrt oder bei Nutzung von Landstrom.

Schließlich können eine Reihe von Energiemanagementsystemen und -steuerungen vielfältige Helferdienste leisten, von Sicherungen und Stromkreis-Überwachungssystemen bis zu einer komplett automatisierten Ladungssteuerung. Dies kann eine wichtige Ergänzung für stromhungrige Nutzer sein oder solche, die viel Zeit unabhängig vom Stromnetz verbringen wollen.

Stauraum

Wer mit herkömmlichem Campen vertraut ist, weiß, wie man ökonomisch und sparsam packt. Ein Campingvan hat jedoch den großen Vorteil, dass du erheblich mehr Ausrüstung mitnehmen und es dir fast wie zu Hause gemütlich machen kannst. Das gilt vor allem für diejenigen, die länger unterwegs sind oder ihr Leben dauerhaft in ihren Vans verbringen. Von daher ist der verfügbare Stauraum vielleicht das wichtigste Kriterium eines Vans überhaupt, da ja alle Utensilien irgendwie darin aufbewahrt werden müssen. Die Umschreibung „ein Ort für alles“ bekommt so eine wortwörtliche Bedeutung, doch zunächst müssen diese Räume geplant und geschaffen werden.

Wenn du in deinem Campingvan, unabhängig von Größe und Ansprüchen, eine gute Zeit haben willst, ist eine Sache wesentlich: nämlich die Zahl der alltäglichen Frustrationen zu minimieren. Das bedeutet, dass die am häufigsten verwendeten Dinge schnell und bequem zur Hand sein sollten. Zum einen bezieht sich das auf offensichtlich unverzichtbare Dinge wie Kleidung, Wasser und Besteck. Zum anderen gilt es jedoch auch andere Verwendungsarten eines Vans zu bedenken. Für passionierte Radfahrer wäre es z. B. unpraktisch, das Rad immer wieder auseinandernehmen und zusammenbauen zu müssen. Deshalb lohnt es sich hier, über einen externen Träger oder einen entsprechenden Platz im Innenraum zur Aufbewahrung des Rades nachzudenken.

Man kann auch nie Ablagefächer genug haben – dies haben die Zubehörhersteller schnell erkannt. Es gibt eine Vielfalt zusätzlicher Stauräume und Organisationshilfen, die an allen möglichen Innenflächen befestigt, angeklebt und verschraubt werden können. Dabei solltest du an Orte denken, die leicht zugänglich sind, wo einem die Dinge aber nicht im Weg sind, wie etwa Sitzlehnen, oder du befestigst an strategischen Stellen elastische Netze an Wand oder Decke. Im Folgenden seien die wichtigsten Bereiche in einem Van aufgezählt, wo sich zusätzlicher Stauraum schaffen lässt:

>> **Dach:** Viele Vanlife-Fahrzeuge wurden vorher als Handwerkerauto benutzt. Daher stehen die Chancen gut, dass zahlreiche Dachgepäckträger-Systeme für dein Modell verfügbar sind. Das reicht von Basisträgern über Aufbauten wie Dachkoffer oder Fahrradträger bis zu hin zu robusten, die gesamte Dachfläche abdeckenden Halbkäfigstrukturen. All das schafft zusätzlichen Stauraum, jedoch ist es

wichtig, auch Aspekte wie Höhenbeschränkungen, Zugang zum Dach für das Beladen sowie eventuelle Einschränkungen bei Umbauten aufgrund von Solarstrompanelen oder Aufstelldächern zu berücksichtigen. Außerdem gilt es zu beachten, dass der Van an der für die Straßenlage ungünstigsten Stelle mit zusätzlichem Gewicht belastet wird, sodass besondere Vorsicht bei der Beladung wie auch beim Fahren geboten ist.

>> **Anhängerkupplung:** Ein nicht unerheblicher Teil des Camper-Vergnügens ist der Umstand, dass alles einfach und aufs Wesentliche reduziert ist und sich das ganze Leben in einem einzigen Fahrzeug abspielt. Grundsätzlich sieht man nur selten einen Vanlifer mit Anhänger, nichtsdestotrotz lassen sich mit einer Anhängerkupplung beträchtliche Lasten transportieren und man kann allerlei Dinge an ihr befestigen. Moderne Anhängerkupplungen lassen sich zudem einklappen, wenn sie nicht genutzt werden.

Es gibt eine ganze Reihe nützlicher Dinge, die sich auf der Anhängerkupplung montieren lassen, von Gepäckablagen und Grills über Tritte bis hin zu Toiletten. Am häufigsten wird sie für den Transport von Sportausrüstung, insbesondere von Fahrrädern, verwendet. Dank der Tragfähigkeit der Anhängerkupplung können moderne Fahrradträger problemlos vier Fahrräder aufnehmen, wobei zu beachten ist, dass dadurch eventuell die Heckklappe kaum oder nicht mehr geöffnet werden kann. Konstrukteure von Trägern wie dem Modell Atera Strada DL haben dies berücksichtigt, sodass der Träger selbst bei Beladung sowohl nach hinten ausgezogen als auch gekippt werden kann. Träger, die sich nur kippen lassen, können die Heckklappe immer noch blockieren. Darauf solltest du vor dem Kauf achten.

>> **Heckträger:** Wer keine Anhängerkupplung montieren mag, für den ist ein an der Heckklappe montierter Heckträger eine gute Option für zusätzlichen Stauraum. Das Gepäck befindet sich dann im Windschatten des Fahrzeugs, was sowohl in Bezug auf Windgeräusche als auch auf den Benzinverbrauch von Vorteil ist. Dabei solltest du jedoch darauf achten, dass der Träger auf dem bloßen Blech des Fahrzeugs aufliegen könnte, was selbst bei Verwendung von Schutzpolstern zu Abdrücken und Verfärbungen führen könnte. Außerdem dauert es länger, bis ein solcher Heckträger befestigt ist, als das bei den auf der Anhängerkupplung aufsitzenden Modellen der Fall ist, und die Heckklappe kann dann oft überhaupt nicht mehr geöffnet werden.

>> **Unterbodenwanne:** Viele Vans verfügen bereits über die Möglichkeit, Gegenstände unter dem Fahrzeug zu montieren. Dies ist bei Vans mit Einbaubädern oder -küchen besonders praktisch, da das ein idealer Ort für Trink- und Grauwassertanks ist. Eine Unterbodenwanne ist ein guter Aufbewahrungsort für seltener benötigte sperrige, schwere und wasserfeste Gegenstände wie Ersatzreifen oder Wassertanks. Wie bei allem, was außen montiert ist, musst du auf eine sichere Befestigung achten und sie regelmäßig überprüfen.

Packen

Zu welchem Zweck wird etwas aufbewahrt? Drei Hauptkategorien lassen sich im Hinblick auf Stauraum unterscheiden: Lebensmittel und Getränke, Kleidung und Ausrüstung.

>> **Lebensmittel und Getränke:** Bei einem Komplettausbau inklusive eines separaten Küchenbereichs ist es wahrscheinlich, dass Stauraum für Essen und Getränke bereits vorhanden ist. Wie in

einer Wohnung werden Frischlebensmittel vermutlich in einem Kühlschrank aufbewahrt, während andere Lebensmittel, Teller, Besteck o. ä. in Schränken untergebracht sind. Dabei darfst du nicht vergessen, dass die „Küche auf Rädern" Kurven nehmen muss und holprige Straßen zu bewältigen hat. Achte also darauf, dass alles unterwegs an seinem Platz bleibt.

Etwas komplexer ist das Szenario, wenn zugunsten von mehr Innenraum auf eine Einbauküche verzichtet wurde. Wenn du in einem solchen Modell unterwegs Essen zubereiten willst, müssen ja die gleichen Dinge untergebracht sein wie bei einem Modell mit Einbauküche. Da gilt es nun flexibel zu sein in Hinblick darauf, die Dinge intelligent unterzubringen, und dabei hat man eine große Bandbreite an Optionen.

Kompromisse können, wenn es ums Essen geht, zusätzlichen Aufwand bedeuten, etwa wenn du erst alles aus- und umpacken und eine hygienische Zubereitungsfläche finden musst. Für die meisten ist das bei gelegentlichen Kurztrips in Ordnung – viele Vanlifer geben sich mit einem kleinen Grill und Gaskocher zufrieden. Bist du jedoch länger unterwegs oder hast eine größere Familie zu bekochen, kann das zur Herausforderung werden.

Für Teilzeitnutzer ist eine Universal-Transportbox die beste Lösung dafür, die Dinge so zu verstauen, dass sie auf einfache Weise getragen und verstaut werden können und leicht zugänglich sind. Details dazu auf Seite 31.

>> **Kleidung:** Die Unterbringung von Kleidung ist in der Regel eine unkomplizierte Angelegenheit. Jeder von uns hat wohl ein paar robuste Reisetaschen, in denen die Klamotten leicht eingepackt und transportiert werden können. Die Taschen kannst du dann im Campingvan an einem bestimmten Platz verstauen (gern unter einem Sitz) und nach Bedarf umstellen.

Langzeitcamper verwenden manchmal überdachte Außenflächen wie Vorzelte oder ein kleines separates Zelt, um darin sperrige Kleidersäcke aufzubewahren und auf diese Weise den Innenraum des Vans so übersichtlich wie möglich zu halten.

Wer für längere Zeit oder mit einem größeren Van unterwegs ist und regelmäßig wenigstens einen Teil der Klamotten auspacken möchte, kann unter diversen Schubladen und Schränken auswählen, die sich problemlos in viele Einbauten integrieren lassen.

>> **Ausrüstung:** Viele Leute sind beim Vanlife gelandet, um einem Sport oder einem Hobby nachzugehen, da ein Camper viel mehr Platz als ein Durchschnittsauto bietet. Egal, ob es sich um Radfahren, Skifahren oder Fotografieren handelt – für all diese Dinge benötigst du eine sperrige und meist auch teure Ausrüstung, die du möglichst im Fahrzeug aufbewahren willst.

Wenn ein Hobby der Hauptgrund dafür ist, dass du einen Van hast, ist es sinnvoll, Prioritäten zu setzen, wo und wie die Ausrüstung aufbewahrt wird. Hobbys sollten Spaß machen, und deshalb ist damit verbundener Stress und Ärger das Letzte, was du brauchst. Am besten ist eine Anordnung, bei der alles Benötigte sofort griffbereit ist, um die für das Be- und Entladen nötigen Schritte auf ein Minimum zu reduzieren. Ebenso gilt es zu bedenken, welche Konsequenzen schlechtes Wetter hat. Wie etwa kann verschmutzte oder verschlammte Ausrüstung aufbewahrt werden? Kann man im Fahrzeug stehen, um sich schnell umzuziehen?

Angesichts der großen Zahl von Leuten, die ihre Vans für Sport nutzen, gibt es da draußen bestimmt für jegliche Art von Verstauungsproblem eine intelligente Antwort. Verbring ruhig einige Zeit in entsprechenden Online-Foren – du findest bestimmt

Rechts: Ed Bartletts VW-Bus „Bulli" T4 mit Markise für zusätzlichen Platz im Freien.

einen Vanlifer mit ähnlichen Problemen, der eine geeignete Lösung gefunden hat.

Fenster

Beim Vanlife geht es letztendlich darum, in die Natur zu gelangen. Wenn du dich jedoch zwangsläufig im Fahrzeug wiederfindest, ist es schön, wenn du die Außenwelt mit einbeziehen kannst. Die meisten ehemaligen Handwerkerautos haben hinten wenige oder gar keine Fenster, was positiv sein kann, wenn der Einbau von Schränken und Stauraum geplant ist. Vielleicht ist es aber doch eine Investition wert, das ein oder andere Fenster einzubauen und so für ein besseres Innenraumerlebnis zu sorgen.

Außenraum

Der verfügbare Innenraum eines Vans markiert nicht das Limit der tatsächlich nutzbaren Grundfläche beim Vanlife. Es gibt gleich mehrere Möglichkeiten, die unmittelbare Umgebung als Erweiterung des Innenraums einzubeziehen.

>> **Vorzelt:** Unverzichtbar ist für viele Vanlifer irgendeine Art von Vordach oder Vorzelt, sei es fest am Van montiert oder nicht. Damit lässt sich der wettergeschützte Bereich in die Fahrzeugumgebung erweitern (siehe unten).

>> **Am Fahrzeug montierte Markise:** Eine solche Markise ist normalerweise am Fahrzeug direkt befestigt und wird mittels einer Kurbel wie eine Schaufenstermarkise ausgefahren.

Der Hauptvorteil einer anmontierten Markise besteht darin, dass du sie immer dabei hast. Du musst also nicht daran denken, sie einzupacken, sie beansprucht keinen wertvollen Stauraum im Fahrzeug und kann in Sekunden ausgerollt, also spontan genutzt werden. Die Nachteile sind stärkere Windgeräusche während der Fahrt und ein höherer Benzinverbrauch. Außerdem muss sie mit der Karosserie verschraubt oder verschweißt werden, was Besitzer von Raritäten oder Oldtimer-Campern abschrecken könnte.

>> **Separate Vorzelte:** Diese gibt es in einer großen Bandbreite an Formen, Farben, Größen und Ausführungen, von Zelten ohne Wände bis hin zu faltbaren Gartenpavillions. Sehr beliebt ist eine Art „Wegfahr-Vorzelt", das es erlaubt, den Van vom Vorzelt wegzufahren, sobald es errichtet ist. So ein Vorzelt ist ideal für diejenigen, die sich mehrere Tage auf Campingplätzen aufhalten und den Van zur Erkundung der Umgebung nutzen wollen, ohne das Vorzelt bei jedem Ausflug auf- und abbauen zu müssen. Darüber hinaus ist so ein Vorzelt ein guter Test für die eigenen Rangierfähigkeiten, wenn man bei der Rückkehr das Fahrzeug wieder nahtlos am Vorzelt positionieren muss.

Es überrascht also nicht, dass es einen fast unüberschaubaren Markt für Vorzeltzubehör gibt, von Seitenverkleidungen über intelligente Beleuchtung bis hin zur praktischen Wäscheleine.

>> **Zelte:** Ein Zelt im Campingvan mitzuführen erscheint zunächst ein wenig deplatziert, jedoch gibt es eine Reihe von Szenarien, wo dies definitiv einen Sinn ergibt:

- wenn Gäste mitcampen
- wenn es sehr heiß ist und du lieber draußen schlafen willst
- wenn wild gecampt wird und du einen interessanten Schlafplatz im Auge hast, der mit dem Fahrzeug nicht erreichbar ist
- wenn du die Vorratsfläche erweitern willst
- wenn du ein schattiges Plätzchen für ein Haustier brauchst

Vieles davon lässt sich auch mit einer Markise oder einem Vorzelt bewerkstelligen. Trotzdem haben viele Vanlifer ein kleines Wurfzelt dabei, das extrem schnell aufgebaut und auch wieder verpackt ist. Das Wurfzelt wird oft als Erstes aufgebaut, nachdem man einen Stellplatz gefunden hat, sodass sperrige Gegenstände wie Kleidersäcke schnell entladen und verstaut werden können. Dadurch werden alle nachfolgenden Aufgaben leichter.

Antriebsaggregat

Vorausgesetzt, du hast dein Fahrzeug sorgfältig ausgesucht, ist es unwahrscheinlich, dass du noch nennenswerte Änderungen am Antriebsaggregat vornehmen musst. Doch es gibt durchaus eine Reihe von Van-Besitzern, die sich nichts dabei denken, ihr Fahrzeug mit 19-Zoll-Alufelgen und Luftfederung aufzupeppen.

Räder und Reifen sind eine wichtige Angelegenheit. Da viele Campingvans auch über unwegsames, schlammiges Gelände gefahren werden, lohnt es sich, die Reifenkonfiguration genau zu prüfen. Achte auch auf den Lastindex der Reifen – Campingvans benötigen in der Regel tragfähige Räder, wie sie für Nutzfahrzeuge üblich sind. Deshalb ist Vorsicht beim Umstieg auf eine andere Konfiguration geboten.

Jede Umrüstung, bei der das Fahrzeug erheblich schwerer wird, verlagert potenziell den Schwerpunkt. Es lohnt sich deshalb, mithilfe eines Fachmanns zu prüfen, ob Teile wie Bremsen und Aufhängung nachgerüstet werden müssen. Ebenso musst du unbedingt sicherstellen, dass das maximal zulässige Gesamtgewicht des Fahrzeugs nicht überschritten wird. Besonders zusätzliches Gewicht hinter der Hinterachse kann zu unerwarteten Problemen bei der Handhabung des Fahrzeugs führen.

Ein weiterer erwägenswerter Umbau des Antriebsaggregats wäre die Umstellung des Motors auf LPG/Autogas. Zwar sind die anfänglichen Investitionen hierfür hoch, doch gilt es zu bedenken, dass LPG in einigen Ländern steuerlich gefördert wird – so auch in Deutschland, wo der Steuervorteil bis Ende 2022 gilt. Ab 2019 steigt der Preis jährlich um rund 3 Cent. Bei einem Kraftstoffpreis von derzeit ca. 50–60 Cent pro Liter sind die Kosten aber immer noch deutlich niedriger als bei den herkömmlichen Alternativen.

Bei der durchschnittlichen Kilometerleistung eines leidenschaftlichen Vanlifers kann sich eine LPG-Umrüstung also schnell amortisieren. Die Umweltfreundlichkeit dieses Kraftstoffs ist ein weiterer Vorteil – und das ist es doch, was wir am Vanlife vor allem anderen so lieben!

Ein Nachteil von LPG ist jedoch, dass die Tanks nur mäßig dimensioniert sind, die Reichweite bei Weitem nicht so groß ist wie bei Benzin- oder Dieselfahrzeugen und es nicht an jeder Tankstelle erhältlich ist, was eine ausgefeilte Routenplanung und Betankungsstrategie erfordert. Eine Umstellung auf duale Kraftstoffversorgung ist jedoch möglich, um beides abzudecken,

Deinen Van nutzen

Nachdem du nun also recherchiert hast, welches Fahrzeug infrage kommt, ein entsprechendes Modell gekauft und Zeit und Geld in die Umrüstung investiert hast, ist nun endlich die Zeit gekommen für das Vergnügen, sprich: deinen Van zu nutzen. Egal, ob du ihn täglich, wöchentlich oder monatlich nutzt – du möchtest ein Maximum an Spaß und Freude aus deinem Van herausholen, wenn du unterwegs bist.

Reiseplanung

Wie viel man planen und was man einpacken muss, hängt sehr stark von der Art des Reisens ab. Jeder Vanlifer sollte mindestens einmal nur eine Tasche packen und ohne festen Plan – außer vielleicht einer vagen Ahnung vom Ziel – einfach losfahren. Es ist einfach, ein oder zwei Nächte auf diese Weise zu verbringen, ohne sich groß um Kochen oder Hygiene kümmern zu müssen. Selbst wenn es letztendlich nicht die perfekte Konstellation ist, so wird sich doch immer eine geeignete Übernachtungsmöglichkeit finden. Zumindest kannst du auf diese Weise etwas über dich selbst wie auch über dein Fahrzeug erfahren und vielleicht sogar eine tolle neue Location kennenlernen.

Für längere Reisen oder solche mit einem ganz bestimmten Ziel solltest du die folgenden Punkte beachten.

Routenplanung

Ein Teil des Vergnügens am Vanlife besteht darin, dass man selber fährt. Wenn du die Route nur als lästige Pflicht empfindest, als etwas, das man hinnehmen muss, um von A nach B zu kommen, kannst du die Sache nicht richtig genießen.

Ein betrachtlicher Teil der Reise besteht ja aus dem Fahren, was dazu verleiten mag, auf Schnellstraßen oder Autobahnen zu bleiben, um die Fahrtzeit zu verkürzen. Dabei stellt sich allerdings die Frage, ob nicht doch die weniger befahrenen Straßen zu nehmen die bessere Option ist. Obwohl es auf Nebenstraßen langsamer vorangeht, die Fahrt länger dauert und man mehr Kraftstoff verbraucht, sind sie meistens landschaftlich interessanter. Und auch die Wahrscheinlichkeit, neue Spots für Zwischenstopps zu entdecken, ist dort größer – der heilige Gral für viele Vanlifer. In Ländern, in denen die Autobahnen mautpflichtig sind, ist diese Art zu reisen wahrscheinlich auch preisgünstiger.

Wenn möglich, solltest du zumindest eine grobe Vorstellung davon haben, wo du übernachten willst, und entsprechend Zeit dafür einplanen. Es kann sehr stressig sein, nach Anbruch der Dunkelheit einen Schlafplatz an einem unbekannten Ort finden zu müssen. Wenn eine längere Reise geplant ist oder der Van als „Zweitwohnsitz" dienen soll, wird man mit diesem Aspekt von Vanlife sehr schnell vertraut – viele finden das wirklich stressig.

Für die detailliertere Planung der Route gibt es eine Reihe hilfreicher Apps und Ressourcen.

>> **Google Maps:** Als die wohl ultimative Routenplanungsressource deckt Google Maps alles Wichtige ab, wobei die meisten Straßen sowohl als Satellitenaufnahme als auch mit reiner Kartenansicht betrachtet werden können – ein absoluter Segen, um herauszufinden, wie die Straßenverhältnisse sind und wo man über Nacht Zwischenstopps einlegen kann. Dazu werden noch die prognostizierte Fahrzeit sowie Geschäfte und Sehenswürdigkeiten am Weg angezeigt.

Für fortgeschrittene Nutzer gibt es die Möglichkeit, eigene Karten zu erstellen – z. B. für Lieblingsorte zum Wildcampen – und sie öffentlich oder nur mit ausgewählten Freunden zu teilen. Eine große, fast überwältigende Anzahl von Karten, die innerhalb der Community erstellt wurden, existiert bereits. Viele werden letztendlich ihre eigenen Highlights für den persönlichen Gebrauch erstellen.

>> **Gedruckte Karten und Reiseführer:** Obwohl Google Maps eine fantastische Ressource ist, gibt es Einschränkungen, vor allem für weniger technikaffine Menschen, für diejenigen, die nur über

Nicht das Schlechteste ist eine Karte aus Papier, wenn es keine Satellitennavigation mehr gibt.

kleinere Bildschirme oder Tablets verfügen, und für all jene, die keinen Internetzugang haben. Im Internet ist übrigens auch noch nichts erfunden worden, was es mit der Taktilität des Zeichnens auf einer Karte aus Papier aufnehmen könnte.

Viele Reisebücher für eine bestimmte Region halten für den Leser sehr spezifische Empfehlungen bereit. Trotz der stetig zunehmenden Flut an Online-Informationen bieten diese analogen Angebote oft doch einen gewissen Mehrwert. Dies gilt vor allem dann, wenn du in Gegenden unterwegs bist, wo es keinen Zugriff aufs Internet gibt, oder wenn der Bildschirm deines Smartphones zu klein ist.

>> **Satellitennavigation:** Sind einmal Basisroute und Zeitplan erstellt, steht der Verwirklichung des Reiseplans nichts mehr im Wege. Hierbei können GPS und Navigationssystem eine wichtige Rolle spielen, um im wahrsten Sinn des Wortes nicht „neben der Spur" zu sein.

Viele Campingvans, die aus älteren Fahrzeugen und Transportern umgebaut wurden, haben wahrscheinlich ein schon etwas betagteres Navigationssystem oder gar keines. Mit der Bildschirmqualität und den integrierten GPS-Funktionen selbst eines nur durchschnittlichen Smartphones dürfte es jedoch für viele Fahrer ausreichend sein, lediglich eine Ladestation am Armaturenbrett zu installieren und eine App wie Waze zu verwenden. Der Vorteil von Apps ist, dass sie meistens miteinander verbunden sind, d. h. mit ihrer Hilfe können Verkehrsfluss und Gefahren in Echtzeit verfolgt und Warnungen vor potenziellen Problemen ausgegeben werden. Einige leiten sogar bei zur Neige gehendem Sprit zur günstigsten Tankstelle um.

Defekte oder versagende Technologie kann dich jedoch komplett ausbremsen. Deshalb empfiehlt es sich, zur Sicherheit immer eine Karte in Papierform oder einen Ausdruck der geplanten Route dabeizuhaben.

>> **Online-Communities:** Persönliche Empfehlungen machen einen Großteil von Vanlife aus, und es ist so gut wie sicher, dass irgendjemand schon mal auf der geplanten Strecke unterwegs war. Das Gleiche gilt für Routen und Standorte: Wer wissen möchte, ob bestimmte Orte oder Regionen gut (oder sicher) sind, oder wer nur generelle Empfehlungen für eine Gegend sucht, kann sich in zahlreichen Online-Foren oder Facebook-Gruppen informieren. Einige Leute geben ihre Lieblingsplätze fürs Wildcampen sehr ungern preis, doch je mehr man in eine bestimmte Community eingebunden ist, desto wahrscheinlicher ist es, dass jemand seine Geheimnisse mit dir teilt!

>> **Wetter-Apps:** Das Wetter ist ebenfalls ein wichtiger Aspekt, wenn man mit dem Camper unterwegs ist. Da die Vorhersagen immer präziser werden, zahlt es sich aus, sich über das saisonale Klima zu erkundigen und 10-Tages-Wettervorhersagen für Route und Ziel abzurufen. Das Tolle am Van ist seine Mobilität, denn sollte das Wetter tatsächlich schlecht sein, fährt man einfach weiter. Viele Langzeit-Vanlifer verbringen ihre Zeit so, dass sie den Jahreszeiten folgen.

Offizielle Campingplätze oder Wildcampen

Eines der umstrittensten Themen unter Vanlifern ist das Für und Wider der Übernachtung auf zahlungspflichtigen Plätzen oder in der „Wildnis". Die Angelegenheit ist komplex, und auch wenn die Situation nicht neu ist, so ist doch durch das Aufkommen der sozialen Medien einiges in Schieflage geraten. Dort werden jede Menge inspirierende Bilder von Vans an unglaublichen Orten gepostet, ohne dass je ein Campingplatz darauf zu erkennen wäre. Dies war mit eine Ursache dafür, dass in jüngerer Zeit viele neue Vanlifer dazukommen sind, die mehr an schwer auffindbaren, wilden Plätzen interessiert sind.

Das unvermeidbare Resultat dieser Entwicklung ist ein hohes Verkehrsaufkommen an normalerweise eher unberührten Orten, wobei einige der beliebteren Locations manchmal genauso überlaufen sind wie offizielle Campingplätze. Auch auf den schmalen Straßen, die oft zu den besten wilden Standorten führen, herrscht in der Hochsaison immer mehr Chaos.

Weltweit ist an vielen Orten Wildcampen illegal, und auch wenn man meist nicht mehr als ein Klopfen an die Fensterscheibe mit der Aufforderung zum Weiterfahren riskiert, so ist es doch alles andere als ideal, wenn es schon spät ist und du wieder alles einpacken und einen anderen Platz suchen musst. Aber letztendlich ist dies eine individuelle Entscheidung. Mancherorts gibt es tolerantere Gesetze zum Wildcampen wie z. B. In Schottland, obwohl selbst dort teilweise wegen des überhandnehmenden Wildcampens neue Regelungen eingeführt wurden.

Respektvoll mit der Natur und anderen umzugehen und den Ort so zu verlassen, wie er vorgefunden wurde, ist die Regel Nr. 1 beim Wildcampen. Ob man will oder nicht: Du repräsentierst als Nutzer deines Vans die ganze Vanlife-Community, und bestimmte Verhaltensweisen können sich für alle negativ auswirken.

Wenn du dich wirklich frei fühlen möchtest wie beim Wildcampen, aber Risiken und Ärger vermeiden willst, kannst du auf viele Plätze zum Campen – sowohl offizielle als auch inoffizielle – an weniger „aufgeräumten" Orten ausweichen. Das kann ein Bauernhof oder ein Platz auf dem Land eines Bauern nebst einfachem Toilettenhäuschen sein. Diese Orte sind für gewöhnlich günstiger, weniger frequentiert und fühlen sich eher wie Wildcampen an, auch wenn du dabei manch ungewohnte Geräusche und Gerüche in Kauf nehmen musst!

Auslandsreisen

Die meisten Vanlifer werden mit ihrem Fahrzeug irgendwann eine oder mehrere Landesgrenzen passieren müssen. In vielerlei Hinsicht unterscheidet sich die Planung hierfür nicht von anderen Reisen. In erster Linie müssen rechtliche Aspekte berücksichtigt werden, denn jedes Land hat unterschiedliche Gesetze für die Nutzung seiner Straßen. Das reicht von der Sicherheitsausstattung, die sich an Bord befinden muss, bis hin zu bestimmten Vorschriften für Scheinwerfereinstellungen. Es gibt zwar kein spezielles Gesetz für Campingvans, doch lässt sich das im Voraus leicht ermitteln. Besondere Aufmerksamkeit sollte jedoch bei der Buchung von Fähren und Zügen auf die Höhen- und Gewichtsbeschränkungen gelegt werden.

Manche Länder gelten als „freundlicher" gegenüber Campingvans. Etwas Recherche im Vorfeld kann sich da auszahlen. So verfügt etwa Frankreich über ein großes Netz von zumeist kostenlosen Übernachtungs-/Servicepunkten (bekannt als „Aires de Service"). Außerdem gibt es da das geniale „France Passion"-Programm. Dabei kann man für einen sehr moderaten Mitgliedsbeitrag auf mehr als 2000 Bauernhöfen und Weingütern übernachten. Das Land so zu bereisen ist faszinierend, denn du kannst auf diese Weise fantastische regionale Produkte

Top-Planungs-Apps

1. Google Maps/Earth: Konkurrenzlos gute weltweite Kartierung, Sehenswürdigkeiten, Routenplanung, Straßenansicht und Satellitenbilder.
2. Maps.me: Sehr detaillierte Community-basierte Kartierung mit voller Offline-Funktionalität, einschließlich Navigation.
3. Waze: Turn-by-Turn-Navigation sowie Umleitungsfunktion mit Live-Verkehrs- und Gefahreninformationen.
4. Freecampsites.net: Datenbank der Community mit kostenlosen Campingplätzen.
5. Park4night: Ähnlich wie Freecampsites.net, aber in Form einer App und mit eher europäischer Ausrichtung.
6. iOverlander: Ähnlich wie Park4night, aber abseits der ausgetretenen Pfade eher für Geländewagen.
7. Wifi Map: Diese praktische App hilft, kostenloses Wi-Fi zu finden und sich anzumelden.
8. Meetup.com: Eine Möglichkeit, unterwegs Gleichgesinnte zu treffen.
9. Google Translate: Wichtig für Reisen in Länder, deren Sprache man nicht spricht.
10. Instagram: Zum Posten von inspirierenden Fotos auf #thevanlifecompanion.

probieren und „en passant“ deine Sprachkenntnisse auffrischen. Andere Länder haben ähnliche Programme – bitte vorher checken. In Großbritannien ist das Übernachten auf Parkplätzen von Pubs gestattet, wenn du dort etwas gegessen oder getrunken hast.

Laden und Entladen

Laden und Entladen des Vans ist nicht gerade ein Vergnügen, jedoch kann der Aufwand durch intelligentes Packen minimiert werden. Erstens sollte so viel wie möglich dauerhaft im Fahrzeug verstaut werden. Zweitens: Packe möglichst viele kleinere Utensilien in größeren Taschen oder einer Faltbox zusammen, um dir beim Ein- und Ausladen unnötige Wege zu ersparen. Und schließlich versuche, alles strategisch zu packen, damit Dinge, die wahrscheinlich zuerst benötigt werden, auch sofort zur Hand sind.

Einmal vor Ort, ist es hilfreich, routinemäßig für alles gleich einen Platz zu finden, denn dies erspart dir später Zeit und Stress.

Kleidung

Was die Bekleidung beim Vanlife betrifft, ist es wichtig, zwei Dinge im Griff zu behalten: Temperatur und Körpergeruch. Erfreulicherweise gibt es ein ausgezeichnetes Produkt, mit dem das bei beiden Problemen gelingt.

Merinowolle ist eine Naturfaser, die dank ihrer Temperatur regulierenden Eigenschaften und ihrer Resistenz gegen Geruch verursachende Bakterien auch in Hi-Tech-Sportbekleidung verwendet wird. Da sie zudem sehr schnell trocknet, kann sie bequem gewaschen und umgehend wieder getragen werden.

Aus Merinowolle hergestellte Produkte waren zwar zunächst sehr teuer, jedoch sind in den letzten Jahren die Preise gefallen, und die Produktpalette wurde um legerere Bekleidung erweitert, die auch nicht gleich wie eine Bergsteigerausrüstung daherkommt. Eine ordentliche Basisschicht aus Merinowolle und Leggins sind perfekt als Nachtwäsche geeignet.

Ein anderer wichtiger Aspekt ist wasserdichte Bekleidung. Es lohnt sich, als Mindestausstattung eine gute wasserfeste Jacke, ebensolche Schuhe oder Stiefel sowie ein Paar Hi-Tech-Sandalen oder Flipflops immer im Van zu haben, denn man braucht sie öfters, als man denkt.

Kochen

Wie bei allen anderen Aspekten solltest du dir sorgfältig vorher überlegen, was und wie du im Van essen willst. Zwar sind die Bevorratung von Lebensmitteln und ihre Zubereitung auch Geschmacksache, gleichwohl lohnt es sich, einige allgemeine Tipps zum Thema Essen zu beachten.

Die 1-Box-Lösung

Wenn du keine Einbauküche im Van hast, ist es eine praktische Lösung, die Essensutensilien in einer einzigen Box aufzubewahren. Damit hast du ein halbmobiles Lager für unverzichtbare Lebensmittel, etwa haltbare Trockenlebensmittel wie Nudeln, Schnellkochreis und Hafer, Bohnen, Gemüse und Obstkonserven. Saucen wie Pesto oder ein paar Fertiggerichte wie Suppen oder Ramen (japanische Nudeln) garantieren jederzeit eine schnelle Mahlzeit, selbst bei spontanen Reisen.

Am besten eignet sich dafür eine gut belüftete Box mit zwei Griffen, die tief genug ist, um grö-

Die 10 besten Lebensmittel für die Box

1. Pasta
2. Schnellkochreis
3. Haferflocken
4. Dosensuppen
5. Studentenfutter
6. Dosenfisch
7. Makkaroni mit Käse
8. Weiße Bohnen
9. Ramen
10. Reiskekse

Links: Campingvan am Lake Taupo, North Island, Neuseeland.

ßere Dosen und Flaschen darin zu verstauen, aber klein genug, um sie irgendwo platzsparend unter einem Sitz zu verstauen. Ein Weinkarton kann ein perfektes 1-Box-Lebensmittellager sein, nur solltest du dabei das Auffüllen zwischendurch nicht vergessen.

Wenn du keine Einbaueinheiten hast, eignet sich eine Box auch gut zur Verstauung platzraubender Küchenutensilien. Am zweckmäßigsten ist hierfür eine längere und flachere Box, ähnlich wie Bettkästen und idealerweise mit Rädern zum leichteren Herein- und Herausschieben.

Wasser

Für diejenigen, die ohne fest installiertes Wasserleitungssystem im Camper unterwegs sind, lohnt sich die Investition in tragbare Wasserkanister, statt teures, in Plastikflaschen abgefülltes Wasser zu kaufen. Kanister sind wiederverwendbar, nach Gebrauch einfach zu reinigen oder zu sterilisieren und können bei guter Pflege ewig halten. Je nach Größe können sie auch platzsparend an verschiedenen Orten aufbewahrt und bei Bedarf herausgenommen werden. Die meisten sind mit passenden Aufsätzen lieferbar, um Verschütten zu vermeiden.

Wasser ist naturgemäß nicht leicht, und alles über 10 Liter ist schwer zu tragen. Und 10 Liter reichen gerade mal für 2 Leute zum Trinken und Kochen für einen Wochenend-Trip – wenn man davon ausgeht, dass ein Erwachsener 2 Liter Wasser pro Tag trinkt. Wer unterwegs schweißtreibenden Sport betreibt oder in heißen Gegenden unterwegs ist, wird möglicherweise die doppelte Menge mitführen müssen, falls unklar ist, ob es vor Ort Zugang zu Wasser gibt. Trinkrucksäcke und Trinkflaschen sollten deshalb immer vor der Reise aufgefüllt werden. „Vorbeugen ist besser als heilen" ist die Maxime für den Wasservorrat.

Geschirrspülen und Duschen erfordern erheblich mehr Wasser, aber selbst hierfür gibt es einfache Lösungen. Solarduschen fassen bis zu 20 Liter Wasser, das tagsüber dank wärmeabsorbierender Materialien erwärmt wird, damit es abends einsatzbereit ist. Normalerweise funktionieren Solarduschen über die Schwerkraft, es gibt auch Modelle, die mit einer Hand- oder Fußpumpe bedient werden können, was zum Geschirrspülen sehr praktisch ist. Heimwerker können für den Bau einer funktionstüchtigen, über einen 12-Volt-Anschluss laufenden elektrischen Dusche problemlos entsprechende Anleitungen im Internet finden.

Kühlung

Für die Bevorratung von Frischlebensmitteln ist eine Kühlmöglichkeit erforderlich.

>> **Kühlbox:** Die Installation eines fest eingebauten Kühl-/Gefrierschranks ist in finanzieller, räumlicher und elektrotechnischer Hinsicht ein relativ aufwendiges Unterfangen. Wenn du aber vor allem zu kürzeren Trips aufbrichst oder hauptsächlich nur an bestimmten Plätzen stehst, ist eine gute Kühl box ausreichend.

Größere, moderne Kühlboxen mit dicker Isolierung wie die Coleman Xtreme können gut verpackte Lebensmittel für mehrere Tage kühl halten, sodass ein Wochenendausflug kein Problem sein dürfte. Viele offizielle Campingplätze haben Gemeinschaftseisschränke, in denen Kühlakkus für längere Trips erneut eingefroren werden können.

Eine durchschnittliche Küchenbox enthält:

- Besteck/Messer
- Schmale Plastikschneidbretter
- Feuerzeug/Streichhölzer/Feueranzünder
- Flaschenöffner/-verschluss
- Dosenöffner
- Geschirrtücher und Topfkratzer/Schwamm
- Bio-Geschirrspülmittel und Waschpulver
- Wäscheklammern und Wäscheleine
- Leichte Emailleteller, -schüsseln und -tassen
- Wiederverwendbare Plastikbecher
- Ersatz-Butangasflasche
- Zusammenklappbares Sieb
- Ineinander stapelbares Pfannenset
- Kleiner Faltgrill
- Klappbarer Windschutz
- Espressokanne/kompakte Kaffeemühle
- Ineinander stapelbare Tupperware in verschiedenen Größen
- Handreiniger
- Flaschenbehälter

Rechts: Eine einzelne Aufbewahrungsbox erleichtert das Kochen unterwegs.

Kitchen Foil

SiS
ENERGY BAR
GO

Es gibt auch strombetriebene Kühlboxen, allerdings kühlen diese nicht in dem Maße wie ein fest eingebauter Kühlschrank.

Strategisches Packen kann dabei helfen, Dinge länger kühl zu halten. Oft Verwendetes sollte schnell zur Hand sein, um den Deckel möglichst nur kurz öffnen zu müssen. Lebensmittel mit höherem Kühlungsbedarf sollten in Bodennähe gelagert werden. Leute, die ihre Vans regelmäßig für kürzere Trips verwenden, packen oft eine vorbereitete Mahlzeit ein, die eingefroren wurde und während des Trips langsam auftaut, sodass sie dann an Tag 2 oder 3 verzehrfertig ist und unterdessen als zusätzlicher Kühlakku dient. Die Investition in Kühlakkus der richtigen Größe und in guter Qualität zahlt sich sicherlich aus, tendenziell ist die optimale Lösung ein Mix aus großen und schmalen Akkus an den Seiten mit ein paar Blöcken in der Mitte. Zuletzt sollte man auch überlegen, wo man die Box mit den Lebensmitteln zu den verschiedenen Tageszeiten aufbewahrt, da es außerhalb des Vans etwa nachts kühler sein kann.

>> **Kühlschrank/Gefrierfach:** Für extremes Klima, längere Reisen oder dauerhaftes Wohnen im Camper ist ein robusterer Kühl- bzw. Gefrierschrank angesagt. Die Vorteile liegen auf der Hand, jedoch ist der Stromverbrauch erheblich, was wiederum sorgfältige Planung erfordert.

Die zwei Hauptoptionen für den Camper sind der Kompressor-Kühlschrank – eine kleinere Version des Standard-Kompressorkühlschranks – und der (3-Wege-)Absorberkühlschrank, der über 12-Volt-Spannung (Batteriestrom), Netzstrom oder Gas betrieben werden kann.

Für alles gibt es ein Für und Wider, jedoch ist ein solarbetriebener Kompressor-Kühlschrank unschlagbar, auch wenn er sicher keine billige Lösung ist. Gasbetriebene Kühlschränke haben den Vorteil, fast lautlos zu laufen, und eignen sich perfekt für den netzunabhängigen Gebrauch. Allerdings sind sie sperrig, erfordern das Ausschneiden von Lüftungslöchern im Van und benötigen generell mehr Wartung und Pflege als die einfache, erprobte Kompressor-Option.

Lokale Produkte kaufen

Da die meisten Vans nur begrenzte Lagerflächen für Frischlebensmittel und Getränke haben, wirst du unterwegs wahrscheinlich einkaufen gehen. Statt schnell den nächsten Supermarkt anzusteuern, wäre es doch eine Überlegung wert, Lebensmittel in kleineren Geschäften vor Ort oder – noch besser, falls möglich – direkt beim lokalen Erzeuger einzukaufen. Also halte Ausschau nach Hof- und Dorfläden oder Marktständen.

Auswärts essen

Dreimal am Tag zu kochen (und abwaschen) kann in einem Camper ziemlich anstrengend und zeitraubend sein, besonders dann, wenn es keinen Küchenbereich mit fließend Wasser gibt. Einmal am Tag auswärts essen zu gehen dürfte nicht zu teuer sein und ist eine gute Gelegenheit, die lokale Ökonomie zu unterstützen, neue Menschen und Gegenden kennenzulernen und etwas zu essen, was man im Van vielleicht nicht zubereiten würde.

Schlafen

Guter Schlaf tritt bei kürzeren Trips manchmal in den Hintergrund. Für längere Touren, vor allem wenn du einen leichten Schlaf hast oder deine 8 Stunden Schlaf benötigst, solltest du auf die Schlafbedingungen ein genaues Augenmerk legen:

>> Positionierung des Vans: Da externe Faktoren den Schlaf enorm beeinflussen können, ist es wichtig, wo und wie der Van positioniert wird. Deshalb ist es ratsam, nicht den erstbesten Platz auszuwählen, sondern sich einen Moment Zeit zu nehmen, die Umgebung zu inspizieren und alles, was die Nachtruhe stören könnte, abzuchecken. Am besten sollte auf ebenem Boden geparkt werden. Ein Satz Unterlegkeile nebst Mini-Wasserwage gehören zur Primärausstattung eines Van-Besitzers.

>> Licht: Auch wenn es Jalousien oder Vorhänge gibt, sind die meisten Vans sehr anfällig für Lichteinfall. Die Folge ist, dass man wahrscheinlich schon im Morgengrauen aufwacht. Das kann vorteilhaft sein, wenn es darum geht, das Meiste aus seiner Reise herauszuholen, doch macht der richtige Stellwinkel des Vans, der dann deinen Kopf an der dunkelsten Stelle ruhen lässt, schon einen großen Unterschied. Bedenke, wo die Sonne morgens aufgeht und wie sie in den Camper hineinscheint! Oder du investierst einfach in Jalousien.

>> Geräusche: Wer auf einem offiziellen Campingplatz campt, bekommt vermutlich seinen Stellplatz zugewiesen. Falls nicht, sollte man sich am besten den ruhigsten Bereich suchen und auch einen kurzen Blick auf die Nachbarn riskieren. Auch diese werden die neuen Eindringlinge auf „ihrem" Gebiet taxieren. Auch Kinder, Tiere und Partytiere können einen die ganze Nacht wachhalten. Ein gutes Set Ohrstöpsel ist empfehlenswert. Wenn aber wild gecampt wird, mag mancher vielleicht aus Sicherheitsgründen zumindest ein Ohr offen halten.

>> Temperatur: Die Temperatur ist extrem wichtig für den Schlaf und unterliegt in einem Van starken Schwankungen, insbesondere bei einem Bett im Aufstelldach, weil dieses nachts als erstes auskühlt und sich morgens wieder erhitzt. Sollte der restliche Van ausreichend isoliert sein, sorgen jedoch hauptsächlich die Fenster für die Weiterleitung von Hitze. Hierfür gibt es gepolsterte Thermomatten, die bei den meisten, wenn nicht sogar allen Van-Modellen passen und gegen Sonneneinfall und kalte Nachttemperaturen sehr hilfreich sind. Die meisten haben Saugnäpfe, sodass sie sehr schnell befestigt und entfernt werden können. Für Besitzer von Aufstelldächern gibt es Hüllen, die den aufgerichteten Dachbereich vollständig umschließen.

Vorsicht ist geboten, wenn man nachts Fenster oder Türen zur Belüftung offen lässt oder wenn man nachts die Heizung einschaltet: bei Ersterem aus Sicherheitsgründen und bei Letzterem wegen der Gefahr von Bränden und gefährlichen Dämpfen.

>> Bettzeug: Die Wahl des Bettzeugs ist nicht nur vom Klima abhängig, sondern auch von persönlichen Präferenzen, vom Budget und vom Beziehungsstatus der Vanlifer. Ein romantischer Wochenendausflug in zwei getrennten Schlafsäcken ist bestimmt nicht so vergnüglich.

Wie bei der Kleidung gilt auch hier das Schichtprinzip. Zwei Reisen in der gleichen Jahreszeit – und sogar zwei Tage derselben Reise – können im Hinblick auf die Nachtemperaturen vollkommen unterschiedlich sein. Wie bei der Kleidung die Merinowolle, ist eine Naturdaune unbestritten die beste Lösung zur Temperierung beim Schlafen, egal ob im Schlafsack oder unter der Bettdecke, und sie kann mit zusätzlichen Decken und Zusatzkleidung kombiniert werden, wenn die Temperaturen fallen.

Sofern man das Glück hat, über eine Ausstattung mit festem Bett und Matratze zu verfügen, ist jedoch auch wichtig, worauf man sich bettet. Die modernen Memory-Schaumstoffmatratzen sind beim Vanlife mittlerweile erste Wahl und verdrängen allmählich die kalten Luftmatratzen.

Memory-Schaumstoff gibt es in verschiedener Stärke und Dichte. Er kann auf individuelle Größen und Formen im Van zugeschnitten werden und lässt sich recht einfach wieder kompakt zusammenrollen. Es gibt sogar Schlafsäcke mit eingenähtem Memory-Schaumstoff, wie den preisgekrönten Duvalay. Für Nächte unter freiem Himmel oder im Zelt sind sie bestens geeignet.

>> **Kondensation:** Campingvans bieten ideale Bedingungen für die Kondensation, und so können allerlei ungewollte Probleme auftreten wie z. B. Schimmel und Rost. Kondensation lässt sich durch gute Belüftung am besten reduzieren. Die Methoden reichen von leichtem Anlehnen bzw. Kippen eines Fensters bis zum Einbau eine Deckenlüfter oder Ventilator. Die meisten Aufstelldächer verfügen über Belüftungsschlitze mit Reißverschluss, die tagsüber und nachts sehr praktisch sind. Gutes Auslüften des Bettzeugs ist ebenfalls ratsam, vor allem, wenn es tagsüber verstaut wird.

>> **Insekten:** Eine todsichere Art, die ganze Nacht über wach zu bleiben, ist ein Van voller fliegender, summender, stechender und beißender Kreaturen. Mücken und Moskitos gehören zum Camping wie das Amen zur Kirche, sodass es sinnvoll ist, alles dranzusetzen, dass sie sich im Fahrzeug nicht häuslich niederlassen. Wenn nicht gerade unter winterlichen Bedingungen gecampt wird, will man ja den Van nicht unbedingt hermetisch abdichten. Deshalb dienen einfache Moskitonetze an den Hauptöffnungen als erste Mückenabwehr.

Da Insekten vom Licht magisch angezogen werden, ist es insbesondere nach der Dämmerung, wenn Licht im Camper brennt, wichtig, die Zahl der potenziellen Eintrittspunkte zu reduzieren.

Andere Lösungen bieten Anti-Insekten-Hautlotionen und -Sprays sowie Citronella-Sticks und Kerzen. Plane vor dem Schlafengehen rund 10 Minuten für diverse Maßnahmen ein, um den Innenraum von den unerwünschten Gästen zu befreien. Dazu kann man alle Lichter bis auf eines aussschalten, um die Insekten an einem Punkt zu konzentrieren und so effizient wie möglich loszuwerden.

Entertainment

Auch wenn du heute dank digitaler Geräte wie Smartphones, Tablets, Laptops und Handheld-Konsolen deine gesamte Musik-, Film- und Spielesammlung platzsparend mitzunehmen kannst, sollte ein gut sortierter Van auch einige Nischen für bewährte analoge Spiele haben, die kein ständiges Aufladen erfordern.

Sicherheit und Schutz

Schließlich gilt es wie bei jeder Art von Camping oder Fahrzeugnutzung auch einige Sicherheitsaspekte zu berücksichtigen, auch wenn es einer der Hauptzwecke und -vorzüge vom Leben im Camper ist, sich von den scheinbar endlosen allgegenwärtigen Einschränkungen des modernen Alltagslebens zu befreien.

Die meisten Diebe wissen, dass sich in einem Campervan jede Menge interessanter und potenziell wertvoller Ausrüstung befindet. Deshalb sollte er weder an „Hochrisiko-Orten" abgestellt werden,

Die 10 besten Freizeitspiele und -sportarten
- Kartenspiele
- Scrabble
- Schach
- Drachen steigen lassen
- Frisbee
- Angeln
- Fußball
- Boccia/Boule
- Slackline
- Badminton

Links: Mirte van Dijks gemütlicher Schlafraum in ihrem Citroën HY verfügt über ein fest eingebautes Bett.

noch sollten Wertsachen sichtbar herumliegen. Wenn du dich vom Van entfernst, ist es ratsam, Vorhänge oder Jalousien geschlossen zu halten, damit man nicht so leicht hineinschauen kann.

Sekundärverriegelungen, sichtbare Abschreckungsmittel wie Lenkrad- und Pedalschlösser sowie akustische Alarmsysteme sind hilfreiche Mittel zur Bekämpfung von Gelegenheitsdieben.

Pannen sind fast unvermeidlich, deshalb sollte unbedingt eine entsprechende Versicherung abgeschlossen werden. Kfz-bzw. Wohnmobilhaftpflichtversicherungen lassen sich gegen geringe Zusatzgebühr um einen Schutzbrief erweitern, der auch Pannenhilfe beinhaltet. Eventuell lohnt sich ein zusätzlicher Ausland-Schadenschutz – all das sollte vor Reiseantritt mit dem Versicherer geklärt werden..

Eine der Hauptursachen für Campingunfälle sind Lagerfeuer. Offenes Feuer ist auf vielen Campingplätzen nur an ganz speziellen Plätzen erlaubt oder ganz verboten, deshalb empfiehlt es sich, sich dort über die entsprechenden Regeln zu erkundigen.

Das Entzünden eines Feuers beim Wildcampen birgt zusätzliche Umweltrisiken. Wenn man sich in Wald, Grasland oder anderer leicht entzündbarer Umgebung aufhält, kann man gar nicht vorsichtig genug sein. Das gilt für Van, Zelte, Gasflaschen für Campingkocher, für grundsätzlich alles. Ein kleines Feuer kann unglaublich schnell außer Kontrolle geraten und verheerende Folgen haben.

Einige Vanlifer nutzen eine tragbare Feuerschale, die das Feuer vom Boden fernhält und gleichzeitig auch zum Kochen dient. Auch das kann aber Funkenflug verursachen. Lass deshalb ein Feuer nie unbeaufsichtigt und stelle immer sicher, dass es vor dem Schlafengehen oder dem Verlassen der Feuerstelle vollständig erloschen ist.

>> **Haustiere:** Die Mitnahme von Haustieren sollte sorgfältig überlegt werden. Ein Tier mitzunehmen, das, abgesehen von Futter und Gassi-Pausen, sowohl Platz als auch regelmäßigen Auslauf benötigt, ist eine zusätzliche Herausforderung. Wer bereits ein Haustier hat, sollte vor dem Kauf oder Umbau eines Vans austesten, ob und wie praktikabel das ist. Tiere sind auf manchen Campingplätzen verboten, und selbst an „wilden" Orten und Nationalparks gibt es Einschränkungen für Haustiere. Bei Hitze ist es generell nicht ratsam, ein Tier im Fahrzeug zu lassen, da dies schnell lebensbedrohlich werden kann.

Wenn du jedoch einfühlsam bist und die Bedürfnisse deines Haustiers immer an erster Stelle stehen, können Tiere die Freude am Vanlife steigern.

Und los geht's!

Vanlife bietet unendliche Möglichkeiten für neue Entdeckungen und Abenteuer, und seine Herausforderungen können darüber hinaus auch deinen Charakter formen. Du erweiterst dein Know-how, verlässt ausgetretene Pfade, schließt neue Freundschaften, erfährst und spürst die Wonnen der Selbstversorgung und Neuentdeckung der Welt.

Nachdem ihr nun also gut vorbereitet für den Umbau eures Vans seid, geht es in den nächsten beiden Abschnitten um zehn Vanlifer und deren ausgefallene Umbauten sowie um 20 abenteuerliche Roadtrips. Lasst euch davon anregen für euer nächstes Vanlife-Abenteuer. Also: Anschnallen, genießen und bitte Tipps und Fotos von unterwegs senden!

@edbartlett Ed Bartlett
#TheVanlifeCompanion

10 wichtige Gegenstände zur Sicherheit im Van

1. Verbandskasten
2. Feuerlöscher / Decke
3. Taschenlampe / Stirnlampe
4. Kohlenmonoxidmelder
5. Lenkrad- / Pedalschloss
6. Warndreieck / Warnweste
7. Reifen-Reparaturschaum incl. Pumpe
8. Fahrradschlösser
9. Minisafe
10. Multitool

Glossar

Absorberkühlschrank (manchmal auch 3-Wege-Kühlschrank genannt) – ein flexibler Kühlschrank, der mit Gas, 240 V oder einer 12-V-Autobatterie betrieben werden kann

Aire – Kürzel für „Aires de Service“; ein französisches Netzwerk für Übernachtungsorte

Aufstelldach – ein Dach zum Hochklappen und zur temporären Erhöhung des Innenraumes

Beifahrersitz – ist in Campern oft schwenk- und klappbar und wird dadurch zum Bestandteil des Wohnbereichs

Boondocking – (auch Trocken- oder Wildcamping) gratis campen, typischerweise an einem malerischen, abgelegenen Ort

Chemische Toilette – eine Toilette, bei der zur Verhinderung unangenehmer Gerüche Chemikalien verwendet werden

Dachbox – auf dem Dach montierbarer, geschlossener Gepäckbehälter

Digitaler Nomade – jemand, der an wechselnden Orten oder unterwegs vom Laptop aus arbeitet und kein festes Büro benötigt

Entsorgungsstationen – Stationen zum Nachfüllen von Frischwasser und zur Entsorgung von Grau- und Schwarzwasser

Essecke – ein informeller Essbereich in der Küche

Fahrerkabine, separate – Fahrkabine und Wohnkabine sind räumlich getrennt voneinander, meist bei selbst umgebauten ehemaligen kleineren Lkws

France Passion – ein französisches Netzwerk mit Übernachtungsmöglichkeiten auf dem Land von Landwirten und Weinbauern

Freizeitbatterie – (oft verbunden mit Batterietrennrelais) eine zweite Batterie, konzipiert, um 12-V-Geräte im Van zu versorgen

Glamping – Abkürzung für „glamouröses Camping“, eine luxuriöse Form des Campens, bei der der Gast nichts selbst mitbringen muss

Grauwasser – Abwasser vom Waschen

Hi-top – ein Van mit einem selbstgebauten Hochdach

Kassettentoilette – eine Toilette mit entfernbarem Fäkalientank

Klappbett– ein Sitz oder eine Bank, die schnell in ein Bett verwandelt werden können

Landstrom – Anschluss an das öffentliche Stromnetz über eine externe Steckdose in einem Verteilerkasten auf dem Campingplatz sowie einen Einspeisestecker am Van

Netzunabhängig – unabhängig von äußerer Strom- bzw. Energieversorgung

Notzelt – ein kleines Zelt, das direkt neben dem Fahrzeug errichtet wird, um den Wohnraum im Van zu vergrößern

RV – Recreational Vehicle, die Bezeichnung für Wohnmobile in den USA

Schwarzwasser – Abwasser der Toilette

Standheizung – eine Sekundärheizung, die bei nichtlaufendem Motor betrieben werden kann

Vorzelt/Markise – eine normalerweise am Fahrzeug angebrachte zeltähnliche Konstruktion, die einen Außenschutz bietet.

Wechselrichter – wandelt 12-Volt-Gleichstrom in 110-Volt-Wechselstrom um

Mein Camper und ich

Hier stellen sich einige Vanlife-Pioniere vor und zeigen euch ihre Fahrzeuge. Von smart und modern bis zu zweckmäßig ist alles dabei. Jeder Van ist genauso einzigartig wie sein Besitzer. Wie würde wohl euer Van aussehen?

Ford Econoline

Sprinter

Chevy 3500

Land Cruiser

International

Volkswagen T4

Citroën HY

Die digitale Nomadin Mirte van Dijk wurde im wahrsten Sinne des Wortes ins Vanlife hineingeboren – als Kind von Eltern, die einst Europa in genau dem Van durchquert haben, den sie heute noch fährt. Jahrzehnte später läuft und läuft „Mister H" immer noch und begleitet Mirte bei ihren aufregenden Abenteuern.

Aufgewachsen in einem kleinen Dorf in den Niederlanden, verbrachte Mirte ihre Schulferien mit ihren Eltern und Geschwistern quer durch Europa reisend in ihrem Citroën HY, den ihr Vater 1977 neu gekauft hatte. Mirte lernte von klein auf nicht nur die Herausforderungen von Autopannen kennen, sondern auch den Spirit des Abenteuers und die Gastfreundschaft von Fremden.

Bis heute haben diese Erfahrungen ihre Karriere als Texterin und Journalistin im Outdoor- und Reise-Business geprägt. Der alte Campervan ihres Vaters, „Mister H", sorgt noch immer für Nervenkitzel – und gelegentliche Reparaturrechnungen.

Van-Typ

Auch wenn es eine romantische Vorstellung ist, einen Oldtimer-Van zu besitzen – sei es ein hochglanzpolierter Airstream oder ein klassischer VW-Bulli T1 –, so kann die Realität doch ziemlich anders sein. Für viele Vanlifer ist die Verlässlichkeit einer der wichtigsten Faktoren bei der Wahl ihres Fahrzeugs. Für Mirte jedoch macht gerade das Unvorhergesehene den Charme des HY aus.

Mister H ist ein Citroën HY, Baujahr 1976, mit 4-Zylinder-Motor, 1911 ccm Hubraum, ganzen 48 PS, Dreiganggetriebe, Trommelbremsen – und ohne Servolenkung. Erstmals lief der Typ H (wie das Grundmodell des einfachen Lieferwagens genannt wurde) 1947 vom Band, bei Produktionsende 1981 waren es fast eine halbe Million Fahrzeuge.

Der niedrig gelegene Boden sorgt trotz der kompakten Außenmaße des Vans für eine Standhöhe von gut 1,80 Metern. Es ist jedoch die gewellte Karosserie, die ihn von seinen Konkurrenten unterscheidet und ihm einen ebenbürtigen Platz neben den anderen Citroën-Ikonen wie dem DS und dem 2CV verleiht. Wenn auch mechanisch recht einfach konstruiert, ist seine Einzelradaufhängung bei Oldtimer-Pkws eine Rarität und ermöglicht auf der Landstraße, für die er konzipiert war, ein zügiges Vorankommen. Letzteres ist mit einer Höchstgeschwindigkeit von 80 km/h und nicht sonderlich zupackenden Bremsen natürlich relativ – man reist in einem HY also doch eher in einem gemütlichen Tempo.

Nachdem Mirtes Vater den Van gekauft hatte, begann er ihn auszubauen, damit die Familie bequemer campen konnte. „Als mein Vater ihn kaufte, bestand er innen nur aus einer viereckigen Box", erzählt Mirte. „Er baute eine einfache Küche, eine Sitzbank und einen Tisch aus Holz ein. Doch gab es zum Schlafen nicht genug Platz für die ganze Familie, sodass meine Eltern draußen in einem Zelt schliefen."

Als Mirte den Van übernahm, begann sie Teile davon zu erneuern und aufzurüsten, inklusive eines Abgassystems aus Edelstahl und einer modularen Schlaflösung für zwei Erwachsene. Mit einem Solarmodul, umweltfreundlichen Produkten und einem zusätzlichen Kanister für Kraftstoff ist es Mirte und Mister H möglich, für eine Woche oder länger vom Stromnetz unabhängig zu bleiben.

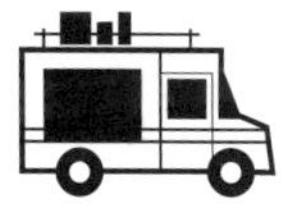

Fahrzeugmodell: Citroën HY (alias „Mister H")
Sitze: 6-8
Schlafplätze: 2 innen, 2 auf dem Dach im Freien
Motor/Verbrauch: 1911 ccm, 48 PS, gut 10 l/100 km
Kaufpreis: 5000 € (1977)
Umbaukosten: Unbekannt
Längste Reise: Von den Niederlanden bis Nordschweden über Deutschland, Polen, das Baltikum und Finnland, dann über Norwegen und Dänemark zurück in die Niederlande
Lieblingsreise: Die Waldstraßen Finnlands
Traumreise: Osteuropa erkunden
Instagram: @meetmisterh

Links: Mirte van Dijks Citroën HY, Mister H.

Wie Mirte es machte

Mirte van Dijk wollte wenigstens eine Woche unabhängig vom Stromnetz in der Wildnis leben, ohne in die Zivilisation zurückkehren zu müssen.
Schlüsselkriterien für Mister H:

- Die Möglichkeit, das Dach als solide Plattform zu nutzen
- Vollständig zu öffnende Hecktüren
- Flexibler Wohn- und Arbeitsraum
- Ausreichend Höhe, um innen aufrecht stehen zu können
- Schlafplätze für zwei Erwachsene innen

Dachfläche

Dank der Innenhöhe von knapp über 1,80 Metern war es beim HY nicht nötig, das Dach zu erhöhen. Stattdessen entschied sich Mirte, das Dach als Plattform zu nutzen. „Ich wollte schon immer, in einen Schlafsack eingepackt und den Sternen nah, auf dem Dach sitzen oder schlafen können und mit dem Sonnenaufgang aufwachen."

Der HY hat einen stabilen Aufsatz auf dem Dach, den Mirte mit Holz verstärkt hat, um eine perfekte, über eine Leiter erreichbare Plattform für Mensch und Ausrüstung zu schaffen. „Es gibt nur eine Sache, auf die man achten muss, nämlich, dass alles nicht zu schwer werden sollte", sagt sie. „Mit Holz zu bauen bedeutet zusätzliches Gewicht auf dem alten Fahrzeugrahmen, und die Konstruktion auf dem Dach kann zu Stabilitätsproblemen mit dem Fahrzeugschwerpunkt führen. Wir suchen immer noch nach dem perfekten Holzteil."

Außenraum

Ein weiteres interessantes Ausstattungsmerkmal des Citroën HY ist die Art, wie die dreiflügelige Hecktür geöffnet wird. Der obere Teil klappt nach oben und ergibt somit eine praktische Verlängerung des Dachs, die als Wetterschutz dienen kann.

Unter der Heckklappe befindet sich eine zweiflügelige Tür, deren Hälften nach links und rechts geöffnet werden. Auf diese Weise lässt sich das Heck komplett öffnen, und man hat von dieser Seite aus einen luftigen Zugang zum Fahrzeuginneren. Mirte hatte rasch das Potenzial dieser Schnittstelle von Innen- und Außenbereich erkannt. „Wir haben eine Tischplatte gebaut, die genau auf die unteren Türen passt, eine Art Tresen, den wir für alles nutzen können, von der Arbeit über die Essenszubereitung bis zum Essen selber", sagt sie.

„Sich im Freien aufzuhalten ist viel komfortabler, wenn der Van eine Verlängerung ins Freie hat. Während der heißen Sommertage kannst du bei offener Hintertür schlafen und den Ausblick direkt aus dem Bett genießen. Und wenn es regnet, bleibe ich im Van sitzen und genieße, was draußen im Freien alles passiert."

Wohnraum

Wie wohl jeder erfahrene Vanlifer bestätigen wird, ist es essenziell, sich drinnen im Fahrzeug zu Hause zu fühlen, egal wie viel Zeit man eigentlich im Freien verbringen will. Trotz seiner kompakten Abmessungen könnte der Innenraum von Mister H mit seinen

NL

pastellfarbenen Schränken, Bambusrollos und Stoffvorhängen problemlos als kleine rustikale französische Wohnung durchgehen. „Die ursprüngliche Ausstattung des Innenraums wurde von meinem Vater vor 40 Jahren entworfen und gebaut und war sehr gut durchdacht", meint Mirte. „Wo man auch hinschaut, gibt es Aufbewahrungsmöglichkeiten. Aus räumlicher und praktischer Sicht hat fast alles mehr als eine Verwendung oder Funktion. Ich bin immer noch überrascht darüber, wie viel da hineinpasst."

Im Wohnbereich gibt es zwei Tische, Sitzgelegenheiten links und rechts, und das Bett lässt sich teilweise so umbauen, dass man es tagsüber zum Relaxen nutzen kann.

Kochen, putzen und Hygiene

Wenn man einen Oldtimer-Van wie Mister H besitzt und betreibt, ist die Einfachheit Teil seines Charmes. Auch wenn er keine ausgefallene Küche hat, keine Nasszelle und kein WC, so macht er das durch seinen Charakter mehr als wett.

Natürlich sollte ein Van auch alltagstauglich sein, und deshalb hat Mister H einen Minikühlschrank, einen 10-Liter-Wassertank und eine Pumpe, die von der Hauptbatterie aus betrieben wird, sowie eine große Gasflasche zum Kochen an der Unterseite des Fahrzeugs.

Für heißes Wasser sorgt normalerweise eine Solardusche auf dem Dach, an kühleren, bewölkten Tagen behilft man sich bei Bedarf mit dem Erhitzen von Wasser. Was die Hygiene beim Vanlife betrifft, gibt es unterschiedliche Methoden.

„Statt zu duschen kannst du auch einfach in einen See oder ins Meer springen", sagt Mirte. „Man sieht uns oft nackt herumlaufen, so lassen wir uns vom letzten Sonnenlicht trocknen."

Bordelektrik

Ein Oldtimer-Van bedeutet keine totale Ablehnung der Moderne. Da auch solcherart zeitgenössisches Leben – vor allem wenn man nicht am Stromnetz hängt – auf elektrische Energie angewiesen ist, muss dieser Teil der Umrüstung besonders sorgfältig geplant werden. Für Mister H hat Mirte ein abnehmbares Solarpanel des Modells Goal Zero installiert, das wiederum die Hauptbatterie (400 Wh, 33 Ah, 12 V) auflädt.

„Als digitale Nomadin arbeite ich viel unterwegs", sagt Mirte. „Für ein Smartphone, zwei Laptops, zwei kleine Goal-Zero-Leuchten, einen W-LAN-Empfänger und zwei digitale Spiegelreflexkameras haben die Solarpanele plus die Batterie bei unseren Reisen bisher immer ausgereicht."

Eher stromfressende Geräte wie der Minikühlschrank laufen während der Fahrt über einen mit der Batterie verbundenen 12-V-Stecker. „Meine Haare trockne ich im Wind, und Kleidung wasche ich nur dann, wenn es wirklich nötig ist. Wir tragen bei Kälte einen Extra-Sweater, machen Lagerfeuer zum Grillen und essen frische Lebensmittel", erzählt sie.

Vorausgehende Seite: Mirtes Citroën HY verfügt über einen praktischen „Hecktresen", Diese Seite links: Der Innenraum von Mister H mit einer Küche, einem Arbeitsplatz und einem geräumigen Fahrerhaus. Rechts: Für digitale Nomaden ist ein Arbeitsbereich unerlässlich. Der Dachaufbau und der Tisch an der Rückseite bieten zusätzlichen Wohnraum im Freien.

Fragen an Mirte

Hat der Van wie erwartet funktioniert?
Ja, aber nur mit einer realistischen Erwartungshaltung. Ein Oldtimer ist langsam, stinkt und bleibt mindestens einmal pro Reise liegen. Du musst für eine lange Reise gut vorbereitet sein und dem Vanlife auch dann noch etwas abgewinnen können, wenn du mit rauchendem Motor am Straßenrand stehst und keine Ahnung hast, wie es weitergehen soll.

Was hättest du im Nachhinein anders gemacht?
Es gibt immer was zu verbessern, etwa die Qualität der Matratze, die Art und Weise, wie man die Dinge verstaut, oder die Menge des mitgeführten Wassers. Fast alle diese Probleme können mit Zeit, Geld und Einfallsreichtum gelöst werden. Und wem dies nicht gelingt, der ist möglicherweise nicht fürs Vanlife geschaffen.

Was hat dich am Vanlife am meisten überrascht?
Es ist erstaunlich, wie ein alter Van wie Mister H die Aufmerksamkeit auf sich zieht. Egal, in welcher Situation du bist, die Zahl der Leute, die winken, hupen oder für einen Schwatz an die Tür klopfen, ist beachtlich.

Hast du weitere Pläne für den Van?
Ein neues Abenteuer! Wo auch immer es uns hinführen mag.

Was wären deine drei Haupttipps fürs Vanlife?
1. Du solltest nicht romantische Sonnenuntergänge und exotische Abenteuer am laufenden Band erwarten, denn Vanlife kann hart sein. Wenn du es im Urlaub gern bequem hast und immer alles nach Plan gehen soll, ist das sicher nicht die richtige Option.
2. Hol das Beste aus dem Sommerurlaub heraus, denn du kannst praktisch im Freien leben.
3. Genieße die Fahrt und denk positiv. Mach das Beste aus schlechten Situationen und ärgere dich nicht über zu kaltes oder zu warmes Wetter oder Pannen.

Rechts: Mirte van Dijk und ihr Citroën HY am Meer.

© Jesse James Hoffman

Ram ProMaster

Caroline Winslow entschied sich dazu, ihr Studium der Umweltpolitik durch eine praktische Komponente zu erweitern: Sie verbrachte ihr komplettes Abschlussjahr in einem selbst umgebauten Van in der Hoffnung, ihren CO_2-Fußabdruck besser verstehen und – hoffentlich – auch reduzieren zu können.

Aufgewachsen in dem Bergstädtchen Telluride in Colorado, hatte Caroline Winslow schon von klein auf eine Passion für Entdeckungstrips. Einen ersten Vorgeschmack auf das Leben mit einem Van bekam sie im Sommer 2014, als sie zusammen mit Ihrem Freund einen Ram ProMaster kaufte, um die USA zu erkunden. Nach zwei Sommern im Van stellte Caroline fest, dass sich ihre Liebe zum Vanlife mit dem Wunsch, unabhängig vom Stromnetz zu leben, verbinden lässt. Um ihren CO_2-Fußabdruck zu reduzieren, machte sie sich daran, ihr Abschlussjahr in einem selbst umgebauten, solarbetriebenen Ram ProMaster zu verbringen, dessen Umbau sie aus den Mitteln ihres Stipendiums finanzierte.

Van-Typ

2013 in Nordamerika auf den Markt gebracht, ist der Ram ProMaster eigentlich ein Fiat Ducato – das meistverwendete Basismodell für Wohnmobile in Europa. Als Ergebnis eines Joint Ventures zwischen Fiat und PSA (Peugeot, Citroën, Opel/Vauxhall) ist der Van im Wesentlichen auch das gleiche Fahrzeug wie ein Citroën Jumper oder Peugeot Boxer.

Nachdem Chrysler vorher den Dodge Ram Van und (unter Daimler) eine Version des Mercedes Sprinter im Angebot hatte, war nach dem Konkurs 2009 und der Übernahme durch Fiat der Ram ProMaster das erste Nutzfahrzeug, das die US-Traditionsmarke in Nordamerika wieder auf den Markt brachte. Der Kunde konnte zwischen drei Radständen, vier Aufbaulängen und zwei Höhen auswählen. Angetrieben wurde der ProMaster von einem 3,6-Liter–V6 Benzinmotor mit 6-Gang-Automatikgetriebe.

Caroline hatte vorher bereits einen Dodge Ram, entschied sich jedoch aus mehreren Gründen für einen ProMaster. „In erster Linie wusste ich, dass ich einen Van mit hohem Dach wollte, um innen aufrecht stehen und mich bequem im Fahrzeug bewegen zu können", sagt sie. „Mein Plan war, ein Jahr lang im Van zu leben und auch das kalte Wetter in Maine zu überstehen. Deshalb wollte ich ein Maximum an Innenraum und habe mich für den 136-Zoll-Radstand (345 cm) entschieden, weil er mir genügend Platz für einen Ausbau bieten und es trotzdem ermöglichen würde, noch auf einem normalen Parkplatz unterzukommen."

Um dauerhaft im Van leben zu können, wollte Caroline einen Raum schaffen, der ein komfortables und gemütliches Zuhause mit ökologischer Nachhaltigkeit in Konstruktion und Betrieb verbindet.

„Ich kaufte ein leeres Nutzfahrzeug mit der Absicht, den Innenraum aus wiederverwendeten, natürlichen und ungiftigen Materialien selbst auszubauen", sagt sie. „Nach Monaten der Planung und Recherche in Sachen Baumaterialien begann ich im Juni 2017 mit dem Umbau. Drei Monate später war „Roxi", mein neues Zuhause, fertig. Jedes Mal, wenn ich in den Rückspiegel schaue, aufwache oder mich umsehe, bin ich sehr stolz auf das, was ich geschaffen habe."

Fahrzeugmodell: Ram ProMaster (136 Zoll Radstand, Hochdachmodell)
Sitze: 2
Schlafplätze: 2
Motor: 2500 ccm/ 13–14 l/100 km
Kaufpreis: 21.800 €
Umbaukosten: 6100 €
Längste Reise: Von Maine nach Utah
Lieblingsreise: Westküste der USA, von Kalifornien nach Washington State
Traumreise: Neuseeland
Instagram: @RePoweredRam

Links: Caroline Winslow mit ihrem Ram ProMaster in Colorado. Nächste Seite: „Roxi" wurde so maßgefertigt, dass zwei Paar Ski und Stöcke in einem Einbaufach untergebracht werden können.

Wie Caroline es machte

Der Umbau

Caroline Winslow wollte das Abschlussjahr ihres Umweltpolitik-Studiums damit verbringen, dauerhaft unabhängig vom Stromnetz in einem Van zu leben und auf diese Weise mehr über ihren eigenen Energieverbrauch zu erfahren.
Ihre Prioritäten beim Umbau waren:

- Genug Innenraum, dass der Van sich wie ein Zuhause anfühlt und entsprechend funktioniert
- Ein Bereich zum Aufbewahren ihrer Ski- und Kletterausrüstung
- Ein hohes Dach, das es ihr ermöglicht, aufrecht zu stehen und sich im Van bequem zu bewegen
- Eine voll funktionstüchtige Küche mit Herd, Ofen und Spüle
- Platz auf dem Dach und interner Speicher für Solaranlage und Batteriebank

Bordelektrik

Da Nachhaltigkeit und Energieverbrauch im Vordergrund des Projekts standen, war die solar-elektrische Installation einer der wichtigsten Aspekte des gesamten Umbaus. „Der erste Schritt bestand darin, Stärke und Größe von Schaltkreisen und Batteriebank zu bestimmen, die für den Betrieb von Kühlschrank, Steckdosen und Leuchten erforderlich sein würden", erzählt Caroline. „Nach viel Recherchieren und Experimentieren installierte ich zwei 300-W-Solarpanele auf dem Dach des Fahrzeugs, die wiederum mit einem 60-Ampere-Solarladeregler, einem 2000-W-Mehrzweck-Wechselrichter-Ladegerät und schließlich einer 480-Ah-Batteriebank verbunden sind. Ich habe auch einen Einspeisestecker für Landstrom leicht zugänglich unter der Stoßstange am Heck angebracht.

Beim Eigenausbau besteht immer das Risiko, Fehler zu machen, und das gilt besonders für die Elektrosysteme, wie Caroline zwei Tage vor Abreise zum College feststellen musste. „Mir wurde klar, dass bei der Verkabelung der Solaranlage ein Teil der Pluskabel an der Erdungsschiene und nicht am Verteilerkasten befestigt war", räumt sie ein. „Insgesamt waren diese Momente frustrierend, wenn auch nicht zu vermeiden. Durch diese Kämpfe und Misserfolge habe ich jedoch immens viel über die Technik und mich selbst gelernt."

Kochen, putzen und Hygiene

Da Kochen und Backen für Caroline ganz oben auf der Prioritätenliste stehen, wollte sie auch im Van nicht darauf verzichten. Der gut ausgestattete Küchenbereich beansprucht ungefähr die Hälfte der Hauptfläche und verfügt als Herzstück über einen mit Brennspiritus betriebenen Zwei-Flammen-Herd. „Die Küche nimmt eine Menge Platz im Van ein, aber einen Komfort wie zu Hause zu haben, war es wert", sagt sie.

Mit einer Edelstahlspüle lässt sich das Geschirr spülen. Dank Fußpumpe kann man damit auch den allgemeinen Wasserbedarf regulieren, während eine mit Solarenergie betriebene Dusche in den wärmeren Monaten Körperpflege und Wäsche ermöglicht. „Wenn ich in an der Uni bin, benutze ich oft die Duschen und Waschmaschinen meiner Freunde", erzählt Caroline. „Wenn ich jedoch unterwegs bin, suche ich für gewöhnlich Waschsalons, Tankstellen

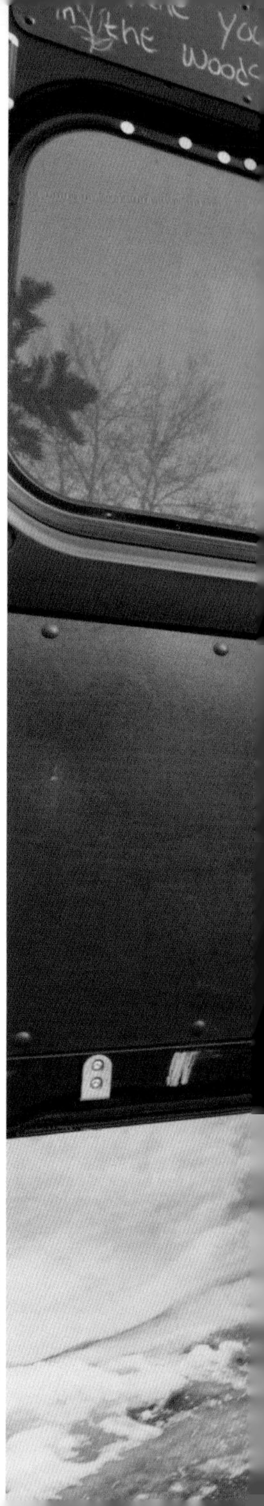

© Courtesy of Caroline Winslow

Be WILD

© Courtesy of Caroline Winslow

© Peter Brown

und Fitnessstudios oder Freizeitzentren auf, um deren sanitäre Einrichtungen zu nutzen.

Wohnraum

Wenn du deinen Van selber umbaust, hat das den Vorteil, dass du genau planen kannst, wie dein Wohnraum funktional gestaltet wird. Gleichzeitig kannst du auch die Stauraumproblematik optimieren.

Viele umgebaute Transporter sind mit einem festen Schlafbereich ausgestattet, darunter befinden sich oft Stauraum für Ausrüstung wie Fahrräder, eingebaute Schubladen oder andere clevere Unterbringungsmöglichkeiten. Caroline wollte jedoch auch Freunde treffen, die sie gern in einem apartmentartigen Sitzbereich empfangen wollte. „Ich habe den hinteren Bereich des Vans variabel konzipiert, mit zwei gegenüberliegenden Bänken und einem Tisch, der in der Mitte aufgebaut werden kann", sagt sie. „Nachts wird ein Brett von einer Seite der Bank auf den Rahmen der anderen geklappt."

Kleidung und Küchenutensilien werden in Oberschränken an beiden Seiten des Vans verstaut, d. h., die meisten Dinge sind erreichbar, ohne dass man sich bücken muss.

Nachhaltiger Umbau

Um den Umbau mit ihren nachhaltigen Zielen zu vereinbaren, wollte Caroline möglichst natürliche, wiederverwertbare und ungiftige Baumaterialien verwenden. „Aufgrund der mangelnden Transparenz bei vielen Lieferketten von Baustoffen erforderte dies viel Recherche. Ich habe jedoch einige fantastische Materialien finden können. Mein gesamter Van wurde mit Schafwolle isoliert, die ein natürlicher nachwachsender Rohstoff mit tollen thermischen Eigenschaften ist. Darüber hinaus konnte ich ein paar alte Zaunlatten sowie Sperrholz auftreiben, das für die Müllkippe bestimmt war, um meine Schranktüren und Arbeitsplatten aus Holzbrettern zu bauen.

„Da ich auf einem so kleinen, geschlossenen Raum leben würde, war ich bestrebt, lösungsmittelfreie Versiegelungen und Farben für die Innenflächen zu verwenden sowie Naturlatexkissen, die keine potenziell schädlichen Gase freisetzen würden. Diese Produkte waren nicht nur für mich und die Umwelt besser, sondern sorgen auch dafür, dass „Roxi" eine ganz eigene, unverwechselbare Geschichte hat.

Freizeitgestaltung

Da Caroline schon seit ihrer Kindheit eine enthusiastische Skifahrerin ist, weiß sie, dass man einen Platz zum Trockenen der Ausrüstung braucht. Deshalb wurde der erste von ihr gebaute Schrank, der sich unter einer Sitzbank befindet und direkt von den Hintertüren aus zugänglich ist, so gebaut, dass auch zwei Paar Ski und Stöcke darin Platz finden.

Der vielleicht interessanteste und witzigste Teil der Ausstattung ihres Vans ist jedoch eine funktionstüchtige Schaukel. „Ich hatte noch nie zuvor einen Van mit einer Schaukel gesehen und beschloss, irgendwie eine in „Roxi" einzubauen", erklärt Caroline.

Bevor sie ihren Van isolierte, fand sie einen Weg, ein altes Kletterseil und Karabinerhaken an den Streben des Metallrahmens des Vans zu befestigen. „Als ich wusste, dass es mein Gewicht sicher tragen würde", sagt sie, „nahm ich einfach ein Stück altes Holz, schnitt es zurecht und befestigte es an den Seilen. Ich bekomme nicht genug davon, aus der Tür hinauszuschaukeln und die Aussicht zu genießen."

© Courtesy of Caroline Winslow

© Jesse James Hoffman

Fragen an Caroline

Hat der Van wie erwartet funktioniert?
Das Vanlife in „Roxi" war bisher eine tolle Reise- und Lernerfahrung. Vor dem ProMaster hatte ich ja bereits zwei Sommer in einem Van verbracht und von daher bereits Erfahrung damit, unterwegs auf engem Raum zu leben. Aber dieses Projekt anzugehen, mein rollendes Heim selber zu bauen, das war einfach unglaublich. Auch wenn da immer neue Aufgaben hinzukamen, wie etwa dafür zu sorgen, dass ausreichend Solarladung vorhanden ist, oder das Befüllen und Entleeren meiner Wassertanks, hat für mich das Vanlife funktioniert, wie ich es erwartet hatte, wenn nicht sogar besser.

Was hättest du im Nachhinein anders gemacht?
Sehr wenig. Ich bin froh, dass ich mehrere Monate hatte, um den Umbau zu planen und alle für mich wichtigen Elemente mit einzubeziehen. Wenn es eine Sache geben würde, die ich vielleicht übersehen habe und besser hätte planen können, dann den Stauraum für Schmutzwäsche. Beim Bau des eigenen Zuhauses auf Rädern ist es wichtig, auch an die kleinen Dinge zu denken, die man sonst schnell übersieht, z.B., wo der Müll aufbewahrt wird. Obwohl ich anscheinend an die meisten Dinge gedacht hatte, hatte ich die Schmutzwäsche definitiv nicht auf dem Schirm.

Was hat dich am Vanlife am meisten überrascht?
Ich war verblüfft über das große Interesse und die Unterstützung, die mir für meine Dauerexistenz im Van von Freunden sowie von der Familie und der großen Vanlife-Community zuteil wurden. Es war eine tolle Erfahrung, andere Leute unterwegs kennenzulernen und von ihnen Tipps und Hilfe bei Problemen zu bekommen.

Hast du weitere Pläne für den Van?
Ich werde das College mit einem Abschluss für Umweltpolitik beenden und dann umziehen, um mit einem neuen Job zu beginnen. Auch überlege ich mir, ob ich, wenn ich arbeite, weiter in „Roxy" leben werde. Zwischendurch möchte ich noch ein paar Abenteuerreisen unternehmen. Was immer kommen mag, Vanlife wird für mich damit bestimmt nicht zu Ende sein.

Was wären deine drei Haupttipps fürs Vanlife?
1. Denk an all die kleinen Dinge, die wichtig im Leben sind, und integriere sie irgendwie auch in den Van.
2. Nimm nicht alles so ernst! Über die zahlreichen Fehler, Pannen und Herausforderungen lachen zu können ist ein wichtiger Teil des Vanlife.
3. Nutze die Chancen, die dieser Lebensstil bietet, und mach das Beste daraus. Also: Lerne neue Leute kennen und engagiere dich in neuen Communities.

Vorherige Seite, links:
1. Mit Schafwolle wird der Van natürlich isoliert.
2. Sperrholz wird passgenau zugeschnitten.
3. Hinten kann ein Tisch aufgebaut werden.
Rechts: 1. Die Küche beansprucht Roxis halben Innenraum.
2. Hier lässt es sich gemütlich sitzen und plauschen.
3. Nachts wird die Sitzgruppe zum Bett umgebaut.
Rechts: Die Schaukel von „Roxi" in Aktion.

© Jesse James Hoffman

FRONT RUNNER
HISTORICAL
VEHICLE
608T

Unimog

Filmemacher David Roth aus L.A. liebte schon immer die Vans. Sein erster war ein Chevrolet Astro von 1991, nachdem ihm seine Eltern den Kauf eines alten Schulbusses nicht erlaubt hatten. Heute als Erwachsener hat er das ultimative Fahrzeug, um sowohl den urbanen als auch den echten Dschungel zu bewältigen.

Geboren in Cincinnati zog David Roth nach Kalifornien, um Film zu studieren, und ging von dort nie wieder weg. „Mark Twain sagte einst: ‚Wenn das Ende der Welt kommt, möchte ich in Cincinnati sein, weil es immer 20 Jahre der Zeit hinterherhinkt.' Ich bin auch dieser Ansicht."

David war auf der Suche nach einem Fahrzeug mit vielseitigem Fun-Faktor, und so landete er eines Nachts auf der Anzeigen-Website Craigslist. Dort wurde seine Aufmerksamkeit, nachdem ihn das Angebot von Jeeps und Cabrios ermüdet hatte, auf einen Unimog von 1964 gelenkt.

Van-Typ

Der Unimog ist nichts für zarte Gemüter. Kurz nach dem Zweiten Weltkrieg entwarf Albert Friedrich, ein ehemaliger Daimler-Benz-Ingenieur, den „Mog" (wie er unter Liebhabern gern genannt wird) als landwirtschaftliches Arbeitsfahrzeug. Wahrscheinlich hätte er sich kaum träumen lassen, dass davon einmal über 400 000 Stück verkauft würden. Zu den ungewöhnlichen Ausstattungsmerkmalen gehört auch die große Bandbreite von Arbeitsgeräten, die am Unimog anmontiert werden können. 1954 gab es fast 70 davon, sie alle waren speziell für den Einsatz auf der Unimog-Plattform entwickelt worden.

Ein drehmomentstarker Motor, ein innovativer Antriebsstrang – über 70 Jahre später noch immer verwendet – sowie eine große Bodenfreiheit von ca. 40 cm bedeuten, dass der Mog alles von 45°-Steigungen bis zu weiten Geröllfeldern bewältigen kann. Der flexible Leiterrahmen und die Schubrohraufhängung lassen ihn Terrain durchqueren, das viele andere Geländefahrzeuge ins Straucheln bringen würde. Auf YouTube gibt es eine Menge technischer Konfigurationen zu sehen, die den Einsatz eines Unimog auf jeglicher Art extremem Gelände ganz leicht aussehen lassen.

Davids Fahrzeug ist ein Werks-Sanitätsfahrzeug, wurde jedoch als Basismodell für Dutzende Spezialfahrzeuge weltweit eingesetzt, von der landwirtschaftlichen und militärischen Nutzung über Brandbekämpfung und Erkundung bis hin zum erfolgreichen Rennfahrzeug bei der Rallye Paris – Dakar. Das Fahrerhaus mit dem Originaldach ist noch eine Reminiszenz an die Multifunktionalität des Fahrzeugs, doch David betont: „Es gibt in Los Angeles keinen wirklichen praktischen Grund, einen Unimog zu besitzen."

Mit einem Leergewicht von etwa 3,7 Tonnen, 20-Zoll-Geländereifen und der Aerodynamik eines Ziegelsteins kommt der Mog auf einen Verbrauch von stattlichen 23–30 Liter/100 km, jedoch sorgt eine Tankkapazität von 2 x 60 Litern für eine relativ große Reichweite von etwa 400–520 Kilometern.

„Ich liebe den Truck – er ist praktisch ein Körperteil von mir. Doch er hat keinen Bremskraftverstärker, keine Servolenkung, keine Klimaanlage oder sonst irgendwelche komfortablen Extras. Das heißt: Mit so einem Ding zu fahren ist noch ein richtiges Abenteuer, besonders in der Stadt."

Fahrzeugmodell: Unimog 404.1 (U82)
Sitze: 2 im Fahrerhaus, 6 hinten
Schlafplätze: 3–4
Motor: 2,2 l-Otto-Motor Mercedes-Benz M 180 mit Zenith 32 NDIX-Geländevergaser/ 23-30 l/100km
Kaufpreis: 8700 €
Umbaukosten: 5200 €
Längste Reise: Entlang der Küste Kaliforniens
Lieblingsreise: Old Mojave Road
Traumreise: Pan-American Highway (von Alaska bis Chile)
Instagram: @theUniblog

Links: David Roth mit seinem Unimog.

Wie David es machte

Der Umbau

Vor dem „Umzug" in seinen Unimog war der Filmemacher David Roth auf der Suche nach einem Fun- und Freitzeitfahrzeug, das er in und um L.A. nutzen konnte.

Seine Wunschliste umfasste:

- Mechanisch einwandfreies Funktionieren
- Unterwegs leicht zu reparieren
- Die Möglichkeit, Dach und/oder Türen zu entfernen
- Ein interessantes und ungewöhnliches Fahrzeug mit Spaßfaktor (oder, im Falle des Mog, alle drei Eigenschaften!)
- Ein Originalfahrzeug mit Potenzial zum Aufrüsten

Wohnraum

Der Heckkoffer des ehemaligen Ambulanzfahrzeugs ist noch der originale Aufbau („San-Koffer"). Den Innenraum hat David jedoch vollständig entkernt und zum komfortablen Camper umgebaut. „Ein Teil des Charmes meines Unimog besteht darin, dass ein Großteil der wichtigen Mechanik noch original erhältlich ist und dass ich jedoch gleichzeitig einen Weg gefunden habe, Funktionalität und Komfort zu verbessern", sagt er.

Der große Koffer war ein perfektes „unbeschriebenes Blatt" für den Umbau. David baute maßgefertigte Schränke und eine Essraum-Bett-Kombi aus Birkensperrholz ein und konstruierte einen Propangasofen auf einer Theke aus Kaiserstein. „Als ich zuletzt mit Holz gearbeitet hatte, ging ich in die siebte Klasse", erzählt er. „Doch ich brachte mir nur für dieses Projekt selbst bei, Schränke, Türrahmen und Türen zu bauen, was sehr erfüllend war. Ein Steinmetz aus der Gegend hatte die Arbeitsplatte aus Resten von schwarzem Kaiserstein zugeschnitten und ein Polsterer aus Los Angeles die Kissen für die hintere Essraum/Bett-Ecke genäht."

Die Bänke des Essbereichs verfügen über beachtlichen Stauraum, der sowohl von oben her im Fahrzeug als auch von hinten über die Hecktüren zugänglich ist. Lebensmittel und Kochutensilien werden in speziellen Einheiten rund um den Herd aufbewahrt.

Elektrik sowie Audio- und Videotechnik

Die Wohnkabine verfügt über einen traditionellen Militär-Generator (24-Volt, 19-Ampere, 300-Watt). David hat jedoch die Kabine auf 12-Volt umgerüs-

© Courtesy of David Roth

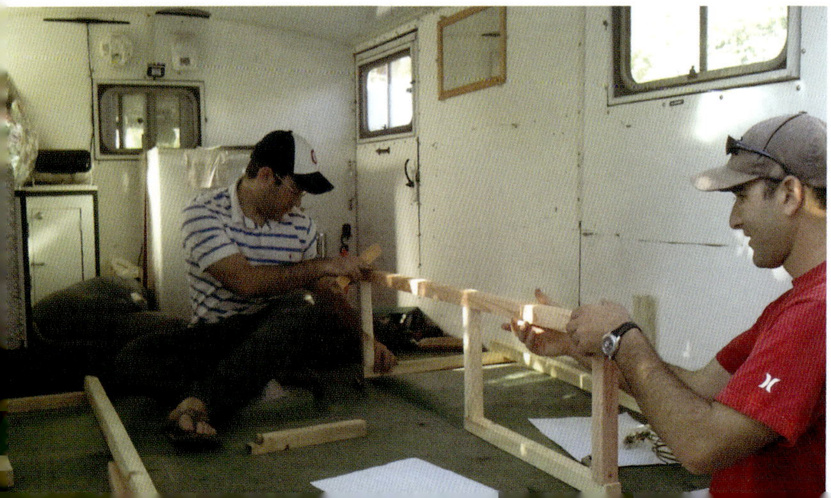

© Courtesy of David Roth

tet und an einem Träger ein 125-Watt-Solarmodul montiert, das zwei Tiefzyklusbatterien Odyssey PC31-2150 mit Strom versorgt.

Neben einigen Steckdosen versorgt die reichlich vorhandene kalifornische Solarenergie einen Engel-42-l-Kühl-/Gefrierschrank (für die Kühlung von Lebensmitteln auf langen Reisen durch heiße Gegenden) sowie eine Pioneer-Stereoanlage mit vier 6 x 9-Dreiwege-Lautsprechern.

Im Fahrerhaus muss man auf jegliche Art von Stereoanlage verzichten. „Im Fahrerhaus ist es unterwegs höllisch laut, und selbst mit Isolierung und Schallschutz ist die Kommunikation mit meinem Beifahrer oder meinen Freunden im hinteren Teil eine Herausforderung. Deshalb wurde der Unimog mit einem System ausgestattet, das normalerweise in Kleinflugzeugen oder Hubschraubern zu finden ist – Sigtronics SPA-400- und RES-400-Einheiten mit drei passenden Headsets, welche die Kommunikation an Bord erleichtern.

Zusätzlich hat David eine Rückfahrkamera Rear View Safety 3 eingebaut. Wenn du fragst warum, hast du offensichtlich noch nie versucht, einen Unimog rückwärts einzuparken.

Außenraum

Der Unimog ist ja für seine zahlreichen Optionen für externe Anbauten bekannt, und diese Flexibilität gilt zunehmend auch für die Freizeitnutzung.

Als wohl wichtigstes Extra für jedes Abenteuerfahrzeug hat David ein Paar FrontRunner-Dachträger montiert, auf denen sowohl das Solarmodul als auch 2 x 20-Liter-Trinkwassertanks befestigt sind. Zusätzlich kann dort auch sperriges Gepäck wie Surfbretter oder Skiausrüstung untergebracht werden. Jockeyboxen (eine Art Kühlboxen) unten am Rahmen beherbergen Werkzeug und Teile wie Schneeketten, zusätzlich bieten sie noch die Option der Mitnahme von bis zu drei weiteren 20-l-Kanistern mit Kraftstoff. „Wenn ich unterwegs bin, nehme ich lieber genügend Reservetreibstoff mit – vielleicht stoßen wir da tagelang auf keine Tankstelle", sagt David.

Für die Art von Gelände, für die der Unimog gedacht ist, wurde auch eine Seilwinde montiert, die sich sowohl vorne als auch hinten am Fahrzeug befestigen lässt. Ein ausschwenkbarer Propan-Grill kann auch leicht an der hinteren Befestigungsvorrichtung angebracht werden, wodurch Grillen im Freien zu einer unkomplizierten Angelegenheit wird.

Schließlich – und das ist wohl der Partyfaktor des Fahrzeugs – lassen sich das gesamte Dach und die Türen des Fahrerhauses in wenigen Minuten entfernen, um den Mog in ein Lkw-Cabrio zu verwandeln. „Es braucht einiges in L.A., damit die Leute zweimal hinsehen", meint David. „Aber ein Unimog, mit dem du ‚oben ohne' den Pacific Coast Highway runterfährst, schafft das für gewöhnlich."

Vorherige Seite: Das Fahrerhaus. Diese Seite, links: 1. Der Unimog im Rohzustand. 2. Beim Einbau des Engel-Kühlschranks. 3. Innenausbau. Rechts: 1. Küchen/Bett-Kombi. 2. Ausfahrt in die Wüste. 3. David genießt den Ausblick nach hinten.

Fragen an David

Hat der Van wie erwartet funktioniert?
Ich hätte tatsächlich nie erwartet, so Feuer und Flamme zu sein. Ich habe 7 bis 8 Jahre in Los Angeles gelebt und nie einen Campingtrip außerhalb der Stadt gemacht, bevor ich auf den Unimog traf.
Jetzt habe ich eine Art Camping-Renaissance durchlebt und versuche, wenigstens einmal im Monat aus L.A. herauszukommen, um den ausgetretenen Pfaden zu entkommen. Einige meiner Lieblingscampingplätze liegen bis zu 300 Kilometer im Umkreis der Stadt und bieten an langen Wochenenden tolle Ausflugsmöglichkeiten. Als ich meinen Unimog kaufte, hatte ich zunächst keine höheren Ziele, aber manchmal sind die ungeplanten Abenteuer die besten.

Was hättest du im Nachhinein anders gemacht?
Ich hätte den Sanitärausbau früher machen sollen! Ich liebe es, auf unbefestigten Straßen unterwegs zu sein, und verfahre mich zuweilen auch, aber ich vermisse den Luxus fließenden Wassers auf Campingtrips in trockenen Gegenden.

Was hat dich am Vanlife am meisten überrascht?
Leute, die ich deshalb unterwegs getroffen habe. Ich hätte nie gedacht, dass das einen so großen Einfluss auf mein Leben haben würde.

Hast du weitere Pläne für den Van?
Der Unimog hat doch einige Grenzen. Er war nie als Langstrecken- oder Hochgeschwindigkeitsfahrzeug gedacht. Bei anhaltender Autobahngeschwindigkeit würde das Getriebe irgendwann überhitzt sein. Etwa alle zwei Stunden muss ich, nur um das Getriebe abkühlen zu lassen, für 30–45 Minuten Rast machen. Ich würde deshalb gern einen Getriebekühler einbauen, um dieses Problem zu lösen.
Auch möchte ich noch einen Sanitärbereich einrichten – zumindest eine Spüle und eine am Heck montierte Dusche. Ich habe nicht genug Platz für eine Kabinentoilette, aber fließendes Wasser im oder am Truck wäre ein angenehmer Luxus.
Mein ultimativer Traum wäre es, meinen Unimog irgendwie in meine Arbeit zu integrieren!

Was wären deine drei Haupttipps für das Vanlife?
1. Erstens, unter 70 km/h zu bleiben. Ich sage immer, dass mein Unimog alles schafft, aber halt nicht so schnell. Es ist aber in der Tat das Zen-ähnliche Tempo meiner Abenteuertrips, das mir am besten gefällt.
2. Zweitens, eine(n) gute(n) Beifahrer(in) zu finden. Abenteuer teilt man am besten.
3. Drittens und letztens – aufzubrechen! Das versteht sich hoffentlich von selbst!

Rechts: Auf dem Dach befestigte Surfbretter gehen mit auf die Reise.

© Courtesy of Eric McCutcheon and Fanny Rice

Airstream Argosy Motorhome

Das kanadische Paar Eric McCutcheon und Fanny Rice wollte sich ein gemütliches Zuhause auf Rädern schaffen, um so ausgetretene Pfade zu verlassen und mit einem eleganten Gefährt auf Entdeckerreise zu gehen. Sie hatten bereits viele Airstream-Anhänger restauriert, und bevorzugten deshalb die Wohnmobilversion.

Die ehemaligen Sportler Eric McCutcheon und Fanny Rice fanden auf sehr unterschiedlichen Wegen zum Unternehmertum: Eric entschied sich für Marketing, Design und Technologie, während Fanny sich als Künstlerin der zeitgenössischen Kunst widmet.

In Mont-Tremblant in Québec aufgewachsen, lernte Fanny das Vanlife dank ihrer nomadischen Eltern, die noch immer jedes Jahr sechs Monate in ihrem kleinen Karmann-Mobil die USA und Mexico durchqueren, bereits in jungen Jahren kennen. Der aus Montreal stammende Eric hatte eine Passion für die klassischen Airstream-Wohnanhänger, was er zu seinem Beruf machte, indem er diese Anhänger beschaffte und sie für Marketing-Touren großer Firmen umbaute.

Da die beiden nicht mit einem Anhänger im Schlepptau reisen wollten, mussten sie eine eigenständige Lösung finden. Eric erwarb schließlich ein altes Airstream-Wohnmobil, das reif für Restaurierung und Ausbau war.

Van-Typ

Erics und Fannys Fahrzeug ist ein Airstream Argosy Motorhome von 1975, mit einem drehmomentstarken Chevrolet-„Big Block"-454-Motor, berühmt geworden durch klassische Chevrolets wie die Corvette und den El Camino. Airstream begann 1974 Wohnmobile unter der Marke Argosy zu produzieren, mit einem Basisdesign, das bis 1992 erhalten blieb. Frühe Versionen wie die von Eric und Fanny sind wegen ihrer bunten Lackierung als „Painted Airstreams" bekannt – die legendäre unlackierte silberfarbene Aluminiumhülle wurde erst 1979 eingeführt.

Trotz Erics Erfahrung mit der Umrüstung von Airstream-Anhängern hatte es das Paar auf das klassische Vanlife abgesehen. „Wir wollten etwas, das es uns erlaubt, aufzustehen und zu tun, wonach uns gerade ist", erklärt Eric. „Wir planten, nicht länger als ein paar Tage an einem bestimmten Ort zu bleiben, also setzten wir auf ein Wohnmobil, da es weniger Aufwand als ein Anhänger erfordern würde. Uns gefiel es, alles unter einem Dach zu haben."

Beim Kauf entsprach ihr Fahrzeug noch dem Originalzustand von 1975, wie sie es sich für eine grundlegende Restaurierung gewünscht hatten. Als er die Aufteilung des Wohnraums plante, wollte Eric das Vanlife mit offenen, luftigen Innenräumen neu erfinden. „Wir wollten ein Wohngefühl, das es uns erlaubt herumzureisen, ohne dass wir uns beengt fühlen."

Ihr Airstream ist das kürzeste verfügbare Modell, was aber immer noch einen Grundriss mit einem Doppelbett im Heck ermöglichte. So haben sie ein wohnliches Ambiente und trotzdem immer noch ein halbwegs wendiges Fahrzeug. „Die Möglichkeit, an unseren Lieblingsplätzen zum Wandern, Surfen, Kiten und Radfahren schlafen zu können, war ebenfalls ein vorrangiges Ziel", sagt Eric. „Also mussten wir eine Balance finden zwischen technischer Handhabbarkeit und dem Grad an Komfort, den wir uns wünschten."

Fahrzeugmodell: 1975 Airstream Argosy-Wohnmobil
Sitze: 6
Schlafplätze: 4
Motor: Chevrolet V8-Zylinder, 7,4 Liter
Kaufpreis: ca. 3300 €
Umbaukosten: 33.000 € + Arbeit
Längste Reise: Montreal (Québec) bis Florida
Lieblingsreise: Florida Keys
Traumreise: Von Montreal bis Kalifornien über Colorado, Utah und Arizona
Instagram: @wanderlustairstream

Links: Das Airstream Argosy Motorhome, wie es ab 1974 gebaut wurde, noch vor den Zeiten der unlackierten Aluminiumhülle.

Wie Fanny und Eric es machten

Der Umbau

Erich und Fanny haben schon immer Design, Airstreams und Roadtrips geliebt, wollten aber unterwegs nicht auf Komfort wie zu Hause verzichten oder auf Campingplätze beschränkt sein.

Ihre Wunschliste umfasste:

- Etwas, das klein genug ist, um fast überall hinzukommen, aber groß genug, um sich zu Hause zu fühlen
- Eine Vorrichtung am Heck, die das Mitführen einer Vespa oder von Fahrrädern ermöglicht, sowie viel Stauraum für Sportausrüstung
- Genug Platz, um ein Gästebett aufzubauen
- Eine komplette Kücheneinrichtung
- Ein eigenes Badezimmer mit einer großen Dusche

Wohnraum

Da das Fahrzeug für die Restaurierung bis auf die Hülle entkernt wurde, konnte der Innenraum völlig neu gestaltet werden. Der neue Grundriss ähnelt weitgehend dem des Originals, lediglich die Standard-Einzelbetten wurden durch ein Queen-Size-Bett ersetzt.

Der Hauptwohnbereich hatte im Original eine Imbiss-Essnische, die das Paar als zu beengend empfand. Sie wurde durch ein viersitziges Queen-Size-Schlafsofa ersetzt, mit zusätzlichem Stauraum darunter. Der Sitzbereich verfügt auch über einen integrierten, optional aufstellbaren Arbeits-Esstisch, der maximale Flexibilität gewährleistet. „Wir essen selten drinnen, weil wir die Umgebung, so gut es geht, genießen möchten, wenn wir unterwegs sind", sagt Eric. „Dass wir den Tisch nur dann aufstellen, wenn wir ihn wirklich brauchen, ermöglicht uns maximalen Innenraum."

Außenbereich

Das Originalfahrzeug hatte eine Markise, die schon bessere Tage erlebt hatte. Der zerschlissene und wettergebleichte Stoff wurde durch einen neuen ersetzt, der dem Paar einen zusätzlichen Außenwohnraum von ca. 15 Quadratmetern beschert.

Der Stauraum unter der Heckklappe wurde im Laufe der Jahre mehrfach umgebaut, aber das Paar entschied sich, diesem Bereich wieder seinen alten Glanz zu verleihen. Dafür brachte es hinten einen Motorradträger für ihre Vespa an. „Das funktioniert hervorragend und gibt uns zusätzliche Freiheit für längere und Städtetrips", sagt Eric.

Dazu wurden noch Halterungen für Fahrräder sowie mehrere Verankerungspunkte befestigt, sodass je nach Reiseroute die Vespa gegen Sportausrüstung ausgetauscht werden kann.

„Das nächste Projekt für den Außenbereich ist eine maßgefertigte Grillhalterung, um nicht mehr auf Bodenhöhe kochen zu müssen, wenn wir irgendwo anhalten", erläutert Eric. „Wir haben auch vor, einen Wandträger für das Stand-up-Paddle-Boards zu montieren."

Rechts, von links im Uhrzeigersinn:
1. Das hintere Queen-Size-Schlafsofa verfügt über viel Stauraum.
2. Armaturenbrett im Stil der 70er-Jahre.
3. U-Bahn-Fliesen verleihen dem Bad einen klassischen Touch.
4. Der Träger für die Vespa am Heck kann auch für Fahrräder oder andere Ausrüstung verwendet werden.

AIRSTREAM

Swedish Dream
SEA SALT
SOAP

© Courtesy of Eric McCutcheon and Fanny Rice

Kochen, putzen und Hygiene

Im Küchenbereich findet die minimalistische und zugleich hochwertige Anmutung des Innenraums ihre Fortsetzung mit luxuriösen Materialien wie Kupfer und Marmor. Sperrige Geräte wie die Mikrowelle und ein Zwei-Wege-Kühlschrank (Propan/Elektro) sind versteckt untergebracht. Ein neuer Zwei-Flammen-Propankocher mit einem tragbaren Grill für den Außengebrauch dient zum Kochen. Der Stauraum in der Küche besteht aus zwei Schubladen mit maximaler Tiefe für Trockenlebensmittel, einem großen 140-Liter-Kühl-/Gefrierschrank für Frischlebensmittel sowie fünf weiteren Schubladen für Geschirr, Utensilien, Töpfe und Pfannen.

Wasser ist immer ein kritischer Faktor, wenn es um den Komfort beim Vanlife geht. Hier wird es über einen 190-Liter-Tank bereitgestellt, mit dem das Paar seine schicke Duschkabine in vollen Zügen genießen und dabei möglichst lange vom Stromnetz unabhängig bleiben kann.

Elektrik

Wie der Rest des Airstream-Van wurde auch seine gesamte Elektrik neu installiert, wofür alles bis auf die Hülle freigelegt wurde. Glücklicherweise ist Fannys Vater Elektriker. „Wir mussten das System wirklich erneuern", sagte Eric. „Deshalb bauten wir auch einen Nest-Rauchmelder, ein iPad-Navigationssystem, mehr als ein Dutzend Deckeneinbauleuchten über vier Bereiche hinweg, ein portables Bluetooth-Soundsystem sowie ein 32-Zoll-Smart-TV-Gerät ein."

Das Paar installierte auch einen neuen Wechselrichter sowie einen Batterie-Ladestromverteiler, mit dem sich die Hilfsbatterie während der Fahrt aufladen lässt. Wenig überraschend gehörte dies 1975 nicht zur Standardausstattung. Außerdem umfasste die Modernisierung Solarmodule und einen W-LAN-Signalverstärker sowie ein Bluetooth-gesteuertes Türschloss.

Mechanik

Um die Zuverlässigkeit zu erhöhen, tauschte das Paar fast alle Teile des Antriebsstrangs aus oder generalüberholte sie, einschließlich Motor, Getriebe, Bremsen, Aufhängung, Reifen, Kühler und Elektrik. Wie Fanny und Eric bald feststellen mussten, können auch neue oder generalüberholte Teile versagen.

„Zwei Wochen vor unserer ersten Reise ließen wir das Getriebe austauschen, da es plötzlich Alters- und Verschleißerscheinungen zeigte", sagt Eric. „Das neue Getriebe funktionierte hervorragend, sodass wir nach vier Monaten harter Arbeit, endlosen Tagen und einigen Diskussionen endlich für unsere 3000 km lange Reise nach Florida startklar waren. Auf halbem Weg durch die Adirondacks begann der Van an einem steilen Anstieg dichten weißen Rauch auszustoßen. Wir sind tatsächlich bereits nach 120 km unserer Reise liegen geblieben."

Es stellte sich heraus, dass am neuen Getriebe ein Teil defekt war, das sich eigentlich in fünf Minuten austauschen lässt. Es dauerte jedoch einen ganzen Tag, bis ein ausreichend großer Abschleppwagen im ländlichen Vermont aufgetrieben war, und der kostete noch 900 Dollar. Das beweist, dass selbst die besten Vanlife-Pläne manchmal schiefgehen können.

Fragen an Fanny und Eric

Hat der Van wie erwartet funktioniert?
Ja, und wir hatten totalen Spaß beim Fahren und Kennenlernen neuer Gegenden mit ihm! Die Generalüberholung fast der gesamten Mechanik und des Motors war eine gute Entscheidung, da uns das Sicherheit gibt. Abgesehen von den anfänglichen Getriebeproblemen war er bisher sehr zuverlässig.

Was hättet ihr im Nachhinein anders gemacht?
Wir hatten schon seit geraumer Zeit vor, den Van auszubauen, und deshalb sehr viel über die ideale Einrichtung nachgedacht. Wenn wir nochmals einen Van umbauen würden, wäre er ehrlich gesagt in Bezug auf Ausstattung und Entwurf identisch.

Was hat euch am Vanlife am meisten überrascht?
Das es nicht nur möglich, sondern auch einfach und wirklich befreiend ist, mit einem Minimum an Dingen zu leben, selbst über längere Zeiträume hinweg.
Diese Lebensweise hat uns gelehrt, dass die gemeinsamen Erfahrungen und Momente der Schlüssel zu unserem Glück sind. Man muss nicht bis zum Ruhestand warten, um die Freiheit der Straße zu genießen.

Habt ihr noch weitere Pläne für den Van?
Noch mehr Reisen zu machen! Wir würden es gern bis zur Westküste der USA machen und dort die Küste Kaliforniens entlangfahren, im Idealfall über Colorado, Utah und Arizona. Fanny findet meist am Wasser Inspiration für ihre Kunst. Deshalb wäre es interessant zu sehen, wie das Reisen durch die Berge und die Wüste ihre Arbeit beeinflusst.

Was wären eure drei Haupttipps fürs Vanlife?
1. Aus der alltäglichen Routine auszubrechen und den Augenblick zu leben.
2. Abenteuerlustig sein und ruhig mal aufs GPS verzichten! Vielleicht findet man dadurch das ideale versteckte Fleckchen.
3. Du kannst nicht für jede Eventualität planen.

Vorherige Doppelseite, links, oben und unten 1. Eine Arbeits-/Esstisch-Kombination sorgt für Flexibilität. 2. Raum und Luftigkeit dank moderner Inneneinrichtung. Rechts, oben und unten: 1. Die hochwertige Küche vermittelt ein Gefühl von Luxus. 2. Clevere Aufbewahrungslösungen nutzen den Raum optimal und verhindern Unordnung. Rechte Seite: Fanny und Eric an der Seitentür ihres Argosy-Wohnmobils.

7XCY090

Ford Econoline-Krankenwagen

Ian Dow verbrachte als bekennende kalifornische Wasserratte seine prägenden Jahre mit Surfen, Skaten und Snowboarden, bevor er ab 2008 68 Länder der Welt bereiste. Nach seiner Rückkehr schaffte er sich einen Hund, ein Motorrad und einen alten Krankenwagen an und brach auf, um damit Mittelamerika zu erkunden.

Die Vanlife-Kultur erlebte Ian Dow von klein auf, was wenig überraschend für jemanden ist, der in den 1980ern und 1990ern an den goldenen Stränden Südkaliforniens aufwuchs. „Als ich ein Kind war, hatte meine Familie einen VW-Westfalia-Camper, mit dem wir Campingreisen machten, aber ich übernachtete in ihm auch regelmäßig bei Freunden in Einfahrten", sagt er.

Nach 10 Jahren im Ausland mit wenig Geld und noch weniger Plänen ersteigerte Ian auf eBay einen gebrauchten Krankenwagen, und so begann ein neues Abenteuer.

Van-Typ

Nur wenige Fahrzeuge erleben ihren 50. Geburtstag, doch der Ford Econoline ist eine Ausnahme. 1961 herausgebracht, wurde er 56 Jahre in Folge produziert und ist seit 1980 Amerikas meistverkaufter Van. Ursprünglich eine Modifikation der Limousine Ford Falcon, erhielt der Van erst in der dritten Generation 1975 seine markante lange Schnauze, wodurch sich die Motorisierungsoptionen sowohl auf „Big Block"-Benziner als auch auf Diesel-V8-Zylinder erweitert hatten. Mit der dritten Generation des Econoline wurde ein längerer Rahmen eingeführt, der eine größere Vielfalt an Aufbauten ermöglichte, einschließlich Kasten- und Krankenwagen. Seine vierte und endgültige Version (1992–2014) wies weitere Verfeinerungen auf – Ian Dows Haus auf Rädern stammt genau aus dieser Generation der Econoline-Ambulanzfahrzeuge.

„Beim Krankenwagen überzeugten mich seine Größe und die Qualität der Konstruktion", erzählt Ian. „Als Quasi-Tischler weiß ich, dass es einfacher ist, einen rechteckigen Kasten auszubauen, als mit den geschwungenen Formen der meisten Vans klarzukommen. Der Krankenwagen E350 ist groß genug für reichlich Wohnraum, ohne dass dies das Fahrverhalten beeinträchtigt, und stark genug, um damit meine Gerätschaften, „Lieblingsspielzeuge" und mein Motorrad zu transportieren."

Ein wichtiger Aspekt war für Ian die Wartungshistorie. Von der Zuverlässigkeit eines Krankenwagens hängen Leben ab: Sie werden hart rangenommen, aber regelmäßig und gut dokumentiert gewartet. Da Ian in einsame Gegenden fahren wollte, waren ein starker Motor und hohe Zuverlässigkeit Grundvoraussetzung.

Weitere Vorteile sind eingebaute Staufächer und Bänke, moderne Elektrosysteme wie die aufgerüstete Klimaanlage und die Hochleistungs-Lichtmaschine, Außenstauraum, zusätzliche Isolierung und standardmäßige Ambulanz-Extras wie Sirene und Blaulicht.

Dank der guten Ausstattung des Fahrzeugs sowie seiner zweckmäßigen Standard-Inneneinrichtung konnte Ian die Umbauarbeiten vor seinem Elternhauses innerhalb von vier Monaten abschließen.

Fahrzeugmodell: Ford E350 Dually Type III-Ambulanzfahrzeug, Baujahr 1994
Sitze: 2 Vordersitze, Rückbänke für 5 weitere Personen
Schlafplätze: 7 inklusive Dachzelt
Motor/Verbrauch: 7,3-l-Powerstroke-Diesel / ca. 20 l/100km
Kaufpreis: 2400 €
Umbaukosten: 4500 €
Längste Reise: Von Kalifornien bis Costa Rica und zurück über Mexiko, Guatemala, El Salvador, Honduras, Nicaragua und Belize
Lieblingsreise: Von Jalisco nach Oaxaca (Mexiko)
Traumreise: Ein Jahr mit dem Motorrad durch Afrika
Instagram: @vanlife_ian_dow_travels
Dino the Dog's Instagram: @dinodogtravels

Wie Ian es machte

Der Umbau

Nach seiner Rückkehr in die USA setzte es sich Ian Dow zum Ziel, ein Fahrzeug auszubauen, mit dem er Mittelamerika bereisen konnte. Angesichts von Ians geringem Budget und seinem Wunsch, viel unwegsames Gelände zu befahren, erfüllte der Ford E350-Krankenwagen alle Kriterien für diese Reise.

Dazu gehörten:

- Zuverlässigkeit
- Großer Innenraum
- Starker Dieselmotor
- Bezahlbarkeit
- Platz für ein Motorrad

Schlafen

Wie jeder, der seinen Van selbst ausgebaut hat, bestätigen wird, ist es eminent wichtig, saubere technische Lösungen auf kleinem Raum zu schaffen. Die Schlafplätze sind ein Bereich, wo dies besonders nützlich ist. Hier hat sich Ian hervorgetan, indem sein Van nicht nur eine, sondern gleich sechs verschiedene Optionen bietet.

„Der Krankenwagen war bereits mit einer eingebauten Sitzbank ausgestattet, also baute ich von ihr aus zum Ablageraum gegenüber abnehmbare Balken ein und konstruierte so eine L-förmige Couch, auf der man liegen, aber auch am Tisch essen kann", sagt Ian. „Mit den Balken an Ort und Stelle lässt sich eine unter dem Rückenpolster verstaute Sperrholzplatte herausziehen, die Polster werden neu arrangiert, Memory-Schaumstoff wird darübergelegt, und fertig ist ein bequemes Queen-size-Bett."

Weitere Ausstattungsmerkmale sind ein waagrecht umklappbarer Beifahrersitz, eine Hängematte im Inneren und eine stabile Plattform auf dem Dach, eine ideale Basis für ein Zelt. „Seit ich unterwegs bin, bevorzuge ich ein einfacheres Arrangement mit Polstern auf dem Boden", sagt Ian. „Auf der Bank ist dann Platz für einen Gast."

Das Dach

Einer der Vorteile von größeren Vans ist, dass viele ein stabiles Dach haben. „Das Dach ist mein Lieblingsplatz im Freien", sagt Ian. „Es ist der perfekte Aussichtspunkt, man kann dort fern vom Boden campieren, Kaffee trinken und hat noch zusätzlichen Stauraum. In Nicaragua ist dort sogar ein DJ aufgetreten."

Eine Teakholz-Bootsleiter neben der hinteren Tür führt zum Dach hinauf, wo Platz ist für einen 115-l-Wassertank, ein 2,5 m langes Boot und sogar einen Rollrasen. Der Ersatzreifen auf dem Fahrerhaus-Dachträger ist die Basis für einen verstellbaren Sonnenschirm, der auf dem Dach für Schatten sorgt. „Wenn der Boden okay ist, spanne ich zwischen dem Dach und einem Baum oder dem Boden ein 8 m langes Bootssegel auf", erläutert Ian. „Es spendet viel Schatten, wirkt aber etwas albern!"

Vorherige Seite, von links oben im Uhrzeigersinn: 1. Der Econoline hat viel Platz auf dem Dach. 2. Die Bänke mit Stauraum darunter waren schon standardmäßig eingebaut. 3. Ian hat immer ein Zelt dabei, um draußen zu schlafen. Rechts: Ians Sonnensegel.

37
E350

Kochen

Ians Fokus beim Umbau lag auf dem Küchenbereich, da Essen und Kochen seine Leidenschaft sind. Außerdem war vieles der sonstigen Inneneinrichtung bereits vorhanden. „Weil sie einfach zu reinigen sind, habe ich mich in der Küche für U-Bahn-Fliesen sowie eine Arbeitsplatte aus Bambus entschieden", erzählt er. „Die Armaturen fürs Spülbecken sind aus Platzgründen an der Decke befestigt. Ich habe auch ein Weinregal und Schubladen aus Amaranth gebaut – ich bin ein Fan von exotischen Harthölzern, trotz des zusätzlichen Gewichts."

Zum Kochen installierte Ian einen ganz normalen Zwei-Flammen-Propangaskocher. Außerdem richtete er eine verschließbare, von außen zugängliche Luke für den Mülleimer ein. „Aufgeheizter Müll in meinem Schlafzimmer ist nicht sehr spaßig!"

Reinigung

Krankenwagen müssen innen steril sein, und so verwendete auch Ian leicht zu reinigende Materialien. „Wegen meiner Leidenschaft für Hartholz benutzte ich fertige, einfach auszulegende Teakholzböden", sagt er. „Fliesen, Glas, Edelstahl, Laminat und Bambus in der Küche erfordern kaum mehr als ein Küchentuch."

Ein Haustier mitzunehmen erfordert zusätzlichen Reinigungsaufwand. „Ich habe ein paar Laken für das Bett und Sarapen für die Polster dabei", erzählt Ian. „Die sind wegen Dino am schwersten sauber zu halten, denn seine Vorliebe fürs Wasser und seine ständig schmutzigen Pfoten halten mich auf Trab." Zum Duschen gibt es einen 115-l-Tank, der über Luftdruck funktioniert und durch die Sonne erwärmt wird. Bei Bedarf lässt sich Wasser mit dem Propangaskocher erhitzen.

„Der Schlüssel zur Sauberkeit ist für mich die Art und Weise, wie man die Dinge verstaut", sagt Ian. „Mit genügend Stauraum für all die verschiedenen Dinge an Bord ist die tägliche Reinigung einfach. Der Übergang vom totalen Chaos zum makellosen Zustand dauert bei mir nicht mal eine Stunde."

Elektrik

Ein anderer Vorteil eines Krankenwagens als Basisfahrzeug für einen Umbau sind die bereits aufgerüsteten elektrischen Systeme, einschließlich einer Hochleistungs-Lichtmaschine und eines externen Einspeisesteckers für Landstrom. „Ich fahre den Van komplett mit meinen Starterbatterien, obwohl ich zur Sicherheit einen 1000-W-Generator dabeihabe", sagt Ian. „Dank des Landstrom-Einspeisesteckers kann ich die Batterien aufladen und zwei Steckdosen für meine elektrischen Geräte sowie für meinen Filmabend-Projektor nutzen. Ich habe auch einen Wechselrichter an zwei bei eingeschaltetem Motor unter Spannung stehenden Steckdosen angeschlossen." Ian hat zwar keine Solarenergiepanele installiert, nutzt allerdings ein kleines, faltbares 28-Watt-Modul, um sein Handy und einen kleinen externen Akku tagsüber aufzuladen.

Links, von oben nach unten: 1. Maßgeschneiderte Wandablagen sorgen für Ordnung. 2. Der Küchenausbau hatte für Ian hohe Priorität. Im Bild der Zwei-Flammen-Kocher und die Spüle. 3. Am Heck des Econoline wird auf einem Träger Ians Motorrad befördert. Rechts, von oben nach unten: 1. Hund Dino ist immer dabei. 2. Lampen werden über die Starterbatterien versorgt. Nächste Seite: Dino vor dem Econoline mit aufgespanntem Sonnenschirm und Zelt auf dem Dach.

Fragen an Ian

Hat der Van wie erwartet funktioniert?
Ich wusste, dass der Krankenwagen ein gutes Zuhause sein würde, doch anfangs war ich wegen des Gewichts besorgt – und fürchtete, dass manche Leute ihn für einen echten Krankenwagen halten könnten. Es wäre schrecklich, wenn jemand um Hilfe sucht und stattdessen mich antrifft. Ich habe hart gearbeitet, um diesen Van solide und schön auszubauen, damit er mir, egal wo ich bin, ein Gefühl von Zuhause gibt. Und das tut er und bringt mich und meine Lieblingssachen dabei durch dick und dünn.

Was hat dich am Vanlife am meisten überrascht?
Das Interesse so vieler Leute an dieser Art Lebensstil. Meinen Van kaufte ich vor allem deshalb, weil ich einen erschwinglichen Platz zum Leben brauchte. Mir war überhaupt nicht klar, dass das irgendwie hip sein könnte. Ich glaube, dass es viele Menschen mit ähnlichen Bedürfnissen gibt, denn die Community ist riesig, darunter einige sehr seriöse Leute. Durch Plattformen wie Instagram ist es einfacher, zusammenzukommen und Ideen und Tipps auszutauschen. Die meisten freuen sich darüber, helfen zu können.

Was hättest du im Nachhinein anders gemacht?
Ich hätte gern Solarpanele installiert, hatte aber einfach nicht das Geld dafür. Mit Solarenergie hätte ich einen richtigen Kühlschrank haben können statt meiner jetzigen Gefrierbox zwischen den Vordersitzen. Meine Wassertanks hätte ich unter dem Van installieren sollen statt auf dem Dach, dann hätte ich dort mehr Platz, eine geringere Höhe und einen tieferen Schwerpunkt. Und mit einem Wasserfiltersystem könnte ich unbesorgt Leitungswasser trinken. Oh, ich hätte wahrscheinlich auch ein kleineres Motorrad mitnehmen sollen!

Hast du weitere Pläne für den Van?
Ich habe noch große Pläne! Nächstes Jahr möchte ich den Krankenwagen in einer Tombola verlosen, um zusammen mit einer Crowdfunding-Kampagne Geld für mein „Hostelbus"-Projekt zu sammeln. Die Idee ist, einen großen Bus umzubauen und mit einem Haufen Mitreisender die nordwestliche Pazifikküste der USA entlangzufahren. Es wird im Wesentlichen ein Hostel auf Rädern für 20 Leute sein, um auf erschwingliche Weise zusammenleben und reisen zu können. Ich habe diesen Lebensstil so genossen und möchte ihn mit so vielen Leuten wie möglich teilen. Das ist die beste Idee, die ich je hatte: genau das zu tun und zusammen mit Dino unterwegs zu sein.

Was wären deine drei Haupttipps für das Vanlife?

1. Eine Reisebegleitung zu haben. Ich habe meinen Dino, der mich jederzeit beschäftigt und mir ein Lächeln aufs Gesicht zaubert. Aber auch ein guter Freund ist eine tolle Sache, um gemeinsam was zu erleben.

2. Man muss wissen, worauf man sich einlässt. Vans sind klein, und drinnen kann es sehr heiß oder sehr kalt sein. Sie verschmutzen schnell, man muss sich ständig um etwas kümmern. Nicht jeder ist so locker drauf, einfach irgendwo zu parken und zu übernachten, und manchmal scheint es einfach so, als ob einen niemand in der Nähe haben will. Man hat vielleicht Nachbarn, aber normalerweise nur für ein paar Tage, und dann zieht jeder wieder weiter, sodass es kaum möglich ist, langfristige Freundschaften zu schließen.

3. Zu guter Letzt denke ich, dass es darum geht, nicht einen Van zum bloßen Darinleben auszubauen, sondern ein kleines Haus auf Rädern zu gestalten. Dann hat man einen komfortablen Van und fühlt sich zu Hause, wo auch immer man parkt. Wenn ich in meinem Zuhause auf Rädern eine holprige Straße runterfahre oder einen schönen Highway, weiß ich, dass ich, wo immer ich auch hinkomme, zu Hause sein werde. Und das verschafft mir ein breites, zufriedenes Lächeln.

217 ZC7
EXPRESS
CHEVROLET

Chevy Express 3500

Der Filmemacher Zach Both wählte seinen Van eher nach Bauchgefühl als über eine spezifische Liste aus. Ihm gelang ein Umbau des Transporters, der in eine Boutique-Hotel-Broschüre passen würde und die weniger glamouröse Vergangenheit des Fahrzeugs Lügen straft.

Geboren in einer kleinen Hippie-Enklave im ländlichen Minnesota wuchs der Filmemacher Zach Both inmitten unberührter Natur auf. Die Lebensweise dort war untrennbar verbunden mit Vanlife. Doch erst später, als er in einem Kinderbuchverlag arbeitete, zog Zach in Betracht, in einem normalerweise für den Transport vorgesehenen Fahrzeug zu leben. Da er sich den neuesten „Alleskönner" Sprinter nicht leisten konnte, suchte er wochenlang auf Craigslist nach etwas Erschwinglichem, das ihn inspirieren würde.

Van-Typ

Beim Vanlife, wie auch anderswo, entwickeln Leute oft eine Art „Stammeszugehörigkeit" im Hinblick auf Marken. Volkswagen ist das Paradebeispiel jahrzehntelanger suggestiver Geschichten und Bilder, die das Auto sagenumwoben und den Lebensstil begehrenswert machen. Für Zach war das nicht ausschlaggebend.

„Im Gegensatz zu vielen anderen, die mir begegnet sind, bin ich keiner bestimmten Automarke treu", sagt er. „Ich kann nicht einmal sagen, warum ich z. B. einen Chevrolet Express Van dem Ford Econoline vorgezogen habe. Ehrlich gesagt hätte ich wahrscheinlich, wenn ich das Geld und die Zeit gehabt hätte, einen Top-Sprinter oder einen Transit gekauft. Die meisten meiner Entscheidungen treffe ich aus dem Bauch heraus." Dieses Bauchgefühl hatte Zach, als er 2003 zum ersten Mal seinen Chevy Express sah.

Der Chevrolet Express, der 1995 auf den Markt kam, besetzt zusammen mit seinem baugleichen Gegenstück GMC Savana fast die Hälfte des Marktes für Großraumvans in den USA, sodass viele davon zum Umbau zur Verfügung stehen.

Beide Modelle gehören zur gleichen Grundkategorie wie der Marktführer Econoline von Ford und bieten ähnliche Funktionen für jemanden, der einen einfachen Camperumbau anstrebt. Erst bei den Details gewinnen die kleinen Unterschiede an Bedeutung. Der Ford hat z. B. einen besseren Kundendienst, leistungsfähigere Motoren und ein robusteres Fahrwerk.

Der besondere Vorzug seines Chevy Express lag für Zach in den drei Klappfenstern rund um den Laderaum seines 2003er Modells, das er im Internet gefunden hatte. Innerhalb einer Stunde, nachdem er bei Craigslist auf die Annonce gestoßen war, war er mit dem Verkäufer handelseinig. „Ich hatte mir eigentlich gedacht, dass ich die Umgebung vom Fahrzeug aus genießen könnte, aber dann wurde mir schnell klar, dass es vor allem darum ging, den furchtbaren Mief im Innenraum auszulüften", sagt er.

Die Online-Beschreibung hatte den Zustand des Vans mit seinem Mäusekot, fehlenden Sicherheitsgurten und auslaufenden Flüssigkeiten nicht beschönigt. „Trotz der offenkundigen kleinen Mängel dieses Vans wusste ich sofort, dass das Fahrzeug mit seinen knapp 4,5 m² alle Möglichkeiten für viele Ausstattungsideen bot", sagt Zach. „Es würde nur viel Blut, Schweiß und Tränen kosten."

Fahrzeugmodell: Chevy Express 3500, Baujahr 2003
Sitze: 2
Schlafplätze: 2
Motor: 5300 ccm/ 8 Zylinder/19,6 l/100 km
Kaufpreis: 3950 €
Umbaukosten: 10.530 €
Längste Reise: Von Boston nach Los Angeles
Lieblingsreise: Niederkalifornien
Traumreise: Fairy Meadows Road, Pakistan
Instagram: @zachboth
Website: thevanual.com

Links: Drei Klappfenster sorgen für Belüftung und darüber hinaus einen zusätzlichen Zugang zum Außenbereich.

Wie Zach es machte

Der Umbau

„Die wichtigste Überlegung beim Kauf eines Vans war, dass er vier Räder haben müsste", witzelt Zach. „Vans sind mit drei Rädern bekanntlich schwer zu fahren und mit einem oder zweien erst recht."

Vor diesem Hintergrund waren Zachs Forderungen:

- Ein Lenkrad. „Trotz der ursprünglichen Idee, nur geradeaus zu fahren, habe ich mich letztendlich dafür entschieden, einen Van mit einem Lenkrad für Extrem- oder Notfälle zu kaufen."
- Ein funktionierender Motor „Das war ein wichtiger Faktor, um meinen Van von den weniger effizienten Spielzeug-Kisten zu unterscheiden, die ich als viel jüngerer Mann fuhr."
- Bremsen. „Nicht das Wesentlichste, aber hilfreich."
- Ein AM-Radio. „Das sollte für sich sprechen."

Die Decke

Für viele Besitzer ist ein Van Ausdruck von Individualität. Während einige gerne nur einen Standardumbau in der nächsten Werkstatt haben möchten, wollte Zach mehr als nur Funktionalität. „Ich hatte vom ersten Tag an ganz spezielle Pläne", sagt er. „Eine Entscheidung im Hinblick auf den Ausbau, durch die sich mein Umbau von anderen abheben sollte, war eine einfache Decke in Holzoptik."

Zachs Plan war, eine recycelte Gipslatte parallel zur Länge des Wagens an der Decke zu befestigen und so die Illusion eines größeren und längeren Raums zu erzeugen. Die Gipsplatte stammte von einer Kirche aus dem 19. Jh. in Cleveland, die von ihrem neuen Besitzer renoviert wurde. Das Holz wurde geschliffen, gebeizt und im Innenraum des Vans befestigt.

„Sie ist das Stück, das die Leute sofort anzieht, wenn sie den Van zum ersten Mal sehen", sagt Zach. „Es ist immer großartig, wenn man Materialien wiederverwendet."

Solarstrom und Licht

Solartechnologie ist durch ihre Fortschritte selbst für einfache Van-Umbauten eine immer empfehlenswertere Lösung, insbesondere in sonnigeren Gefilden.

Das Dach von Zachs Chevy verfügt über zwei 90-Watt-Solarpanele, die mit einem Aluminiumträger von einem Hummer-Track gesichert sind. Der Strom aus den Solarpanelen wird in einen Solargenerator eingespeist, der wiederum fast alle elektronischen Geräte im Van – vom Ventilator und dem Kühlschrank bis zu den Lampen und dem Laptop-Akku – versorgt. Die Lampen im Van sind gut versteckte, einfache LED-Bänder, die mit einem Dimmer verbunden sind.

Bedeckter Himmel ist bei einer Solaranlage natürlich ein Problem, da weniger Sonne weniger Strom bedeutet. „Wenn es so weit kommt, muss man seine Prioritäten richtig setzen", sagt Zach. „Möchte ich verhindern, dass mein Feinkostfleisch verdirbt, oder möchte ich lieber mehrere Stunden auf meinen Laptop-Bildschirm starren? Meistens esse ich abends Studentenfutter."

217 ZC7

Wohnraum

Der gesamte Wohnraum wurde für Zachs Zwecke maßgeschneidert. „Ich fand, dass der Schlüssel zur effektiven Nutzung des begrenzten Raums multifunktionale Lösungen wären", sagt Zach.

Das Bett verwandelt sich in einen Futon (der in beide Richtungen geöffnet werden kann); darunter befindet sich genügend Raum für Kleidung, Werkzeug sowie Bücher und Zeitschriften.

Hauptbestandteil des Küchenbereichs eine große Arbeitsplatte, die zur Essenszubereitung und als Arbeitsplatz genutzt werden kann. Unter der Platte verbirgt sich ein Zwei-Flammen-Spirituskocher, der für gewöhnlich eher auf Booten verwendet wird (siehe S. 13 für weitere Infos zu Herden und Kochmöglichkeiten).

Im Küchenschrank befinden sich ein 19-l-Wasserboiler, eine kleine Vorratskammer für Trockenlebensmittel, Stauraum für Kochutensilien und ein 47-l-Kühlschrank. Alles wurde so gebaut, dass es jeden Zweck perfekt erfüllt.

Fenster

Die Klappfenster des Vans sind eine seltene Ausstattung und haben Zachs ursprüngliche Kaufentscheidung entscheidend beeinflusst. „Die Pop-up-Fenster sind meine Lieblingsteile an diesem Van", sagt er. „Eigentlich sind sie normalerweise dazu gedacht, dass der Bauarbeiter seine Werkzeuge aus dem Van holen kann, ohne hineinklettern zu müssen, aber ich nutze sie ganz anders. Die Fensterklappen sind undurchsichtig und bieten mir bei geschlossenem Fenster Privatsphäre. Wenn sie geöffnet sind, genieße ich die frische Luft und den Panoramablick, wo immer ich parke."

Im Innenraum wurden die Fensterklappen mit vernietetem Aluminium verdeckt und dann mit Tafelfarbe gespritzt und sind so perfekt zum Kritzeln: Einkaufslisten, Instagram-geeignete motivierende Zitate bis hin zu ernsthaften Arbeitsnotizen.

Ein zusätzlicher Vorteil ist, dass der Van bei komplett geschlossenen Fenstern wie ein standardmäßiges Nutzfahrzeug aussieht und so heimliches Parken erleichtert.

Heimkino

Als Filmemacher und -fan, war es für Zach wichtig, einen Weg zu finden, um Arbeit und Leidenschaft in das Design des Vans einzubringen.

Während viele Transporter mit einer festen Trennwand ausgestattet sind, teilt in seinem Van ein weißer, blickdichter Vorhang Wohn- und Fahrerraum. Nach intensiver Recherche fand Zach den perfekten Projektor in Kompaktform. Ihn hat er so an der Decke des Vans befestigt, dass er auf den Vorhang projiziert. „Mit aufgeklappter Couch, offenen Fenstern und einer Schüssel Popcorn habe ich die perfekte Filmvorführung auf Rädern", sagt er. „Es hat etwas Surreales und Episches, großes Kino zu erleben und dabei von schönster Natur umgeben zu sein."

Wenn sie nicht gebraucht werden, können der Projektor und die kabellosen Lautsprecher leicht verstaut werden. Die Filme werden platzsparend digital gespeichert und abgespielt.

Vorhergehende Seite: Der Aluminiumträger auf dem Dach sichert die Solarpanele. Links oben: Was für ein Ausblick! Links unten: Die Decke schafft Raumgefühl. Rechts oben: Die Arbeitsplatte überdeckt einen Zwei-Flammen-Spirituskocher. Rechts unten: In der Decke verbirgt sich ein Projektor mit Halterung.

Fragen an Zach

Hat der Van wie erwartet funktioniert?
Ich habe mit einer sehr konkreten Vorstellung, was ich von diesem Van wollte, begonnen und denke, dass das Endprodukt die Erwartungen übertroffen hat. Er sieht gut aus, funktioniert gut und hat mich an Orte gebracht, die ich sonst nie gesehen hätte. Ich bin davon überzeugt, dass ein umgebauter Van die beste Art des Reisens bietet, und ich werde dem Vanlife für immer treu bleiben.

Was hättest du im Nachhinein anders gemacht?
Ich würde einen Van wie den Sprinter oder Transit kaufen, in dem ich bequem stehen kann. Allerdings hat ein niedrigeres Dach auch einige Vorteile, und es gibt immer noch die Möglichkeit, das Dach später auszubauen.

Was hat dich am Vanlife am meisten überrascht?
Die Tage, an denen alles schiefläuft – in der mexikanischen Wüste stecken bleiben, Panne bei Schneesturm, trampen für Benzin, Straßen mit schlecht erkennbaren Klippen fahren – das sind die Tage, an die ich mich sehr gern erinnere. Diese Tage prägen den Charakter und bringen die besten Storys.

Hast du weitere Pläne für den Van?
Wenn der Van nach einem erfüllten Leben auf der Straße seinen Geist aufgibt, werde ich ihn in einen Hühnerstall verwandeln, und er wird den Rest seiner Tage Eier legende Freilandhühner beherbergen.

Was wären die drei Haupttipps fürs Vanlife?
1. Vor Antritt einer Vanlife-Reise einen Van oder ein Auto mieten und einen ordentlichen Roadtrip von mindestens einer Woche machen. Dabei wird sich schnell herausstellen, ob Vanlife etwas für einen ist oder nicht.
2. Einen Van mit wenig Kilometer und ohne Rost kaufen. Wenn ein neuerer Van auch um einiges teurer ist – es zahlt sich höchstwahrscheinlich durch weniger oder weniger teure Reparaturen aus.
3. Eine leere, undurchsichtige Waschmittelflasche in eine Pinkelflasche umwandeln und sie zum Kuckuck noch mal öfter leeren und auswaschen.

Rechts: Zach und sein Chevy-Express-Camp unter den Sternen.

PADDLE NORTH
PADDLE NORTH
@fernthebus

International-3800-Schulbus

Das abenteuerlustige Paar Ben und Mande Tucker wollte aus der Routine ausbrechen und die Freiheit und Spontaneität ihrer Jugend zurückgewinnen. Durch den Umbau eines ausgedienten Schulbusses in ein schönes und praktisches rollendes Heim haben sie das in vielerlei Hinsicht geschafft.

Ben und Mande Tucker, beide aus Michigan, stammen aus abenteuerlustigen Familien und haben in ihren prägenden Jahren unzählige Reisen und Campingtrips unternommen.

Nach Abschluss des Colleges zog Mande nach Utah, um zu unterrichten, und Ben stürzte sich ins Vanlife, renovierte mit Freunden einen alten Schulbus für ein Projekt, das sie „The LOST Bus" nannten (LOST steht für „Lending Our Services Traveling") und engagierte sich ehrenamtlich im ganzen Land.

2011 machten Freunde Ben und Mande miteinander bekannt, und die beiden verband sofort die Liebe zu Reisen, Abenteuern und der einfache Bus.

Van-Typ

Der Bus namens Fern ist ein umgebauter ehemaliger International-3800-Schulbus, Bj. 1992, mit einem zuverlässigen, aber durstigen 7,3-l-IDI-Motor.

Obwohl der Umbau eines Busses die Grenzen des Vanlife-Konzepts ausreizt, blieben die zugrunde liegenden Ideen und Ideale die gleichen, nur in überdimensionalen Proportionen. Busse sind in der Regel extrem robust und zuverlässig, in verschiedenen Formen und Größen leicht erhältlich und überraschend preiswert. Das Beste ist, dass sie eine größere Gestaltungsfläche zum Ausbauen bieten. Nach mehreren Jahren der Online-Recherche nach ausgedienten Schulbussen waren Ben und Mande zufällig auf „Gold" gestoßen.

„Als wir Fern sahen, wussten wir, dass sie uns den perfekten Freiraum bot, um unseren Traumvan zu bauen. Während ihrer 25-jährigen Laufbahn wurde sie nur im Sommer gefahren und war nie den heftigen Auswirkungen salziger Winterstraßen ausgesetzt, sodass ihre Farbe zwar verblasst war und abblätterte, sie aber rostfrei war."

Mit 7,3 m Länge ist Fern groß genug, dass man bequem in ihr leben kann, dabei bleibt sie kompakt und wendig, und ihr relativ seltenes Schaltgetriebe gibt auch mehr Kontrolle im bergigen Gelände. „Nach kurzer Verhandlung fuhren wir das alte Mädchen aufgeregt nach Hause, um ihr ein neues Leben zu geben."

Bei einem Schulbus gibt es keine andere Möglichkeit als einen kompletten, maßgeschneiderten Umbau. Dabei wurde das Fahrzeug bis auf die bloße Hülle zerlegt. Durch Bens vorherige Erfahrungen beim Umbau eines Busses wusste das Paar, dass das Projekt zeit- und arbeitsintensiv sein würde. Trotz dieses Vorwissens unterschätzten sie aber noch immer den Aufwand.

„Wenn wir jetzt über Zeit sprechen, unterscheiden wir zwischen „Buszeit" und „Echtzeit". „Buszeit" ist normalerweise ca. dreimal länger als „Echtzeit", sodass wir bei der Planung für jeden Teil des Projekts die Zeit schätzten und sie dann mit drei multiplizierten.

Diese Formel erwies sich bei Ben und Mande leider als sehr realistisch.

Fahrzeugmodell: International-3800-Schulbus, Baujahr 1992
Sitze: 7
Schlafplätze: 3
Motor: Indirekteinspritzmotor 7300 ccm/ 23,5 l/100 km
Kaufpreis: 4390 €
Umbaukosten: 8780 €
Längste Reise: Von Banff, Alberta, nach Holland, Michigan
Lieblingsreise: Canadian Rockies: Waterton Lakes-Banff-Jasper
Traumreise: Von Alaska bis zur Baja California
Instagram: @fernthebus

Links: Die Abmessungen von Fern bieten viel Platz für Ausrüstung. Nächste Seite: Durch den Fahrradträger am Heck können die Tuckers die Gegend mit dem Rad erkunden.

Wie Ben und Mande es machten

Der Umbau

Ben und Mande wollten während einer langen Reise genügend Raum für den Alltag haben und zugleich Wendigkeit auf engen Straßen und Pässen.

Die Ziele für Ferns Umbau waren:

- Genug Wohnraum, sodass es über längere Zeiträume nicht unbequem würde
- Ein Fahrzeug, das auf einen normalen Parkplatz passt und sich in Städten leicht durch die Straßen navigieren lässt
- Etwas, das sie selbst ausbauen konnten
- Ein zuverlässiger Motor und Antrieb sowie minimaler Rost
- Ein erschwinglicher Preis, damit das Geld für den Umbau verwendet werden konnte

Dachterrasse

Nicht nur im Innenraum hat ein Bus mehr Platz. Um Ferns nutzbaren Platz zu maximieren, bauten Ben und Mande als Entspannungsort eine Dachterrasse, die über eine an der Hecktür montierte Leiter erreichbar ist. Um den Raum komfortabler zu gestalten, entwarf das Paar ein System von Befestigungsmöglichkeiten für ein Paar Hängematten – der perfekte Ort zum Lesen, ein Nickerchen oder einfach für einen guten Ausblick auf die Umgebung.

Die Plattform ist aus Zedernholz gebaut, um das Gewicht zu reduzieren (das Dach ist wegen des Schwerpunkts der schlechteste Ort für zusätzliches Gewicht), mit einem integrierten Dachträger zur Aufbewahrung und den Transport längerer Ausrüstungsgegenstände wie ihre Paddleboards. Regenwasser und Ablagerungen können problemlos unter dem Deck abfließen, da es frei schwebend auf 10-x-10-cm-Pfosten montiert ist.

Komfort und Bequemlichkeit

Eines der Hauptkriterien auf der Wunschliste von Bens und Mandes Umbau war, dass sich jeder Halt wie ein Zuhause anfühlen sollte, angefangen beim Bett. „Wir haben uns gegen eine klappbare oder verstaubare Lösung entschieden, stattdessen das gesamte Heck des Busses für ein fest stehendes Bett reserviert und das Budget durch den Kauf einer guten Matratze gesprengt."

Für wahrscheinlich extreme Temperaturen auf der Reise, wurde ein Deckenventilator installiert. In Kombination mit einigen Klappfenstern und Abschirmungen verteilt der Ventilator genügend Luft im Bus, um ihn kühl zu halten, während er einen Bruchteil des Stroms einer herkömmlichen Klimaanlage verbraucht.

Ein einzigartiger Vorteil eines Busses ist die Vielzahl seiner Fenster, die einen unvergleichlichen Panoramablick auf die Umgebung ermöglichen. Das bedeutet

aber auch zusätzliche Arbeit im Hinblick auf die Privatsphäre und Lichtreduzierung bei Nacht. Hierzu haben die beiden Vorhangstangen aus Kupfer und handgenähte Vorhänge mit Magneten in den Nähten angebracht, was einen sehr schnellen und unkomplizierten Übergang von der Tages- zur Nachtnutzung ermöglichte.

Stauraum

Vielen geht es beim Vanlife darum, einfacher und unbelasteter zu leben, aber selbst der lockerste Reisende hat ein gewisses Maß an Bedürfnissen im täglichen Leben. Kommt die für Sport und Hobbys erforderliche Ausrüstung hinzu, kann der Platz schnell zu einer Herausforderung werden. „Es war wichtig, eine gute Balance zu finden, d.h. eine Vereinfachung unseres Lebens und gleichzeitig alles Wichtige dabei zu haben, um die bereisten Orte genießen zu können."

Fahrräder gehören zu den Dingen, die am meisten Platz rauben, aber dank der Größe von Fern konnten sie mithilfe von Fahrradträgern senkrecht ans Heck des Busses gehängt werden. Die Vorderräder wurden dabei unter dem Bus neben den Wassertanks untergebracht.

Der von innen und außen zugängliche Laderaum des Busses enthält Dutzende gut organisierter, beschrifteter Behälter, und hat eine Decke mit Gummiseilen, die Gegenstände wie Schwimmwesten, Campingstühle, Watstiefel und Paddel hält. Selbst das Backrohr wird für die Aufbewahrung von Dingen genutzt.

Küche

Da Ben und Mande eher lange als kurze Reisen planten, wollten sie so oft wie möglich im Bus kochen, um Geld zu sparen. Deshalb ist die Küche besonders gut ausgestattet, angefangen bei einer soliden Arbeitsplatte mit darunter montierter Spüle sowie einem Wasserhahn, aus dem bei Bedarf 95 l

Trinkwasser fließen. Darüber baute das Paar einen Vorratsraum für Lebensmittel, während sich unter der Arbeitsplatte drei große Schubladen und ein Schrank mit Doppeltür befinden.

Das Hauptausstattungsstück der Küche sind eine alte Propangaskocher-Backrohr-Kombi aus einem Wohnwagen aus den 1950er-Jahren sowie eine Yeti-Kühlbox für Lebensmittel. Wie die meisten Vanlifer kochen Ben und Mande auch gerne im Freien und haben deshalb auch einen tragbaren Grill dabei. Hot-Dog-Gabeln und gusseiserne Kochgeräte sind so immer zur Hand, wenn das Lagerfeuer brennt.

Außendusche

Die Erfahrung lehrt die meisten Vanlife-Fans schnell, wie wichtig eine heiße Dusche sein kann. „Auf längeren Reisen stellten wir fest, dass wir bei zu großen Zeiträumen zwischen den Duschen immer gereizter wurden. Gelegentlich schien unser Wohlbefinden unmittelbar mit der Häufigkeit des Duschens zusammenzuhängen. Wir baden gerne in Seen und Bächen, aber manchmal ist das Wasser kühl, oder es gibt einfach keinen direkten Zugang. Wir wussten, dass eine Dusche ein wichtiger Teil des Busses sein würde."

Da Ben und Mande nicht auf Wohnraum im Bus verzichten wollten, entschieden sie sich für eine Außendusche mit einem tragbaren Wasserboiler ohne Tank, einem Propangastank, einer Frischwasserpumpe und einem unter dem Boden montierten 95-l-Frischwassertank. Eine normale Vorhangstange an der offenen Hecktür des Busses schafft einen abgeschlossenen Raum, in dem man genussvoll duschen kann.

Links oben: Für den Umbau wurde Ferns Innenraum entkernt. Links unten: Spüle und Arbeitsplatte bieten Platz zum Kochen. Rechts oben: Die Außendusche funktioniert über den 95-l-Frischwassertank. Rechts unten: Viele Fenster bedeuten tolle Ausblicke.

Fragen an Ben und Mande

Hat der Van wie erwartet funktioniert?
Der Bus funktionierte besser, als wir es uns je hätten träumen lassen. Seit Abschluss des Umbaus hat Fern uns über 16.000 km gefahren und alles hält gut, trotz der ganzen Schlaglöcher und Unebenheiten. Sein Motor verlangte keine zusätzliche Aufmerksamkeit außerhalb der routinemäßigen Wartung, was uns darin bestätigte, lange genug gewartet zu haben, bis wir einen guten, wenig gefahrenen Bus gefunden hatten.

Was hättet ihr im Nachhinein anders gemacht?
Wir sind derzeit auf Landstrom angewiesen, um unsere Hausbatterien aufzuladen. Deshalb planen wir, Solarmodule zu installieren, um länger vom Stromnetz unabhängig zu sein.

Was hat euch am Vanlife am meisten überrascht?
Wir sind unglaublich über die Freundlichkeit und Gastfreundschaft von Fremden überrascht. Unterwegs zu sein und Leute zu treffen, hat Vorurteile zerschlagen und unseren Optimismus gestärkt. Die Gesellschaft mag im Fernsehen gespalten und empört erscheinen, aber bei realen Begegnungen haben wir nur Freundlichkeit erfahren.

Habt ihr weitere Pläne für den Van?
Den Bus zu gestalten, war eine solch schöne Erfahrung, und wir wollen den Entwicklungsprozess auch nicht missen.
Das Feedback zu Fern war immer so positiv, dass wir uns entschieden haben, sie zu behalten. Wir werden weiterhin Abenteuer in Fern erleben, während wir auch Busse für andere ausbauen wollen.

Was wären eure drei Haupttipps fürs Vanlife?
1. Verpasse nie die Gelegenheit, einen Fremden zu treffen. Wir lieben diesen Lebensstil, weil wir so viele interessante Menschen kennenlernen, denen wir sonst nicht begegnen würden.
2. Mit Freunden reisen. Die Straße mit Gleichgesinnten zu erleben, ist die beste Art von Abenteuer.
3. Herunterkommen. Als wir das erste Mal unterwegs waren, dachten wir, wir müssten alles so schnell wie möglich sehen. Nach ein paar Monaten hatte uns dieses Tempo erschöpft. Jetzt gehen wir es langsam an, auch wenn wir dadurch etwas verpassen.

Links: In der Hängematte auf der Dachterrasse lässt es sich gut faulenzen.

Mercedes Sprinter

Vom Geschäftsleben erschöpft und mit einer gemeinsamen Leidenschaft für die freie Natur trafen Emilie Johnson und Joe Neiheisel aus Ohio die mutige Entscheidung, ihre Jobs aufzugeben, ihr Haus zu verkaufen und zwei Jahre lang in einem Van zu leben, um den Westen der Vereinigten Staaten auf der Suche nach Abenteuern zu erkunden.

Beim Vanlife geht es um die Natur. Während Hardcore-Wildcamper auf den relativen Komfort eines Fahrzeugs abzielen, geht es bei Interesse an Abenteuersportarten eher um den Transport von Ausrüstung.

Vor dem Kauf ihres Vans zelteten Marketing-Spezialistin Emilie Johnson und Corporate Finance Manager Joe Neiheisel ca. 100 Nächte pro Jahr, um ihren Hobbys Reiten, Skifahren, Klettern und Kajakfahren nachzugehen. Nachdem sie sich 2012 für den Umbau eines Vans zum Sportmobil entschieden hatten, begann die Planung ihrer eigenen Vanlife-Tour, die sich schnell zu einer mehrjährigen Reise entwickelte.

Van-Typ

Die Auswahl von Transportern für den Umbau kann verwirrend sein – vor allem in Nordamerika. Es gibt jedoch ein Modell, das bei der heutigen Generation von Outdoor-Sportlern omnipräsent ist: den Mercedes Sprinter.

Der Sprinter kam 1995 erstmalig als Mercedes-Van mit einem Namen statt einer Nummer und mit dem stärksten Dieselmotor seiner Klasse heraus und wurde international als Van des Jahres ausgezeichnet. Seine nordamerikanische Linie war komplexer und enthielt Varianten, die ab 2001 unter den Marken Dodge und Freightliner erhältlich waren.

Die zweite Sprinter-Generation setzte sich 2006 auf konventionellere Art bis 2018 fort, mit Änderungen und Facelifts und über 3 Mio. verkauften Transportern, die in mehr als 130 Ländern unterwegs sind. Da er so beliebt war, bezeichneten viele die 3,5 t leichte Van-Kategorie einfach umgangssprachlich als „Sprinter".

Bei der Suche nach ihrem Basisfahrzeug wussten Emilie und Joe, dass sie einen Transporter mit möglichst wenig Schnickschnack wollten, da sie einen kompletten Umbau planten.

„Nach sorgfältiger Recherche und der Festlegung unserer Prioritäten hatten wir uns für den MB-144-Sprinter mit Hochdach entschieden, weil er den legendären 500.000-Meilen-Dieselmotor und einen fantastischen Kraftstoffverbrauch hat, man innen stehen kann, er auf normale Parkplätze passt und die Möglichkeit bietet, fast jede Piste zu fahren. Da wir viel Zeit, Energie und Geld in das Projekt investieren würden, wollten wir auch den besten Motor, den wir kriegen konnten."

Nachdem ihnen zwei Sprinter durch die Lappen gegangenen waren, ging Joe das Risiko ein und fuhr 12 Stunden, um ihren jetzigen Van ungesehen zu kaufen. „Offen gestanden setzte auf der Heimfahrt die Reue des Käufers ein", sagt er. „Der leere Laderaum pfiff, gab jedes kleinste Geräusch wider und die heiße Sonne knallte unerbittlich durch die riesige Windschutzscheibe und die Seitenfenster.

Unnötig zu erwähnen, dass diese Reue bald in aufgeregte Freude überging, als es ernst wurde mit dem Umbau.

Fahrzeugmodell: Mercedes Benz-Sprinter 144-Van mit Hochdachladung, Baujahr 2014
Sitzplätze: 2 plus Platz für Hund Uschi
Schlafplätze: 2 plus Platz auf dem Boden
Motor: 2500 ccm, 4 Zylinder, Diesel/ 8,3-10,2 l/100 km
Kaufpreis: 30.730 €
Umbaukosten: 17.560 €
Längste Reise: 77.248 km seit Dez. 2016
Lieblingsreise: Westen der USA
Traumreise: Pan-American-Trip
Instagram: @permanentroadtrip

Links: Der Mercedes Sprinter ist wegen seines hohen Dachs und des großen Stauraums ein Vanlife-Klassiker. Nächste Seite: Die Doppelschiebetüren vergrößern den Wohnraum wesentlich.

Wie Emilie und Joe es machten

Der Umbau

Die Outdoor-Aktivisten Emilie und Joe wollten einen Van bauen, der extremen Bedingungen standhält und sowohl sie selbst als auch ihre Ausrüstung über die holprigsten Straßen transportiert. Das bedeutete:

- Alles im Van aufzubewahren, inklusive Sportausrüstung, Wasser, Propan, Werkzeug und Batterien
- Bombenfeste Isolierung und Belüftung, um Extremtemperaturen zu trotzen
- Geländereifen
- Im Van aufrecht stehen zu können
- Eine voll ausgestattete Küche mit fließendem Wasser, 12-Volt-Geräten und Solarstrom

Ästhetik und Funktionalität

Bei so viel Funktionalität, die ein so kleiner (und mobiler) Raum erfordert, spielt die Ästhetik eher eine untergeordnete Rolle. Manchmal kann jedoch die Form der Funktion folgen. „Als wir mit dem Umbau begannen, wollten wir kein Designermodell entwerfen. Unsere Freunde, die den größten Teil des Ausbaus machten, legten jedoch als Tischlermeister sofort die Messlatte höher."

Der Schrank in Emilie und Joes Sprinter ist eine Spezialanfertigung und eine Kombination aus dunklen und hellen Akzenten in Holz. Funktionalität und Schlichtheit standen jedoch immer an erster Stelle. „Wir haben offene Schränke für Lebensmittel und leichte Gegenstände wie Fensterblenden und Abdeckungen, hohe Kleiderschränke, einen Arzneischrank und Küchenschränke mit magnetisch schließenden Türen."

Um allem eine künstlerische Note zu verleihen, beauftragte das Paar einen Handwerker vor Ort mit der Gestaltung einer lasergeschnittenen Bergkulisse für die vier, die ganze Wand einnehmenden Schranktüren.

„Unser Van ist in vielen Online-Publikationen erschienen und hat sogar den zweiten Platz beim „My Van"-Wettbewerb von Mercedes Benz belegt!"

Doppelschiebetüren

Die Doppelschiebetüren waren ein seltener Glücksfall. „Sie sind vielleicht sogar die herausragendste Eigenschaft des Vans und waren der entscheidende Punkt für uns."

Die Tür ermöglichte es Emilie und Joe nicht nur, Schuhfächer einzubauen (genug für 12 Paar, von außen zugänglich) und schafft einen weiteren Zugang zu den Küchenschränken, sondern bietet auch spektakuläre Aussichten auf die Umgebung. „Wir machen oft Witze darüber, Kaffee oder Tacos vom Fenster aus zu verkaufen, falls uns das Geld ausgeht."

Die Doppelschiebtüren bieten auch den perfekten staubfreien Platz für die Hauptschaltung und zusätzliche Belüftung des Kühlschranks und bei Bedarf eine natürliche Privatsphäre und zusätzliche Isolierung.

„Wenn wir bei geöffneten Doppelschiebetüren irgendwo geparkt stehen, werden die Leute in der Regel magnetisch vom Van angezogen und fragen, ob sie sich umsehen dürfen."

© Courtesy of Emilie Johnson and Joe Neiheisel

We-no-nah

© Courtesy of Emilie Johnson and Joe Neiheisel

Wohnraum

Die besten Van-Umbauten ermöglichen es ihren Nutzern, das Innere des Vans so weit es geht und mit so wenig Aufwand wie möglich im geparkten Zustand zu öffnen. Emilie und Joe haben dafür eine Reihe von Änderungen vorgenommen. „Der Van hatte eine Trennwand und eine Sitzbank, die wir entfernt und durch einen Sprint-Ride-Beifahrersitz ersetzt haben, wobei wir beiden Vordersitzen Drehgelenke verpassten. Da wir mit Hund reisen, haben wir auch einen multifunktionalen würfelartigen Sitzplatz gebaut, der zusammen mit dem Hundebett gut zwischen die Sitze passt und ebenso Gegenstände wie den Propankocher aufnehmen kann."

Der Van bietet bequem Platz für Besuch oder ein Essen mit bis zu sechs Personen. Die Nanokeramik-Beschichtung an den drei Frontfenstern und ein Deckenventilator dämmen die Innentemperatur und grelles Licht beim Parken.

Laderaum

Kein Wunder, dass in einem von zwei Outdoor-Sportlern nach Maß entworfenem Fahrzeug der Laderaum das Herzstück des Vans bildet, wobei alles ordentlich an seinem Platz verstaut ist. Da jeder Zentimeter zählt, wussten wir, dass für einen einfachen Zugang zwei LED-beleuchtete 250-kg Schubladen unerlässlich sind."

Da ihre Hauptaktivitäten Skifahren und Mountainbiken sind, haben Emilie und Joe eine Schublade für die gesamte Fahrradausrüstung entworfen und eine zweite, breitere für große Säcke mit Skiausrüstung sowie eine für Camping im Hinterland. Es gibt auch Platz für Schmutzwäsche, Campingstühle und Yogamatten.

Außer drei Fächern über die gesamte Tiefe beherbergt der Laderaum auch einen 95-l-Wassertank, drei Paar Skier, Felle und Stöcke, einen zusätzlichen ausklappbaren Tisch, ein Schattenzelt, ein Longboard, Gurte, Werkzeug und andere Utensilien wie eine Verlängerung für den cleveren Fahrradständer an der Hecktür.

Kochen und Putzen

Aufgrund der wechselnden Wetterbedingungen auf ihrer Reise haben Emilie und Joe einen Innen- und einen Außenküchenbereich geschaffen. „Bei schlechtem Wetter stellen wir unseren Propangasherd innen auf, jedoch klappen wir so oft wie möglich unseren Einbautisch an der Rückseite unseres Spültisches herunter und kochen draußen. Wir installierten eine bernsteinfarbene Lichtleiste für Kochen in der Nacht, um möglichst wenig Insekten anzulocken, und schnitten für einen einfachen Zugang zum Propangas ein Loch in die Rückseite des Spülschranks. Das ist nicht nur zum Kochen praktisch, sondern bei Bedarf auch zum Beheizen unserer Außendusche. Dann fehlt nur noch unsere Teakholz-Duschmatte, und schon kann's losgehen."

Die Arbeitsplatten sind aus lebensmittelechtem Metzgerblock, und ein 12-Volt-Marinekühlschrank mit 127 l bietet genug Platz für frische Lebensmittel.

95 l gefiltertes Wasser reichen, um in den wärmeren Monaten bis zu 10 Tage und im Winter bis zu drei Wochen zu überstehen, sodass wir so oft wie möglich unabhängig bleiben können.

Links oben: Der breite Metzgerblock. Links Mitte: Ein paar Handgriffe ermöglichen Kochen im Freien. Links unten: Abseits der Straße. Rechts oben: Der Laderaum bietet zusätzlichen Stauraum. Rechts unten: Das Hundebett dient auch als Stauraum. Nächste Seite: Der Wassertank ist entscheidend für Wüstenausflüge.

Fragen an Emilie und Joe

Hat der Van wie erwartet funktioniert?
Unser Van hat tatsächlich unsere Erwartungen übertroffen, vor allem deshalb, weil wir jede einzelne Komponente selbst entworfen und gekauft haben und von Anfang bis Ende eng in den Umbauprozess eingebunden waren.

Was hättet ihr im Nachhinein anders gemacht?
Aufrecht im Bett sitzen zu können, war uns wichtig, da es die Hälfte der Wohnfläche ausmacht, aber das hätten wir auch mit einer Bettplattform in 84 oder 86 cm Bodenhöhe statt 79 cm erreichen können. Wir hätten auch eine bessere Belüftung vom Hauptwohnbereich zum Laderaum geschaffen, um die Kondensation bei kaltem Wetter zu minimieren, obwohl wir dafür inzwischen eine Übergangslösung gefunden haben.
Auch den Hauptauslass im Wohnraum hätten wir an einer günstigeren Stelle positioniert. Und wir würden die Zwei-Feld-Induktionskochfläche sowie den Umluftofen, der am besten mit Wechselstrom funktioniert, herausnehmen. Vor unserem Aufbruch dachten wir, dass wir ihn durchschnittlich einmal pro Woche nutzen würden, aber in 450 Tagen unterwegs wurde er letztendlich nicht mehr als ein Dutzend Mal genutzt.

Was hat euch am Vanlife am meisten überrascht?
Die Großzügigkeit und die Neugierde der Menschen erstaunten uns immer wieder. Mehr als 20 Mal hatten wir völlig Fremde an Ausgangspunkten von Wanderwegen getroffen, die uns innerhalb eines 15-minütigen Gesprächs und einer Tour durch unseren Van zum Essen, Duschen, Wäschewaschen und zum Parken über Nacht zu sich nach Hause eingeladen haben. Viele von ihnen werden wahrscheinlich lebenslange Freunde bleiben. In einigen Fällen haben wir uns bereits mehrmals mit ihnen unterwegs getroffen, um gemeinsam etwas zu unternehmen.

Habt ihr weitere Pläne für den Van?
Unser wichtigster Plan ist es, mit dem Van einfach so lange wie möglich unterwegs zu sein. Obwohl wir bereits viel erkundet haben, wächst unsere Liste für neue Orte oder einen zweiten Besuch täglich an.

Was wären eure drei Haupttipps fürs Vanlife?
1. Den Van nach den Nutzungsbedürfnissen zu gestalten. Vollzeit-Leben im Van oder Freizeitsport wird den Umfang des Umbaus bestimmen.
2. Wenn einem die Idee des Vanlife gefällt, warum nicht heute noch anfangen, einen Plan zusammenstellen und Schritt für Schritt darauf hinarbeiten?
3. Guter Wille, respektvoller Umgang mit dem Planeten und anderen Menschen und darauf zu achten, dass das eigene Verhalten auch auf die gesamte Vanlife-Bewegung zurückfallen kann.

Alu-Cab
1EJY·110

Toyota Land Cruiser

Mark und Jolie aus Australien gaben ihre Arbeit als Bauplanerin und Konstrukteur auf, um sich ihren Traum zu erfüllen, die Welt in einem umgebauten Toyota Land Cruiser zu umrunden.

Wie bei vielen Vanlife-Enthusiasten begann die Liebe zu Van-Trips bei Bauleiter Mark Firkin schon als Kind, als er mit seiner Familie ein Jahr lang in Australien herumreiste. 2011 fuhren er und sechs Freunde von New York nach Panama, kauften Lieferwagen für rund 640 € pro Stück und bauten sie in zwei Wochen auf einem Wohnwagen-Parkplatz um.

2016 beschlossen Mark und seine Partnerin, die Bauplanerin Jolie King, ihre Lebensweise komplett zu ändern, und verließen ihre Heimat Perth in Australien, um eine abenteuerliche Reise von Asien nach London zu unternehmen, die sie durch Indonesien, Malaysia, Thailand, Kambodscha, Laos, Myanmar, Indien, Nepal, China, Pakistan, Tadschikistan, Kirgistan, Usbekistan, Turkmenistan, den Iran, die Türkei und schließlich durch Europa führte.

Van-Typ

Der Toyota Land Cruiser ist seit 1984 in relativ unveränderter Form erhältlich, mit Allradantrieb und einem robusten, sachlichen Fokus auf Gelände, was ihn in eine Kategorie mit dem Land Rover Defender stellt. Wie der Defender ist der Van langsam, laut und unbequem, ist aber durch seine extreme Belastbarkeit und Geländegängigkeit ideal für Menschen, die viel Zeit abseits der ausgetretenen Pfade verbringen wollen.

„Das Ziel war simpel: ein Fahrzeug zu bauen, in dem man beim Camping an den entlegensten Orten bequem wohnen kann und das uns sicher hin- und zurückbringt", sagt Mark. Australien ist Marktführer für den Toyota Land Cruiser, d.h., bei der Suche nach einem Basisfahrzeug war die Auswahl groß.

Mit verschiedenen verfügbaren Kabinenlösungen ist der Truppentransporter oder „Troopy" die erste Wahl für einen Camperumbau mit einer großen Heckkabine und ohne seitliche Beifahrertüren, also mit maximalem Platz für Sitze, Lagerung und Einbauten.

Er bietet auch eine ideale Basis für einen Dachumbau – etwas, das für Mark and Jolie essenziell war. „Einer der Vans, die wir durch Amerika fuhren, hatte ein Hochdach, was uns zeigte, wie vorteilhaft es ist, wenn man innen vollständig aufrecht stehen kann. Das und der nötige Allradantrieb wegen des Geländes, das wir durchqueren würden, schränkte unsere Fahrzeugsuche erheblich ein.

Mark und Jolie wollten den Ausbau selbst durchführen, um auch sicherzugehen, dass sie wussten, wie alles zusammenspielte – das ist unerlässlich, wenn man vorhat, abgelegenere Gebiete zu befahren, wo möglicherweise laufende Reparaturen selbst durchgeführt werden müssen. Da Mark aber immer noch fast vollzeitbeschäftigt war, lief der Umbau nicht ganz schmerzfrei ab. „Ich war drei von vier Wochen weg", sagt er. „Also verbrachten wir viel Zeit mit Skype und schickten uns gegenseitig Pläne hin und her, was uns irgendwann eine unerwartete Innendusche bescherte!"

Fahrzeugmodell: Toyota Land Cruiser Truppenfahrzeugmodell, Baujahr 2006
Sitze: 2
Schlafplätze: 3
Motor: 4200 ccm, Reihen-6-Zylinder-Turbo-Diesel/12,3 l/100 km
Kaufpreis: 19.700 €
Umbaukosten: 11.450 €
Längste Reise: Von Perth nach Indonesien über Westküste, Zentral- und Nordaustralien und Osttimor – aktuell sieben Monate und ca. 30.000 km
Lieblingsreise: Die aktuelle – von Perth nach London
Traumreise: Eine Fortsetzung unserer aktuellen Route: entweder den Van von London nach Nordafrika transportieren und die Westküste bis Kapstadt fahren oder von London nach Ostkanada, um Nord- und Südamerika zu bereisen

Wie Mark und Jolie es machten

Der Umbau

Bei einer riesigen Strecke durch einige der unwegsamsten Gegenden der Welt war es klar, dass für Mark und Jolies Reise etwas mehr als der Standard-Campingvan erforderlich sein würde.

Die wichtigsten Punkte auf ihrer Liste waren:

- Möglichkeit zum Dachumbau
- Hohe Geländegängigkeit
- Kraftstofftanks mit großer Reichweite
- Gute Verfügbarkeit von Ersatzteilen
- Starker, zuverlässiger Motor und Antrieb

Das Dach

Abgesehen vom Fahrzeug selbst ist ein Dachumbau in der Regel die nächstgrößte Investition, und dabei sollte man nicht sparen.

Der von Mark installierte Aufbau ist ein durchgehender Aluminiumeinsatz mit belastbaren Planenwänden, drei Fenstern (eines davon mit einer kleinen Markise), Isolierung und einem Bett, das sich auf Gasdruckfedern sauber in das Dach einfügt – was Mark besonders am Herzen lag. Die Möglichkeit, ein komplettes Bett einfach anzuheben, um eine Stehfläche an seiner Stelle zu schaffen, wenn man es nicht braucht, gehört sicher zum Besten an dem Fahrzeug", sagt er.

Auf dem Dach kann auch ein Träger für Surfbretter, Solarmodul, Tauch- und Winterausrüstung montiert werden, wobei sich die gesamte Dachkonstruktion in weniger als einer Minute öffnet und schließt. Somit kann es für kurze Zwischenstopps auf dem Weg zu einem Ziel genauso genutzt werden wie für längere Aufenthalte.

Die Markise

Draußen einen Schattenplatz zu haben, war für Mark und Jolie bei der Planung ihres Umbaus obligatorisch. Bei so unterschiedlichen Geländeverhältnissen auf der geplanten Route, sei es durch die Monsunregen in Südostasien oder die sengende Wüstensonne, war die Möglichkeit, sich vor den Elementen zu schützen, ohne sich ins Wageninnere zurückziehen zu müssen, äußerst wichtig. „Wir brauchten etwas, das die ganze Reise überdauert und robust, langlebig und vorzugsweise einfach zu montieren ist", sagt Mark.

Die Markise deckt die Seite und das Heck des Fahrzeugs in einem ab; eine Person schafft den Auf- oder Abbau in etwa 30 Sekunden – ein zusätzlicher Vorteil ist, dass keine Stützstangen nötig sind.

Durch den cleveren Einsatz von Lichtleisten, die über dem Klapptisch und unter der Markise befestigt sind, kann der Außenraum zu jeder Tages- und Nachtzeit genutzt werden.

Wohnraum

Das Innengestaltungskonzept sollte den Raum für die Reise praktischer und besser nutzen. Dazu gehörten die Möglichkeit, sich an einem Tisch gegenüberzusitzen, ein zweites Bett im unteren Bereich für den Notfall sowie die Möglichkeit zum Kochen, Putzen und Waschen bei Bedarf.

Wie bei den meisten Umbauten von Campingvans, vereinigen die besten Designs mehrere Funktionen. Marks und Jolies Interieur ist da keine Ausnahme. Die Bank kann in einen Sitzplatz und einen Tisch für vier Personen verwandelt oder seitlich zu einem zweiten Bett verlängert werden.

© Courtesy of Mark Firkin and Jolie King

Vorhergehende Seite: Der Dachumbau war ein Must. Diese Seite: Surfbretter reisen auf dem Dachträger mit.

Der Kühlschrank ist direkt in der Küchenzeile eingebaut, was eine längere Sitzfläche ergibt. Dadurch ergibt sich zusammen mit der vollen Stehhöhe und dem integrierten Waschbecken ein hochfunktionaler Kochbereich. Die wasserdichten Vinyldielen machen es leicht, Verschüttetes und schlammige Fußabdrücke aufzuwischen.

Kochen und Putzen

Für Tagesvans und kürzere Trips können die Kochgelegenheiten ziemlich flexibel sein. Bei längeren Reisen, auf denen Kochen wesentlich ist, ist jedoch eine integrierte und durchdachte Lösung wünschenswert.

Die durchgehende Kochnische in Marks und Jolies Van beinhaltet alle notwendigen Koch- und Putzgeräte sowie Lebensmittelvorräte. Die Mahlzeiten werden meistens draußen auf dem an der Hecktür eingehängten Klapptisch auf einem Zwei-Flammen-Benzinkocher zubereitet. „Wir haben Benzin als Brennstoff gewählt, weil es überall verfügbar ist."

Lebensmittel werden in einer 80-l-Kühl-Gefrier-Kombination und einem kleinen Vorratsschrank für Trockenlebensmittel gelagert. Die Küchenzeile hat außerdem eine Edelstahlspüle, eine Elektropumpe und einen Leitungswasser-Filter, der aus einem 60-l-Edelstahltank an der Unterseite des Fahrzeugs gespeist wird. Genau wie Treibstoff sollte Wasser nicht mitten im Nirgendwo knapp werden.

„Wir verwenden für Putzen und Waschen eine Solardusche, womit sich der Wasserverbrauch leicht steuern lässt – einfach, aber effektiv", sagt Mark.

Elektrik

Für jemanden wie Mark, der früher Häuser gebaut hat, war der 12-Volt-Strom ein Aspekt des Vans, den es zu verstehen galt, um unterwegs Reparaturen durchführen zu können. Alle Geräte laufen über eine hinter dem Fahrersitz installierte Sicherungstafel, und nur die Laptops benötigen einen 400-Watt-Wechselrichter. Echtzeit-Batterie-Informationen werden auf einem Dashboard-Display angezeigt, um das Risiko einer leeren Batterie zu minimieren.

„Wir installierten ein abnehmbares 180-Watt-Solarmodul auf dem Dach, damit das Fahrzeug im Schatten stehen kann, während das Modul in der Sonne ist", sagt er.

In der Wildnis ist Beleuchtung auch wichtig, und im Dachumbau stecken drei zweifarbige LED-Leuchten – zwei im hinteren Bereich und eine in der Dachkonsole. Im Schlafbereich selbst gibt es außerdem zwei flexible LED-Leseleuchten. Über der Speisekammer wurden zum Aufladen USB- und Zigarettenanzünder-Buchsen installiert.

Links oben: Vor dem Umbau. Links Mitte: Bau einer individuellen Lösung. Links unten: Die Küchenzeile. Rechts oben: Das Vorzelt spendet den nötigen Schatten. Rechts Mitte: Die Zubereitung von Speisen im Freien hilft, Stauhitze zu reduzieren. Rechts unten: Der Dachausbau im Einsatz.

© Courtesy of Mark Firkin and Jolie King

Fragen an Mark und Jolie

Hat der Van wie erwartet funktioniert?
Definitiv. Wir haben das Fahrzeug über Tausende von Kilometern über schwieriges Gelände an einige sehr abgelegene Orte gebracht, sind bisher immer am Ziel angekommen und haben uns dort auch wohlgefühlt.
Die Verbesserung von Rädern und Aufhängung hat sich als eine der besten Entscheidungen erwiesen.

Was hättet ihr im Nachhinein anders gemacht?
Ein größerer Wassertank wäre wahrscheinlich von Vorteil. Wir führen derzeit ca. 80 l mit, was zwar nach viel klingt, aber in heißen oder feuchten Umgebungen kann sogar diese Menge schnell verbraucht sein. Um die 100 l wären ein guter Kompromiss zwischen dem mitgeführten Gewicht und dem üblichen Wasserbedarf.

Was hat euch am Vanlife am meisten überrascht?
Wie viele überflüssige Dinge wir zuvor in unserem Leben angesammelt hatten, weil wir dachten, sie zu brauchen.

Habt ihr weitere Pläne für den Van?
Momentan sind wir mit der aktuellen Gestaltung zufrieden, obwohl der Van nach Abschluss der Reise eine neue Lackierung benötigt und wir gerne in ein paar raffinierte Modifikationen beim Motor investieren würden.

Was wären eure drei Haupttipps fürs Vanlife?
1. Die Umwelt respektieren und keine Spuren hinterlassen.
2. Sich auf der Reise nicht abhetzen.
3. Man benötigt nicht viel Geld, Ausrüstung oder einen Top-Van, um diesen Lebensstil zu genießen.

Rechts: Das Dach wird in weniger als einer Minute geöffnet oder geschlossen.

Volkswagen Transporter T4

Der Autor, Kurator und Radsportfan Ed Bartlett hatte eine Menge Ansprüche, aber nur Platz für ein Fahrzeug. Inspiriert vom kompakten und funktionalen Schweizer Messer, ging er daran, den ultimativen Alleskönner-Van zu entwickeln.

Nach einer Jugend an der Südwestküste Englands, wo jedes zweite Fahrzeug wie ein Campingvan aussah, war es vielleicht nur eine Frage der Zeit, bis Ed Bartlett sich selbst einen kaufte. Letztlich dauerte es 40 Jahre, bis „Izzy" – ein roter Volkswagen Transporter T4 Multivan – in die Familie kam.

Sport und Lifestyle spielten eine große Rolle bei der Entscheidung. „Für einen in London lebenden Mountainbiker ist es wichtig, dich, dein Fahrrad und deine Kumpels zu den Trails transportieren zu können. Nachdem er London verlassen hatte, beschloss Ed, ein Jahr lang auf Abenteuer zu gehen. Und schon bald kam bei mir der Vanlife-Narr durch", sagt er.

Van-Typ

Bei dem 1990 bis 2003 produzierten T4 befinden sich – anders als bei früheren Modellen – Motor und Antrieb vorne im Fahrzeug. Der T4 bot eine Vielzahl von Radständen, Karosserietypen und Motoren, darunter einen sportlichen 2.8 Vr6-Benziner sowie einen starken 2,5-Tdi-Turbodiesel mit 65 kW (88 PS) oder 75 kW (102 PS).

Gegenüber seinem Vorgängermodell T25 weist der T4 einige Verbesserungen auf. Die Verarbeitungsqualität, die Zuverlässigkeit, das preisgekrönte Design des Cockpits und das fast Pkw-artige Fahrverhalten sind immer noch nah an den heutigen Standards und das Fahrzeug ist überraschend einfach und angenehm zu nutzen.

Ed hatte verschiedene Lösungen sondiert und dachte über einen Kompromiss nach, als er über den seltenen Multivan stolperte: „Vielleicht weil VW nur rund 700 Stück mit Rechtssteuerung gebaut hatte, hatte ich zuvor bei meiner Suche den Multivan nicht gefunden. Eines Tages stand ich dann an einer Tankstelle hinter einem. Fasziniert vom Aussehen und den nach hinten zeigenden Sitzen, sprach ich den Besitzer an, der mich freundlicherweise einen Blick hineinwerfen ließ. Innerhalb von Sekunden war mir klar, dass ich mein Fahrzeug gefunden hatte."

Der Multivan – auf dem Markt in den USA als Eurovan bekannt – besitzt eine Reihe von Eigenschaften, die ihn sowohl als eigenständigen Van für Tagesausflüge als auch als Basis für einen Ausbau interessant machen. In der Standardausstattung mit vielen nützlichen Details wie mehreren 12-Volt-Steckdosen, klappbarem Couchtisch, Schiebefenstern sowie Leselicht in der Heckkabine, bietet er Platz für sieben Personen. Sein Vorzug ist jedoch die Flexibilität der Sitzgelegenheiten mit nach hinten gerichteten Einzelsitzen, die sich sekundenschnell zusammen- und ausklappen lassen, sowie einer Sitzbank über die ganze Breite, die sich in ein Doppelbett verwandeln lässt. „Es gab ein paar Dinge an dem Van, die ich sofort mochte. Erstens: der leicht zu reinigende Vinylboden, weil ich immer schmutzige Fahrräder und Ausrüstung transportiere. Zweitens: Er ist einfach zu parken und innerhalb von ein paar Sekunden kann man hinten mit einem schönen Ausblick am Kaffeetisch sitzen."

Fahrzeug: Volkswagen Transporter T4 Multivan (Eurovan)
Sitzplätze: 7
Schlafplätze: 4
Motor: 2,5 Tdi/7 l/100 km
Kaufpreis: 9260 €
Umbaukosten: 5790 €
Längste Reise: Von Großbritannien über die Côte d'Azur in die Toskana und zurück über die Alpen
Lieblingsreise: Westküste Schottlands
Traumreise: Mit der Fähre nach Island
Instagram: @edbartlett

Oben links: Das Aufstelldach war ein Muss beim Umbau. Oben rechts: Blick in den Seitenspiegel. Unten: Ein ausziehbares Vorzelt sorgt für Schatten und zusätzlichen Wohnraum.

Wie Ed es machte

Der Umbau

Vor dem Kauf ging Ed daran, das ultimative multifunktionale – einem Schweizer Messer entsprechende – Fahrzeug zu entwickeln, d.h. ein Fahrzeug für den Alltag, das zwischen 7-Personen-Wagen, Lastwagen, Radshuttle und Van für Tagesausflüge wechseln und dennoch als „richtiges" Wohnmobil für längere Auslandsreisen dienen konnte.

Das bedeutete:

- Kein fester Camperumbau innen
- Maximierung des Stauraums
- Nutzung des Außenraums durch ein Vorzelt
- Modulare Lösungen für Erfordernisse bei Camping und Kochen

Dach

Die größte Entscheidung für die meisten Van-Besitzer ist, ob ein Aufstelldach hinzugefügt werden soll, das erhebliches Schneiden und die Umgestaltung der Fahrzeugstruktur erfordert.

„Manche sagten, es sei ein Sakrileg, ein Fahrzeug mit so begrenzter Auflage zu verändern, andere sagten mit der gleichen Überzeugung, das sei im Hinblick auf eigene offizielle Umbauten von VW albern.

Ich wollte nicht riskieren, das Fahrzeug zu entwerten, aber das Austops-Dach sah passend aus und bietet sogar einen Panoramablick.

Obwohl der Multivan bereits über ein Bett verfügte war zusätzlicher Platz zum Schlafen nötig, da Ed vorhatte, regelmäßig Fahrräder im Fahrzeug mitzunehmen.

„Als ich einmal den Dreh raushatte, wie ich das Dach nutzen konnte, habe ich es in allen möglichen Situationen aufgestellt. Extrahöhe zu haben, um aufrecht stehen zu können, ist hilfreich beim Umziehen, und wer seinen Van für sportliche Aktivitäten nutzt, wird das zu schätzen wissen."

Im Rahmen des Umbaus ließ Ed LED-Leuchten in der Dachverkleidung installieren, um tageslichtähnliche Bedingungen mit sehr geringem Stromverbrauch zu schaffen.

Markise

Während der Innenraum über ein bewegliches Dach erweitert wurde, war die andere Hauptüberlegung, wie der Außenraum um den Van genutzt werden kann.

„Die meisten Van-Besitzer schienen für ihre Fahrzeuge separate Vorzelte zu benutzen, aber ich wusste, dass ich nicht viel Zeit auf Campingplätzen verbringen würde – ich campe lieber wild und bleibe selten lange an einem Ort. Und ich wollte wirklich die Zahl der Gegenstände minimieren, die ich lose im Fahrzeug transportiere oder für jeden Trip neu einladen muss."

Ed entschied sich für eine ausziehbare, dauerhaft an der Seite des Fahrzeugs befestigte Markise. „Bei diesem Van geht es vor allem um Komfort. Er wäre kein „Schweizer Messer", wenn die ganzen verschiedenen Werkzeuge getrennt aufbewahrt würden, und das war auch mein Gedanke bei der Markise. Die Fahrzeugfläche in weniger als einer Minute an fast jedem Ort oder in jeder Situation verdoppeln zu können, ist sehr praktisch und brachte mir größeren Nutzen als zunächst erwartet. Erst war ich etwas besorgt über Windgeräusche beim Fahren und Auswirkungen auf den Kraftstoffverbrauch, aber beides hat sich als unproblematisch erwiesen."

© Courtesy of Ed Bartlett

© Courtesy of Ed Bartlett

Wohnraum

Da der Multivan viele Sitzmöglichkeiten bietet, war eine der ersten Aufgaben, mit verschiedenen Kombinationen zu experimentieren. „Flexibler Laderaum war unerlässlich, und daher war meine erste Änderung, den nach hinten gerichteten Einzelsitz an der Beifahrerseite auszubauen und ihn mit einer Drehbasis zu versehen. Dies ermöglicht einen einfacheren Zugang zum Heck über die seitliche Schiebetür, aber beim Camping habe ich eine weitere rückwärts gerichtete Sitzmöglichkeit." Mit einem über der Rückseite des Beifahrersitzes hängenden Utensilo kann man kleinere Sachen sortieren und schnell darauf zugreifen.

Der minimalistische Rahmen des verbleibenden Einzelsitzes bietet, wo er auf den Fahrersitz trifft, einen idealen Stauraum zur Aufbewahrung von Camping-Utensilien wie Nivelliersteinen und einem Schlafsack. Im Raum unter den Rücksitzen sind eine Luftmatratze sowie Gerätschaften zur Tee- und Kaffeezubereitung über ein Schubfach erreichbar.

Kochen und Putzen

Ohne eine fest installierte Möglichkeit zum Kochen oder Aufbewahren erforderte Essen einen kreativen Ansatz. „Ich wollte maximal zweimal zwischen Wohnung und Van hin- und hergehen, um für eine beliebige Zeitspanne zu packen und das Innere des Vans ansonsten so übersichtlich wie möglich halten." Da das Kochen auf einen zusammenklappbaren Grill, einen gasbetriebenen tragbaren Herd und einen Wasserkocher verteilt ist, wählte Ed für alles Verbleibende ein Zwei-Boxen-System – eine für Lebensmittel und eine für Kochutensilien.

„Die Lebensmittelbox ist nichts Neues und gehört zur Grundausstattung der meisten Campingvans. Für mich war sie aber besonders wichtig und erforderte viel Feinschliff." Geschirrspülen und Körperpflege werden durch eine Faltschüssel und einen über eine eingebaute Handpumpe betriebenen flexiblen Gewebe-Wasserzylinder gewährleistet, obwohl eine ausziehbare Dusche bereits zur Ausstattung des Vans gehort.

Elektrik

Obwohl der T4 Multivan standardmäßig gut ausgestattet ist, gab es für Ed einen verbesserungswürdigen Bereich. „Ich bin Musikfan, also habe ich das Budget für ein ordentliches Audio-System, einschließlich DAB-Radio, Freisprecheinrichtung und einen anständigen Dock-Anschluss aufgestockt, um die Navigations-App auf meinem Handy nutzen zu können."

Während das Innere zerlegt wurde, fügte Ed eine Verbraucher-Gelbatterie, wie die Marine sie nutzt, sowie ein Batterietrennrelais hinzu und verkabelte die Audio- und 12-Volt-Steckdosen für die Stromversorgung, um unerwartete Startprobleme zu vermeiden. Wärme ist ein weiterer wichtiger Aspekt beim Camping, aber der Vorbesitzer hatte bereits eine Eberspächer-Heizung mit Timer eingebaut.

Vorhergehende Seite: Die Markise wird in weniger als einer Minute ausgezogen. Diese Seite links oben: Das Bett wird mit einer Luftmatratze aufgebaut. Links Mitte: Der Drehsitz. Links unten: Der verbleibende Einzelsitz. Rechts oben: Im Aufstelldach. Rechts unten: Fahrradaufbewahrung hatte oberste Priorität. Nächste Seite: Ed Berlett in seinem umgebauten T4.

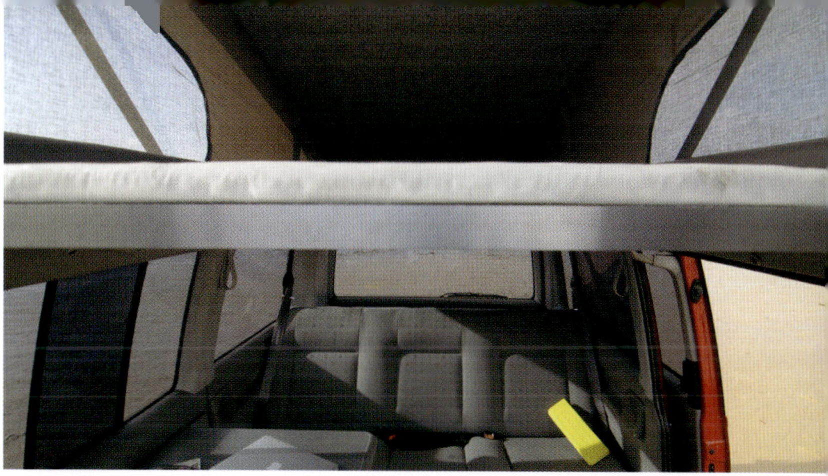

Fragen an Ed

Hat der Van wie erwartet funktioniert?
Mir fällt kein einziger Moment ein, in dem er etwas nicht bewältigt hätte, was ich ihm abverlangt hatte. Ich hatte ihn problemlos als 6-Sitzer für ein paar Tagesausflüge mit Freunden geteilt, unterwegs in Schottland wild gecampt und ihn als Van genutzt, um größere Kunstwerke sowie mein Motorrad, Rennrad und Mountainbike in die Alpen zu transportieren. Ich glaube nicht, dass es viele komfortable und praktische Alltagsfahrzeuge gibt, die das schaffen.

Was hättest du im Nachhinein anders gemacht?
Auf einen Basis-Van mit Klimaanlage hätte ich noch länger gewartet, aber sie ist ziemlich selten bei dem Multivan, der schon mit Rechtssteuerung ein sehr limitiertes Modell ist. Ich saß einmal in einem dreistündigen Stau in Südfrankreich fest mit nicht viel mehr als ein paar Flipflops!
Ich hätte auch keinen Seitenauspuff gewählt. Die Idee war, beim Camping die Abgase von der Heckklappe und der Schiebetür fernzuhalten, was aber selten ein Problem ist. Jetzt wird der Rauch näher an das Seitenfenster des Fahrers geleitet, was natürlich im Stau alles andere als optimal ist. Wahrscheinlich sieht es cool aus.

Was hat dich am Vanlife am meisten überrascht?
Die Community. Es gibt es ein riesiges Netzwerk von Leuten, die bereitwillig Tipps, Orte und allgemeine Ratschläge weitergeben, egal, welche Art Van man fährt oder wie er genutzt wird.

Hast du weitere Pläne für den Van?
Mehr Reisen machen! Ich war die letzten 12 Monate so beschäftigt, weshalb er nicht so viel genutzt wurde, wie mir lieb wäre, aber ich habe in letzter Zeit regelmäßigere Wochenend-Fahrradtouren unternommen. Ich würde dieses Jahr gerne wieder nach Schottland fahren und plane außerdem eine große Reise durch Europa. Mein ultimativer Traum ist es, nach Island und Norwegen zu reisen. In Sachen Hardware ist alles so eingerichtet, wie ich es mir gerade wünsche, aber wenn längere Touren unternehmen will, würde ich eine Solaranlage mit Kühlschrank und vielleicht einen ausziehbaren Kocher in der Heckklappe in Betracht ziehen.

Was wären deine drei Haupttipps fürs Vanlife?
1. Merinowolle: Nur noch schmutzige Wäsche zu haben, kann furchtbar sein. Merinowolle reguliert die Körpertemperatur und man kommt manchmal tagelang ohne zu waschen aus. Sie trocknet außerdem sehr schnell.
2. Sich organisieren: Wenn man unterwegs ist, möchte man nicht zu viel Zeit mit der Suche nach Dingen oder dem Aufbau verbringen. Die Aufbewahrung sollte von Beginn an gut geplant und Dinge an ihrem Platz sein. So lässt sich die Reise besser genießen.
3. Wasser: Man kann nie zu viel davon haben. Es ist unerlässlich zum Trinken, Kochen, und Reinigen, und es ist immer zum ungünstigsten Zeitpunkt alle, wenn man nicht genug mitgenommen hat.

Die besten Routen

Das Schönste am Vanlife ist das unmittelbare Erleben von atemberaubenden Landschaften und Reisezielen. Die hier vorgestellten Traum-Routen zeigen dir, was du über die ganze Welt verteilt an Spektakulärem zwischen Gebirge und Meer entdecken kannst.

Argentinien

Kanada

©kovgabor/Shutterstock

Australien

Deutschland

©Artie Photography (Artie Ng)/Getty Images

Irland

©Matt Munro/Lonely Planet

Neuseeland

Italien

©Targn Pleiades/Shutterstock

Schottland

Nepal

USA

©Nickolay Stanev/Shutterstock

Von Freetown nach Accra

Westafrika begeistert mit reichen kulturellen Schätzen. Vielfältige Eindrücke machen die Reise zu einem unvergesslichen Erlebnis: malerische Lichtungen inmitten des Regenwalds, vom Wind kunstvoll geformte Sanddünen, unberührte Küsten mit einsamen Buchten und Sandstränden. Spektakuläres hat auch die Tierwelt zu bieten, kann man hier doch Elefanten, Primaten und Wildkatzen in freier Wildbahn beobachten. Vogelliebhaber finden hier einige der schönsten Plätze zum Birdwatching weltweit. Und anders als im Osten oder Süden hat man im Westen Afrikas meistens ganz für sich, was immer man entdecken mag.

1. Freetown

Die weißen Sandstrände von Sierra Leone gelten unter Travellern als Geheimtipp. Im Norden des Landes beeindruckt das Farbenspiel der grünen Regenwälder und der roten Straßenpisten. Die quirlige und charmante Hauptstadt liegt inmitten von Hügeln am Atlantik. Freetown ist eine bunte, unverfälschte, von Energie, Farben und Zauber vibrierende Stadt voller Gegensätze. Hier Lärm und Chaos und Schmutz, dort weiße Sandstrände und Luxus pur beim Hummerdinner. Noch nicht vergessen sind Krieg und Ebola, die nur wenige Jahre zurückliegenden Ereignisse der jüngeren Geschichte. Das Nationalmuseum von Sierra Leone (022-223555; Siaka Stevens Street) zeigt kulturgeschichtliche und historische Artefakte, darunter Kleidungsstücke, Schwert und Trommel des einstigen Guerillaführers Bai Bureh vom Stamm der Temne. Über den Masiaka-Yonibana-Highway geht es Richtung Osten und bei Yonibana auf den Bo-Kenema-Highway, der Richtung Süden bis nach Bo führt. Dort den Wegweisern nach Potoru (85 km von Bo entfernt) folgen und weiterfahren bis Tiwai Island.

2. Tiwai Island

Tiwai Island heißt in der Sprache der Mende „Große Insel". Das gut zugängliche und sehr beliebte Wildschutzgebiet verdankt seinen Namen seiner Insellage im Fluss Moa. Es zählt zu den wenigen noch intakten Regenwaldregionen in Westafrika. Das 12 Quadratkilometer große Areal ist heute ein Naturschutzgebiet, bekannt als Tiwai Island Wildlife Sanctuary. Tiwai Island kann mit großen Artenreichtum punkten, insbesondere mit seiner Primatenpopulation. Teil desselben Regenwaldgebiets, allerdings nicht auf der Moa-Insel gelegen, ist der Gola Rainforest National Park. (Für Besuch von Tiwai Island Anmeldung erforderlich unter www.tiwaiisland.org; am besten in Kambama parken und dann den Weg mit einem Führer fortsetzen.)

Nun geht es Richtung Norden zur Stadt Makeni; in ihrem Umkreis kann man an einigen Stellen wild campen. Nach weiteren 137 km erreicht man die Stadt Kabala.

3. Kabala

Kabala im Norden Sierra Leones ist von Bergen umgeben und bekannt für sein Textilgewerbe – eine gute Gelegenheit, bei einem Marktbummel eines der traditionellen rostroten „Ronko"-Hemden zu erstehen.

Nordöstlich von Kabala überquert man bei Gberia-Fotombu die Grenze nach Guinea. Die erste größere Stadt dort ist Faranah, das Tor zum Parc National de Haut Niger.

4. Parc National de Haut Niger

Mit 1200 Quadratkilometern ist der Parc National de Haut Niger eines der bedeutendsten tropischen Trockenwald- und Naturschutzgebiete nicht nur in Guinea, sondern in ganz Westafrika. In dem Park mit seinen weiten Grassavannen, durchflossen vom Niger, leben zahlreiche Schimpansen, Büffel, Krokodile, Flusspferde und diverse Antilopenarten wie Ducker oder Wasserböcke. Es braucht etwas Geduld, um die Wildtiere zu Gesicht

Dauer:
18–28 Tage

Entfernung:
2027 Kilometer

Beste Reisezeit:
Dezember bis Januar

© Felix Lipov / Shutterstock

© Universal Images Group North America LLC / DeAgostini / Alamy Stock Photo

Parc National: Anreise und Besichtigung
Zum Parc National de Haut Niger führt östlich von Faranah eine Schotterstraße über Beindou zu dem Örtchen Sanbaya (Sambonya). Von hier geht es nur noch mit einem offiziellen Guide weiter in den etwas nördlich von Sanbaya gelegenen Nationalpark. Die Besichtigung muss vorab vom Ministère de l'Agriculture in Faranah genehmigt werden.

zu bekommen, denn sie sind sehr scheu und verstecken sich meist hinter dichtem Blattwerk. Zudem gibt es im Park kaum eine Infrastruktur für Besucher. Leidenschaftliche Vogelbeobachter werden aber in den Wäldern ihre helle Freude haben.

Die nächste Etappe ist die südöstlich gelegene Elfenbeinküste mit ihrer quirligen Hauptstadt Abidjan.

5. Abidjan

Das wirtschaftliche Zentrum der Elfenbeinküste an den Gestaden des Atlantiks wird von zahlreichen Wasserläufen und Lagunen durchzogen. Angesichts der funkelnden Wolkenkratzer mag man sich erstaunt fragen, ob man wirklich noch in Westafrika ist. Bei genauerem Hinsehen offenbart sich dann aber doch das pulsierende Leben einer tropischen Großstadt. Eine wahre Herausforderung ist der Verkehr in der riesigen Stadt mit ihren autobahnähnlichen Hauptverkehrsadern. Die Viertel haben alle ihren ganz eigenen Charme und zeugen von der Vielfalt, aber auch von den Gegensätzen von Abidjan. Überbordender Luxus und tiefe Armut liegen oft ganz nah beieinander. In Accra unbedingt den Besuch eines Marktes, eines Street-Food-Ladens, einer Kunstgalerie und der einen oder anderen angesagten Bar einplanen.

6. Grand Bassam

Unter den französischen Kolonialherren war Bassam die Hauptstadt der Elfenbeinküste. Nach einer Gelbfieberepidemie 1896 machten die Franzosen Bingerville zur neuen Hauptstadt. Auch wenn der Glanz des einstigen Künstlerdomizils etwas verblichen ist, war Bassam, das seit 2012 Unesco-Weltkulturerbe ist, bis vor wenigen Jahren eines der beliebtesten und schillerndsten Urlaubsresorts des Landes. Dann aber wurden im März 2016 bei einem Terroranschlag 16 Menschen getötet, die Tourismusindustrie brach ein. Bassam gilt heute wieder als sicher und tut alles, um zu einstigem Glanz und Flair zurückzufinden.

7. Assinie

Das ruhige Örtchen Assinie begeistert gleichermaßen Vanlifer, lässige Surfer und reiche Wochenendtouristen aus Abidjan, die mit ihren Quads über die strahlend weißen Strände ackern. Assinie besteht aus den drei inzwischen zusammengewachsenen Ortsteilen: Assinie-Dorf, Assinie-Mafia und Assouindé. Alle drei liegen am Meer und bieten ihren Gästen tolle Urlaubsatmosphäre.

Die Küstenstraße führt ab Assinie in östlicher Richtung nach Ghana und Cape Coast mit seiner berühmten Burg, die man einfach gesehen haben muss.

8. Cape Coast Castle

Die strahlend weiße Burg von Cape Coast (033 213 2529; Victoria Road) ist wahrlich beeindruckend, einst war hier ein Zentrum des Sklavenhandels. Bei mehrere Stunden dauernden Führungen bekommt man hier einen Einblick in dieses grausame Geschäft, etwa wenn man die feuchten, dunklen Kellerverliese besichtigt, in denen Gefangene bis zu zwölf Wochen eingekerkert waren und eines ungewissen Schicksals als Slaven harrten. Einen Kontrast dazu bildet das Schlafzimmer des Gouverneurs mit seinen raumhohen Fenstern, die eine atemberaubende Sicht auf das Meer gewähren.

Im ersten Stock zeigt ein kleines Museum die Geschichte Ghanas, des Sklavenhandels, der Akan-Kultur und der Burg selbst. Letztere wurde 1637 niederländischer Stützpunkt, 1652 wurde sie von den Schweden ausgebaut. Nach weiteren Besitzerwechseln lenkten die Briten von hier aus ab 1665 rund 200 Jahre lang die Geschicke Ghanas, bis Accra 1877 zur neuen Hauptstadt erklärt wurde.

9. St George's Castle

Burgenliebhaber kommen im St. George's Castle in Elmina auf ihre Kosten. Das heutige Unesco-Weltkulturerbe wurde 1482 von den Portugiesen als Handelszentrum erbaut, 1637 fiel es an die Dänen. Als der Sklavenhandel das Geschäft mit dem Gold ablöste, wurden die Lagerräume zu Verliesen umgebaut. Bei einer Burgführung (im Eintritt enthalten) werden die düsteren Kerker und eine Türe mit der Inschrift „Door of no return" gezeigt. Durch sie wurden die Slaven auf die Schiffe gebracht – und kehrten nie wieder nach Hause zurück. Im Turm hielten die Briten den Aschanti-König Prempeh I. vier Jahre lang gefangen. In der alten portugiesischen Kirche – später wurden hier von den Niederländern Sklaven versteigert – informiert ein kleines Museum über Geschichte und Kultur von Elmina.

Die geteerte Straße N1 führt rund 160 Kilometer Richtung Osten nach Accra.

10. Accra

Ghanas pulsierende Hauptstadt mag etwas gewöhnungsbedürftig sein, dennoch sollte man sich auf sie einlassen, auf ihre stickig-heißen Straßen, in denen es nach Schweiß, Abgasen und Essen riecht. Feuchtigkeit durchtränkt die Luft und schwebt drückend über den Verkaufsständen, an denen Mangos, Reis und Bankus, Klöße aus fermentiertem Maismehl, feilgeboten werden. In den dicht gedrängten Vierteln am Strand, im Zentrum und im Westen zeigt sich die Vielfalt ghanaischen Lebens. Einen Rausch der Sinne bietet der Makola-Markt. Der Strand von Bojo ist ideal zum Chillen und eine gute Alternative zum Trubel am Labadi-Strand. Nach Entrichtung eines kleinen Obolus wird man ein kurzes Stück über glasklares Wasser zu einem sauberen Stand gerudert, wo den Besucher Liegestühle und kühle Getränke erwarten.

Vorherige Doppelseite, links: Gut ausbalanciert – Frauen in Grand Bassam, Elfenbeinküste. Mitte oben: Cape Coast Castle in Ghana. Darunter: Goldfarbener Sandstrand bei Grand Bassam. Rechte Seite: Blick vom Cape Coast Castle über den Strand.

Von Kathmandu nach Kathmandu

Die Rundtour auf staubigen Bergstraßen von Kathmandu zur Terai-Tiefebene bietet Abwechslung pur: Traumblicke in den Himalaja, mittelalterliche Städte, wilde Nashörner. Unterwegs gibt es jede Menge Tankstellen und Reifenwerkstätten. Nicht vergessen: Für die schlecht ausgebauten und steilen Bergpässe muss der Van tadellos in Schuss ein.

1. Kathmandu

Staus, Straßensperren, Demonstrationen, heilige Kühe, streunende Hunde und selbstmörderische Hühner – der Weg aus Kathmandu heraus stellt Fahrkünste und Geduld gleichermaßen auf die Probe. Davor schrecken viele zurück und machen es sich lieber in Thamel mit einem guten Buch gemütlich.

Wer sich aber mit dem Auto aus der Stadt herauswagt, wird reich belohnt. Gleich nach der Ringstraße von Kathmandu wartet die Einsamkeit der Berge. Die atemberaubende Gebirgsszenerie war es ja schließlich, die die ersten Touristen nach Nepal lockte. Und selbst an der Landstraße an den Ausläufern des Himalaja findet man mehr Ruhe und Abgeschiedenheit als im Base Camp des Mount Everest.

Die Lage der nepalesischen Hauptstadt mit Blick auf die Bergkulisse ist ein Traum. Die Schattenseiten aber sind ein unsäglicher Rummel und ein fürchterliches Verkehrschaos. Der meiste Verkehr wälzt sich über den völlig überlasteten Prithvi-Highway. Er führt vorbei an zahlreichen Ziegelbrennöfen und westwärts Richtung Pokhara, bis die Tour abzweigt zur Rundtour durch das Tiefland.

2. Trisuli River

Selbst wenn man im Morgengrauen aufbricht, dauert es Stunden, bis man die Polizeikontrollen und das Durcheinander von Bussen, Jeeps und Lastern hinter sich lassen kann und das Tal des Trisuli erreicht. Die Straße dorthin ist wohl die verkehrsreichste in Nepal – und sie steht auf Platz fünf der gefährlichsten Straßen der Welt –, bezaubert aber durch eine herrliche Landschaft mit terrassierten Feldern und verstreuten Bauernhäusern, die sich an die Hänge schmiegen.

Nach einer Weile lässt der Verkehr etwas nach, sodass – für nepalesische Maßstäbe – fast schon eine friedliche Atmosphäre herrscht. Nur ab und zu rücken einem entgegenkommende Busse bedenklich nahe. Die klare, frische Luft ist eine Wohltat nach dem Smog in Kathmandu! Unbedingt Zeit für eine Pause bei einer Tasse Chiya-Tee an einem der Straßenstände und zum Fotografieren des Bergpanoramas, der majestätischen Banyanbäume und der Hängebrücken einplanen.

3. Bandipur

Auf der Straße nach Pokhara gibt es viel zu sehen, etwa die Manakamana-Seilbahn oder in Gorkha den Palast und Geburtsort von Prithvi Narayan Shah, der im 18. Jahrhundert Nepal vereinigte. Etwas abseits der Hauptstraße liegt die charmante Newari-Stadt Bandipur, die sich seit den Zeiten, als Yaks das einzige Transportmittel im Kathmandutal waren, nur unwesentlich verändert hat.

Hier kann man wunderbar wandern und das Bergstädtchen erkunden. Sehenswert sind die alten Tempel sowie die traditionellen Holz- und Ziegelhäuser am Hauptmarkt, von denen heute einige als Hotels dienen. Nach einer erholsamen Nacht in der kühlen Gebirgsluft geht es am nächsten Tag hinunter zum malerischen Begnas-See, in dessen glatten Wassern sich der Gipfel des Annapurna im Norden spiegelt.

Für die meisten Reisenden führt der Weg nun direkt nach Pokhara, dem bekannten Ausgangsort für Trekking-Touren ins Annapurna- und Mustang-Massiv. Wir aber steuern die historische Stadt Tansen an, die etwas weiter südlich im Hügelland liegt. Bei

Dauer:
15–20 Tage

Entfernung: 466 Kilometer

Beste Reisezeit:
Oktober/November oder
März/April

© ImageDB / Alamy Stock Photo

© paul kennedy / Alamy Stock Photo

der Abzweigung nach Pokhara folgen wir dem holprigen, aber wenig befahrenen Siddhartha-Highway, der sich durch enge Schluchten windet. Der schlechte Straßenzustand schreckt viele Autofahrer ab, umso mehr Spaß macht diese Etappe.

4. Tansen

Tansen, einst Hauptstadt eines mächtigen Magar-Königreichs, bietet eine spannende Mischung aus königlichen Relikten und traditionellen Läden. Hier kann man sich wunderbar treiben lassen, die neugierigen Kinder beobachten – oder die alten Männer mit ihren Topis-Mützen, wie sie nachdenklich an ihren Beedi-Zigaretten ziehen.

Höhepunkt des Ortes ist eine Wanderung zu den Ufern des nördlich gelegenen Flusses Kali-Gandaki. Dort erinnern die Reste des barocken Rani-Mahal-Palastes an Khadga Shamsher Rana, der nach einem Putschversuch gegen den König aus Kathmandu gejagt wurde und hier im Exil lebte.

Linke Seite: Oft unter einer Dunstglocke liegt Kathmandu – Schattenseite der zunehmenden Motorisierung in der Hauptstadt Nepals. Oben: Prächtiges Grabmal in Tansen. Unten: Beliebter Übernachtungsort – Bandipur in Zentralnepal

Der Siddhartha-Highway erreicht bei Butwal die Terai-Tiefebene. Der Basar von Butwal erinnert sehr an indische Märkte. Die Stände quellen über von Armreifen und Dosen mit blutrotem Tilaka-Pulver.

Die nächste Etappe ist wohl die schwierigste auf der Rundfahrt – nicht wegen kurviger Bergstraßen, sondern wegen des chaotischen Verkehrs in der Ebene.

5. Chitwan National Park

Auf dem geraden Mahendra-Highway – der Hauptstraße durch die Terai-Ebene – lässt sich mancher Autofahrer zu halsbrecherischen Überholmanövern hinreißen. Aufpassen also auf dem Weg nach Sauraha, dem Eingang zum Chitwan-Nationalpark!

Der Nationalpark zählt neben Kathmandu und dem Himalaja zu den drei Hautattraktionen in Nepal. Er ist eines der letzten Refugien für das Indische Panzernashorn und den Bengalischen Königstiger. Bei einer geführten Wanderung durch den Dschungel stehen die Chancen gut, eines oder gar beide dieser Tiere zu Gesicht zu bekommen. Will man das Angebot des Nationalparks ganz auskosten, muss man mindestens zwei Tage einrechnen.

Von Chitwan aus zieht es die meisten Touristen südwärts zur indischen Grenze, oder sie nehmen den nördlichen Highway nach Mugling und Kathmandu. Schlaue Vanlifer entscheiden sich für den Tribhuvan Rajpath, der sich über den hohen Gebirgskamm südwestlich von Kathmandu windet. Bei der Terai-Stadt Hetauda – nicht ausgeschildert! – vom Mahendra Highway abbiegen. Die dann folgende, wenig befahrene Straße führt in Haarnadelkurven durch herrliche Wälder mit Pinien, Salbäumen und Rhododendren auf den Gebirgskamm nach Daman.

© Jacek Kadaj / Getty Images

© Markus Ulrich / 500px

Oben: Ein Panzernashorn quert einen Fluss im Chitwan-Nationalpark, einem der weltweit letzten Refugien für die schweren Gesellen. Rechts: Traumhafte Ausblicke auf Bergmassive bietet die Tour durch die Täler des Himalaja.

Great Ocean Road

Die Great Ocean Road ist eine der schönsten Küstenstraßen der Welt. An der westlichen Küste des Bundesstaats Victoria führt sie durch spektakuläre Landschaften, vorbei an traumhaften Stränden und bezaubernden Küstenorten. Einsamkeit sucht man hier vergebens – die Route ist höchst beliebt und entsprechend vermarktet. Mit gutem Grund: Die Fahrt entlang der Küste ist einfach sensationell.

1. Torquay

Die unangefochtene Surfer-Hauptstadt ist ein guter Auftakt für die Great Ocean Road. Ihren Ruf als Surfer-Hotspot verdankt sie dem nahen brandungsumtosten Bells Beach sowie den hier ansässigen Surfer-Marken Rip Curl und Quicksilver. Hier kommt jeder auf seine Kosten – vom Kleinkind mit Schwimmreifen bis zum Backpacker, der hier erste Surfversuche startet. Familien lieben den geschützten Fishermans Beach. Am Front Beach lässt es sich herrlich unter schattenspendenden Pinien faulenzen, während am von Wellen schäumenden Back Beach der Surf Life Saving Club wacht. Weitere nahegelegene Surfstrände sind Jan Juc und Winki Pop.

Lohnenswert ist ein Besuch im Surf World Museum (www.surfworld.com.au), Australiens Hall of Fame der Surfer. Wen der Ehrgeiz packt, bucht bei der Westcoast Surf School (03-5261 2241; www.westcoastsurfschool.com) oder der Torquay Surfing Academy (03-5261 2022; www.torquaysurf.com.au) Surfstunden.

An der Abzweigung zu Jan Juc vorbeifahren, dann die nächste Straße (C 132) links nehmen und der Ausschilderung nach Bells Beach folgen.

2. Bells Beach

Bells Beach ist ein kleiner, aber lohnender Umweg. Seinen legendären Ruf in der internationalen Surferszene verdankt der Ort dem Actionfilm „Gefährliche Brandung" („Break Point"), in dem es in Bells Beach (der Film wurde allerdings nicht dort gedreht) zum ultimativen Showdown zwischen Keanu Reeves und Patrick Swayze kommt. Wenn der „Righthander" (ein Break der Welle, den man nach rechts surft) passt, kann man hier den längsten Wellenritt der Welt genießen. Gut beobachten kann man die Surfer vom Aussichtspunkt beim Parkplatz aus. Von dort führen Treppen zum Strand (nicht zum Schwimmen geeignet).

Zurück auf der Great Ocean Road (B 100), wartet sogleich der nächste Abstecher – Point Addis, ein traumhaft einsamer Strand. Nach Anglesea sind es noch 10 Kilometer die von dichten Wälder gesäumte Great Ocean Road entlang.

3. Anglesea

Orange leuchtende Klippen, Vorstädte auf grünen Hügeln und eine unfassbare Bevölkerungsexplosion im Sommer – das ist Anglesea. Familien machen hier gerne Ferien, für viele ist es Tradition, am Fluss Anglesea Fish & Chips mit den Möwen zu teilen ... Am Main Beach tummeln sich die Surfer, Familien hingegen bevorzugen den vor der Brandung geschützten Point Roadknight Beach.

Abgesehen vom Strandleben, dem typisch australischen Freizeitvergnügen, lässt sich hier eventuell zum ersten Mal Bekanntschaft mit Kängurus machen, und zwar im Golfclub von Anglesea (03-5263 1582; www. angleseagolfclub.com.au), wo man sie beim genüsslichen Grasen beobachten kann.

Die B 100 folgt der Küste (ohne Abstecher zum Point Roadknight Beach) 11 km nach Aireys Inlet und weiter nach Fairhaven mit historischem Leuchtturm und Traumstränden. Von dort sind es noch 18 km auf der am Meer entlangführenden Küstenstraße bis nach Lorne. Unbedingt einen Fotostopp beim Great Ocean Road Memorial Archway einlegen.

Dauer: 5–7 Tage

Entfernung: 378 Kilometer

Beste Reisezeit:
ganzjährig, am besten
ist das Wetter von Oktober
bis März

4. Lorne

Das landschaftlich unglaublich schöne Lorne ist unbedingt einen Besuch wert. Allein die Anreise von Airey Inlet aus ist schon ein Genuss, wenn sich die von Gummibäumen gesäumte Straße durch die Hügellandschaft schlängelt. In der verlockenden Bucht von Loutit werden Kids im Swimmingpool, beim Trampolinspringen und im Skater-Park ihre helle Freude haben. Im Buschland rund um Lorne gibt es über 50 Kilometer Wanderwege. Sehenswert sind die Erskine-Wasserfälle (Erskine Falls Access Road) im hügeligen Hinterland. Über einen gemütlichen Weg geht es zur Aussichtsplattform, von dort führen 250 rutschige Stufen hinunter zum Grund des Wasserfalls. Wissenswertes über die Baugeschichte der Great Ocean Road erfährt man beim Besuch des Great Ocean Road National Heritage Centre (15 Mountjoy Parade).

Die berühmte Felsformation „Zwölf Apostel"

© Maciej Nadstazik / 500px

Der Weg von Lorne bis Kennett River über die kurvige Küstenstraße mit vertrauter Szenerie – dichte Wälder zur Rechten, die unendlichen Weiten des Meers zur Linken – erscheint recht lang, es sind aber nur 20 km.

5. Kennett River

Der beste Ort zum Koala-Beobachten ist der Küstenort Kennett River. Oft posieren die Tiere auf Augenhöhe in den Bäumen westlich des Supermarkts und rund um den sehr guten Caravan Parc – oder sie schnarchen in ihrem Baumwipfel vor sich hin. Berühmt sind auch die einheimischen Papageien und Loris. Wenn man schön stillhält, lässt sich vielleicht der eine oder andere auf dem ausgestreckten Arm nieder.

Die Küstenstraße von Kennett River (22 km) nach Apollo Bay verläuft direkt am Meer.

6. Apollo Bay

In Apollo Bay, einer der größten Städte an der Great Ocean Road, übertreffen die malerische Hügellandschaft und die weitläufigen Sandstrände noch jede Photoshop-Phantasie. Mark Brack, der Sohn des Leuchtturmwärters von Cape Otway, kennt diesen Küstenabschnitt wie kein anderer. Er ist bekannt für seine einzigartigen Otway Shipwreck Tours (0417 983 985; msbrack@bigpond.com] an der sogenannten Shipwreck Coast, sowie für seine Wandertouren (Mark's Walking Tours; 0417 983 985; www.greatoceanwalk. asn.au/markstours). Apollo Bay Surf & Kayak (0405 495 909; www.apollobaysurfkayak.com.au) bietet Exkursionen im Zweier-Kajak zu einer Seebärenkolonie an.

21 km nach Apollo Bay zweigt eine Straße zum Leuchtturm von Cape Otway ab, die über 12 km fast ununterbrochen durch dichten Wald führt.

7. Cape Otway

Cape Otway ist nach Wilsons Promontory der zweitsüdlichste Punkt auf dem Australischen Festland. Die zerklüftete Küste war einst für die Schifffahrt sehr tückisch, trotz des 1848 von über 40 Maurern ohne Mörtel errichteten Leuchtturms (03-5237 9240; www.lightstation.com), heute der älteste noch bemannte seiner Art auf dem Festland.

Die Lighthouse Road ist berühmt für ihre Koalas. Keiner zu sehen? Dann einfach halten, wo alle anderen parken und mit ihnen in den Wald starren!

Nach Cape Otway läuft die Straße in flacherem Buschland aus, das zwischen Princetown und Peterborough in einer bis zu 70 Meter hohen Abbruchkante spektakulär zum Meer abfällt – ein radikaler Szenenwechsel. Hinter Princetown kommen dann schon die „Zwölf Apostel".

8. Twelve Apostles

Ein unvergessliches Erlebnis auf der Great Ocean Road sind die „Zwölf Apostel". Spektakulär ragen die sieben Felsformationen aus dem Meer, als hätte das Festland sie auf seinem Rückzug vom Meer vergessen. Die Australischen „Apostel" waren nie zu zwölft und hießen ursprünglich auch „Sow and Piglets" (Sau und Ferkel). In den 1960er-Jahren wollte man ihnen einen etwas honorigeren Namen geben, um mehr Touristen anzulocken. Die zwei Türme – Gog und Mogog – östlich (Richtung Otway) des Aussichtspunkts sind keine Apostel. Die Brandung zehrt an den Felsen und verändert sie ständig. So brachte die starke Erosion im Juli 2005 einen 70 Meter hohen Felsturm zum Einsturz, und 2009 brach der Island Archway zusammen. Die beste Tageszeit für einen Besuch bei den Aposteln ist der Sonnenuntergang. Dann sind die Touristenbusse weg, und es lassen sich vielleicht kleine Pinguine beim Landgang erspähen. Tolle Bilder liefert ein Hubschrauber-Rundflug mit 12 Apostles Helicopters (03-5598 8283; www.12apostleshelicopters.com.au).

Der Abschied fällt schwer, aber weiter geht es auf der Great Ocean Road Richtung Nordwesten. Nach einem kurzen Wegstück weist ein Schild zum Loch Ard Gorge.

9. Loch Ard Gorge

Unweit der Zwölf Apostel bildet die Loch-Ard-Schlucht (Loch Ard Gorge) einen prächtigen, u-förmigen Canyon, bestehend aus hohen Kliffs, Sandstrand und tiefblauem Wasser. Benannt ist die Schlucht an der Schiffwrackküste nach dem Klipper „Loch Ard", der 1878 unweit von hier vor der Insel Muttenbird gesunken ist – am letzten Tag seiner Reise von England nach Australien. Nur zwei der 37 Besatzungsmitglieder und 19 Passiere überlebten. Eva Carmichael klammerte sich an ein Wrackteil und wurde mit ihm in die Schlucht gespült, wo sie der Schiffsjunge Tom Pearce rettete. Dass die beiden später ein Liebespaar wurden, ist ein Gerücht. Sie sahen sich nie wieder, und Eva kehrte auch bald nach Irland zurück.

Mehrere Wanderwege führen hinunter an einen wilden Strand, zu einem Friedhof und zu der Höhle, in der die beiden Schiffbrüchigen Schutz suchten.

Von hier sind es nur 6 km auf der B100 bis Port Campbell.

10. Port Campbell

Die Küstenstadt mit ihrem entspannten Ambiente gruppiert sich um eine kleine Bucht. Sie ist ein guter Stützpunkt für Erkundungstouren rund um die „Zwölf Apostel" und die Loch-Ard-Schlucht. Der weiße Sandstrand, gut geschützt vor Wind und Brandung, ist einer der wenigen sicheren Plätze zum Schwimmen an dieser rau-wilden Küste.

Gleicht nach Port Cambell erreicht man ein hohes Plateau über den Klippen. Nach der Bay of Islands führt die Straße landeinwärts durch grüne, landwirtschaftlich geprägte Landschaften.

11. Warrnambool

Warrnambool – das bedeutet Wale! Vor allem von Mai bis September, wenn sich die Wale vor der Küste paaren. Die häufigste Art sind die Südlichen Glattwale – in Australien heißen sie „right

Im Uhrzeigersinn von links oben: Bells Beach hat auch für Nicht-Surfer was zu bieten. Beste Sicht auf Koalas vom Baumwipfelpfad in Cape Otway. Alptraum früherer Seefahrer waren die Felstürme der Loch-Ard-Schlucht.

Gut zu wissen:
Für einen dreimonatigen Aufenthalt in Australien genügt der nationale Führerschein – sofern er in englischer Sprache ausgestellt ist. Für einen längeren Aufenthalt benötigt man einen von einem australischen Bundesstaat ausgestellten Führerschein. Sollte der eigene Schein nicht in Englisch sein, muss man sich vor Reiseantritt zu Hause einen Internationalen Führschein besorgen.

whales", weil sie die „richtigen" zum Jagen sind. Auf ihrem Weg in wärmere Gewässer ziehen die Wale von der Antarktis bis nach Australien. Die schönsten Erlebnisse bietet die Beobachtungsstation von Warrnambool am Logans Beach, wo sich auch eine Aufzuchtstation für Babywale befindet. Auskunft, wo und ob man die Meeressäuger sehen kann, gibt es im Besucherzentrum oder unter www. visitwarrnambool.com. Einen Besuch wert ist auch das Freilichtmuseum Flagstaff Hill Maritime Village (03-5559 4600; www.flagstaffhill.com) mit Schiffswrack-Museum, Leuchttürmen (Unesco-Welterbe), Garnison und der Nachbildung einer historischen und typischen viktorianischen Hafenstadt. In der nächtlichen 70-minütigen Sound- und Laser-Show „Shipwrecked" wird noch einmal aufwendig die Geschichte vom Untergang der „Loch Ard" erzählt.

Der Princes Highway (A1) – und nicht mehr die Great Ocean Road – führt nun im Bogen ins 29 km entfernte Port Fairy.

12. Port Fairy

Das 1833 als Wal- und Robbenfangstation gegründete Port Fairy vereint den Charme des 19. Jahrhunderts mit der relaxten Atmosphäre einer Stadt am Meer. Mit seinem sehenswerten Mix aus traditionellen Blau- und Sandsteingebäuden, weißen Hütten, bunten Fischerbooten und breiten Alleen wurde Port Fairy 2012 zur lebenswertesten Stadt der Welt gewählt. Eine Brücke verbindet den idyllischen Hafen mit dem Battery Hill und seinen Befestigungsanlagen. Für einen historischen Spaziergang sollte man sich eine Karte des beliebten Maritime & Shipwreck Heritage Walk im Besucherzentrum besorgen. Auch Weinliebhabern hat die Stadt einiges zu bieten – etwa Basalt Wines (0429 682 251; www.basaltwines.com). Das familiengeführte Weingut, Erzeuger von Bio-Weinen, liegt etwas außerhalb in Killarney und bietet auch Degustationen an.

Weiter geht es entlang der Küste bis Portland (75 Kilometer). Der Verkehr nimmt deutlich ab, nachdem man den Highway verlassen hat, um auf der C192 in nordwestlicher Richtung nach 67 km Nelson zu erreichen.

Oben: Hafenidylle in Port Fairy, zur lebenswertesten Stadt der Welt gekürt. Rechts: Auf dem Weg zum zweitsüdlichsten Punkt Australiens – der 1848 erbaute Leuchtturm von Cape Otway.

13. Abstecher: Cape Bridgewater

Ein Muss ist der Abstecher (21 km) von der Straße Portland – Nelson nach Cape Bridgewater. Die Sandstrände in der 4 km langen Bucht sind mit die schönsten Australiens und ideal zum Surfen. Weiter geht es bis Cape Duquesne, wo Wanderwege zu einem spektakulären Blowhole mit Wasserfontänen und zu einem mystischen „versteinerten Wald“ auf den Klippen führen. Auf einem längeren, etwa zweistündigen Rundweg lässt sich eine Seebärenkolonie beobachten, wie sie sich auf den Felsen sonnt. Näher kommt man ihnen bei einer 45-minütigen Schlauchboottour (Seals by Sea; 03-5526 7247; www.sealsbyseatours.com.au).

14. Nelson

Das kleine Dorf Nelson ist das letzte Stück Zivilisation vor der Grenze zum Bundesstaat South Australia – hier gibt es lediglich einen Supermarkt, einen Pub und eine Handvoll Unterkünfte. Großer Pluspunkt des Örtchens ist seine Nähe zur Mündung des Glenelg, der durch den Lower Glenelg National Park fließt. Bei den vergnüglichen 3½-stündigen-Bootstouren mit Nelson River Cruises (0448 887 1225, 08-8738 4191; www. glenelgrivercruises. com.au) fährt man den Fluss hinauf bis zur Princess Margaret Rose Cave (08-8738 4171), einer imposanten Tropfsteinhöhle. Unter all den Steinformationen an dieser Küste dürften die in der Höhle wohl die ungewöhnlichsten sein. Wer auf eigene Faust unterwegs sein möchte, kann ein Boot bei Nelson Boat & Canoe Hire (08-8738 4048) mieten.

Im Outback von Queensland

Von der tropischen Küste im äußersten Norden von Queensland durch das wilde Outback Australiens – diese Route hat alles zu bieten, was ein Abenteuer ausmacht. Auf den Asphaltstraßen reicht ein Zweiradantrieb völlig aus. Los geht's in der sattgrünen tropischen Umgebung von Cairns und auf dem Tafelland von Atherton, wo der spektakuläre Undara Volcanic National Park einen ersten Vorgeschmack auf die Gegenden von Croydon, Normanton, Cloncurry und Mount Isa gibt.

1. Cairns

Cairns ist ein eher untypischer, aber reizvoller Einstieg ins Outback. Hier kann man das Meer noch einmal auskosten – man wird es lange nicht mehr sehen –, ein leckeres Essen genießen und die Vorräte mit seinen Lieblingsspeisen auffüllen, denn bis Mount Isa gibt es vor allem Pub-Küche und in den Läden meist nur Grundnahrungsmittel.

Auf der Küstenstraße, dem Bruce Highway, geht es 24 km südlich bis Gordonvale und anschließend auf dem Gillies Highway ins Hinterland. Die Straße schlängelt sich in südwestlicher Richtung durch die Hügel des Regenwaldes und um Felsvorsprünge nach Yungaburra am Tinaroo-See (12 km) und nach Atherton. Vor dort sind es noch 18 km Richtung Südwesten bis Herberton.

2. Herberton

Um das Tafelland zu verstehen, muss man das Erlebnismuseum Historic Village Herberton (07-4097 2002; www.herberton historicvillage.com.au) gesehen haben. Es umfasst 50 sanierte historische Gebäude, die von ihrem ursprünglichen Standort im Tafelland ins verschlafene Herberton umgesiedelt wurden. Zu sehen sind u.a. eine alte Schule, eine Sägemühle, eine Bank und die Bischofsresidenz. Das Museum ist einzigartig in Australien.

Bis zum Kennedy Highway sind es 18 km, nach 19 km in südlicher Richtung erreicht man Ravenshoe und nach weiteren 142 km den Undara Volcanic National Park. Hier wird die Landschaft mit jedem Kilometer karger und trockener. 15 km südlich der Gulf Developmental Road liegt an einer asphaltierten Straße Undara.

3. Abstecher: Atherton-Tafelland-Wasserfälle

Im nördlichen Hinterland zwischen Innisfail und Cairns liegt das fruchtbare Plateau des Atherton-Tafellands. Reizende Landstädte, Eco-Lodges in der freien Natur und luxuriöse B&Bs liegen verstreut in der Landschaft mit sattgrünen Hügeln, einem Patchwork an Feldern, kleinen Regenwäldern, beeindruckenden Seen und Wasserfällen – sowie Queenslands höchsten Bergen, dem Bartle Frere (1622 m) und dem Bellenden Ker (1593 m). Von Herberton sind es noch 39 km nach Millaa am Palmerston Highway; 1 km östlich von Millaa die Theresa Creek Road Richtung Norden nehmen. Nach weiteren 1,5 km erreicht man den Millaa-Millaa-Wasserfall. Er ist umgeben von einem Fichtenwald und Blumenwiesen und eignet sich perfekt zum Baden und Picknicken. Der fast schon kitschig schöne 12 m hohe Wasserfall soll der meistfotografierte in Australien sein. 8 km weiter erreicht man über einen kurzen Fußweg den Zillie-Wasserfall, auf den man von einem etwas schwindelerregenden Aussichtspunkt blicken kann. Dagegen geht es am Ellinjaa-Wasserfall 200 m abwärts zu seiner Gumpe im felsigen Grund.

4. Undara Volcanic National Park

Bei einem Ausbruch des Undara-Vulkans vor rund 190 000 Jahren strömten die Lavamassen über das umliegende Land. Danach kühlte die Oberfläche ab, doch im Inneren flossen die heißen Ströme weiter. So entstanden Lavaröhren und der mit 160 km längste Lavafluss der Welt.

Ein Teil der Lavaröhren kann bei einer geführten Tour besichtigt werden. Der größte Anbieter ist Undara Experience

Dauer:
7–10 Tage
Entfernung:
1223 km
Beste Reisezeit:
April bis Oktober
START
1 Cairns
2 Herberton
3 Atherton Tableland Wasserfälle
4 Undara Volcanic National Park
5 Croydon
6 Normanton
7 Karumba
8 Cloncurry
9 Mt Isa
ZIEL
Laura
Helenvale
Korallenmeer
Cape-York-Halbinsel
Lakeland
Cape Tribulation
Palmer River
Mitchell River
Daintree
Daintree National Park (Mossman Gorge Section)
Staaten River National Park
Aboriginal Land
Golf von Carpentaria
Chillagoe
Gordonvale
Atherton
Bulleringa National Park
Atherton Tableland
Ravenshoe
Tully
Burketown
Mt Departure
Mt Surprise
Cardwell
Georgetown
Girringun National Park
Ingham
Mt Jordan
Greenvale
Leichhardt River
Flinders River
Burdekin River
Charters Towers
Kajabbi
Bald Hill
Balfes Creek
White Mountains National Park
Quamby
Julia Creek
Pentland
Richmond
Hughenden
Torrens Creek
Prairie
McKinlay
Duchess
Kynuna
Corfield
Dajarra
0 200 km
0 100 Meilen

(07-4097 1900, 1800 990 992; www.undara.com.au), er hat täglich zweistündige Führungen im Programm inklusive „Wildlife at Sunset“ (Wildnis bei Sonnenuntergang). Dabei lassen sich z. B. winzige Fledermäuse beobachten, wenn sie aus ihren Höhlen ausschwärmen. Sie sind ein abendlicher Leckerbissen für die pfeilschnellen Gepunkteten Bronzenattern. Auf eigene Faust kann man einen Ausflug auf dem ausgeschilderten Fahrweg zum Kalkani-Krater unternehmen. Am Parkplatz startet ein 2,5 km langer, bequemer Rundweg zum Rand des Vulkankraters.

Zurück auf der Gulf Developmental Road (Savannah Way), geht es durch mehrere über den einsamen Landstrich verstreute Siedlungen – so etwa Georgetown nach 127 km –, bevor man nach weiteren 149 km Croydon erreicht.

© Chris Putnam / Alamy Stock Photo

© Hilke Maunder / Alamy Stock Photo

Gut zu wissen:
Direkt beim Undara Volcanic National Park und in unmittelbarer Nähe zu den Höhlen und dem Buschland bietet Undara Experience (1800 990 992; www. undara.com.au) diverse Übernachtungsmöglichkeiten an, vom schattigen Camping bis zu pfiffigen kleinen Zelten auf erhöhten Plattformen, sog. Swag Tents. Auf dem Gelände gibt es gute Restaurants, eine Bar, einen Barbecue-Bereich sowie günstiges Benzin.

5. Croydon

Sollte sich das richtige Outback-Feeling noch nicht eingestellt haben – spätestens in Croydon ist man dort angekommen. Es ist kaum zu glauben, dass das staubige Croydon einst die größte Stadt am Golf von Carpentaria war – dank eines kurzen, aber einträglichen Goldrauschs. 1885 wurde dort Gold entdeckt. Zu den besten Zeiten gab es 30 Pubs in der Stadt. Überlebt hat eines davon, das 1887 erbaute Club Hotel. Im Besucherzentrum (07-4748 7152; Samwell Street) erhält man ausführliche Informationen über die Geschichte Croydons, ein kurzer Film (freier Eintritt) erzählt von den Tagen des Goldrauschs. Ein Schild am 1894 gegründeten Gemischtwarenladen (07-4745 6163; Sircom Street) weist diesen als ältestes Geschäft Australiens aus.

Der Savannah Way, durch eine Landschaft in Rot und Gold, führt über 148 km nach Normanton. Achtung: ein Großteil der Straße zwischen Normanton und dem Northern Territory ist unbefestigt.

6. Normanton

Zur Zeit des Goldrauschs in Croydon war Normanton ein wichtiger Hafen. Eine breite Hauptstraße mit alten, farbenfrohen Häusern führt durch den verschlafenen Ort, der an manchen Tagen im Jahr plötzlich erwacht: An Ostern zieht das Fischfestival „Barra Bash" viele Menschen an, ebenso die Normanton Rodeo & Show (Mitte Juni) und die Normanton-Rennen im September. Alles Wichtige erfährt man im Besucherzentrum (07-4745 8444). Beliebtes Fotomotiv ist „Krys the Crocodile" an der Landsborough Street, eine lebensgroße Skulptur des 8,64 m langen Salzwasserkrokodils – das größte jemals gemessene seiner Art weltweit –, das der Jäger Krystina Pawlowski 1958 am Norman erlegt hat.

Luftlinie ist Karumba nur einen Steinwurf entfernt, über die Straße durch die Mutton Wetlands sind es jedoch 37 km Richtung Norden nach Maggieville und dann noch einmal 42 km nach Westen bis Karumba an der Golfküste.

7. Karumba

Man fühlt sich fast wie im Paradies, wenn die Sonne am Golf von Carpentaria untergeht und die Stadt in ein berauschendes Farbenmeer taucht. Karumba ist die einzige Stadt an der Golfküste, die über eine Asphaltstraße erschlossen ist. Eine idealer Ort, um ein paar Tage auszuspannen. Die Stadt selbst liegt am Norman, bis Karumba Point am Meer sind es rund 6 km. Die Touristeninformation (074745 9582; www.carpentaria.qld.gov.au) gibt Auskunft zu Fisch- und Bootsausflügen sowie zu Aktivitäten am Fluss wie Krebsfang oder Krokodilbeobachtung.

Nach dem Abschied vom Golf geht es über eine ruhige Outback-Straße, die Burke Developmental Road, durch das Hinterland des Golfs. Nach 192 km bietet sich eine Pause beim Burke & Wills Roadhouse an. Vor dort sind es noch 181 km nach Süden bis Cloncurry.

8. Cloncurry

Nach der Einsamkeit der letzten Zeit wirkt Cloncurry (2313 Einwohner) geradezu hektisch. In der eher ländlichen Stadt mit dem Spitznamen „the Curry" erlebt die Bergbauindustrie derzeit einen neuen Aufschwung. Von hier startete der erste Flug des legendären Royal Flying Doctor Service (RFDS). Der John Flynn Place (07-4742 4125; www.johnflynnplace.com.au) ehrt die unschätzbar wertvolle Arbeit des Arztes John Flynn und berichtet über die Geschichte der Fliegenden Ärzte, die für viele kranke Menschen im entlegenen Outback Hoffnung und Rettung waren.

Nach der zurückgelegten langen Strecke sind die letzten 122 Kilometer über den viel befahrenen Berkly Highway nur noch ein Katzensprung.

9. Mount Isa

Schon von Weitem sieht man die Schornsteine von Mount Isa, der ältesten Bergbaustadt von Queensland. Heute ist sie eine Touristen- und Lifestyle-Hochburg von Central Queensland. Einen großartigen Ausblick hat man vom City Lookout, v. a. wenn die Sonne über den blinkenden Lichtern und Schloten der Minen untergeht – irritierend und faszinierend zugleich. Das Farbspiel der Sonnenuntergänge ist kaum zu überbieten. Außerhalb der Stadt gibt es bizarre, mit olivgrünen Spinifex-Gräsern überzogene Felsen. Nicht versäumen darf man Mitte August das größte Rodeo Australiens (www. isarodeo.com.au; zweites Wochenende im August).

Im prämierten „Outback at Isa" (1300 659 660; www.outbackatisa.com.au) wird beim Besuch der Mine „Hard Times" (harte Zeiten) die Arbeit der Bergleute hautnah erlebbar, der dazugehörige Experience & Outback Park betreibt das Riversleigh Fossil Centre und ein Museum über die Geschichte der Stadt.

Vorhergehende Doppelseite von links: der idyllische Millaa-Millaa-Wasserfall: Halt bei Normanton. Hufschmied im historischen Dorf in Herberton. Diese Seite: Fischerboot auf dem Norman bei Karumba.

Australiens Südwestküste

Der Weg zur Südwestküste Westaustraliens und an dieser entlang zählt zu den schönsten Roadtrips des Kontinents. Unterwegs begeistern Weinberge, Nationalparks und die traumhaft schöne Küste. Die meisten Reisenden steuern direkt Margaret River an. Aber es gibt so viel mehr zu entdecken an diesem Küstenabschnitt mit seinen schier endlosen Stränden, vor denen sich Delfine im Flachwasser tummeln. Auf der Tour über oft einsame Straßen zieht einen Australien mehr und mehr in seinen Bann.

1. Bunbury

Die einstige Industriestadt ist inzwischen sehr angesagt. In den letzten Jahren wurde der Hafen neu angelegt, vor allem der nördliche Teil direkt am Stadtzentrum; hier kann man es sich in den am Wasser gelegenen Restaurants gut gehen lassen. Bunbury lockt auch viele Naturliebhaber an. Die Stars der Stadt sind die rund 60 Tümmler, die in der Bucht von Koombana leben und deren Zahl im Sommer auf über 250 ansteigt. Im Bereich des Dolphin Discovery Centre am Strand lassen sich die Tümmler regelmäßig blicken, und die Besucher können unter der Aufsicht von geschulten Freiwilligen ins Wasser waten und die Tiere unmittelbar erleben. Am besten anzutreffen sind die Tümmler von November bis April, und zwar am frühen Morgen. Dann freuen sich auch Erwachsene wie die Kinder, wenn die Delfine sie an den Zehen kitzeln.

Von Bunbury führt die Hauptstraße nach Süden zum Bussell Highway (nach Margaret River) und zum South Western Highway (zu den Wäldern und der Küste im Süden), der über Donnybrook und Greenbushes 96 km nach Bridgetown führt.

2. Bridgetown

Das charmante kleine Bridgetown inmitten von hügeligem Farmland und Karriwäldern ist ein Paradebeispiel für eine Aussi-Stadt auf dem Land. In prachtvollen Gelb-, Rot- und Orangetönen färben sich im Herbst die Bäume am Ufer des Blackwood River. Von Freitagabend bis Sonntagmittag beleben viele Wochenendausflügler den Ort. Einen Besuch lohnt das Bridgedale House an der historischen Hauptstraße (Hampton Street), das der erste Siedler der Region 1862 aus Lehm und Schlamm errichtete. Heute kümmert sich die Denkmalschutzbehörde um den Erhalt des Gebäudes.

Südlich von Bridgetown säumen Wälder die Straße, v. a. rund um die Trüffel- und Holzfällerstadt Manjimup (36 km). Etwa 15 km südlich davon geht es rechts ab (nach Südwesten), und nach 19 km erreicht man Pemberton.

3. Pemberton

Das liebenswerte Städtchen liegt inmitten von weiten, für diese Gegend so typischen Karriwäldern. Am besten erkundet man diese auf einer ein- oder zweitägigen Tour auf dem gut markierten Karri Forest Explorer und auf den Wanderwegen der Gegend. Und gibt es etwas Schöneres als ein leckeres Picknick im tiefen Wald?! Tipps und Kartenmaterial erhält man im Besucherzentrum (08-9776 1133; www.pembertonvisitor.com.au).

Pemberton ist außerdem für seine Weine berühmt. Während Margaret River eher ein westaustralisches Bordeaux ist, rühmt sich Pemberton seiner hervorragenden Burgunderweine mit Sorten wie u. a. Chardonnay und Pinot Noir. Weine und Cidres aus zertifiziertem ökologischem Anbau erzeugt das Weingut Mountford (www.mountfordwines.com.au), das auch eine Kunstgalerie betreibt. Das Pemberton Wine Centre (www.marima.com.au) im Herzen des Warren National Park ist ebenfalls eine gute Adresse für Weinfreunde.

Jetzt geht es wieder 19 km zurück durch den Wald (Richtung Nordwesten) zum South Western Highway, dann rechts abbiegen und der Straße südostwärts durch weitere herrlich dichte Wälder folgen.

Dauer: Sieben Tage

Entfernung: 933 km

Beste Reisezeit:
Dezember bis Februar,
Whale Watching Juli bis
September

© EAGiven / Getty Images

Nach 103 km zum Küstenörtchen Walpole abbiegen. Die Ausblicke unterwegs auf die Küste und Walpole sind grandios.

4. Valley of the Giants

Das idyllische Walpole mit seinen 320 Einwohnern lädt zu Ausflügen in die Wälder der Walpole Wilderness Area (3630 km^2) ein. Gut erreichbar und das spektakulärste Erlebnis in dieser wilden Gegend ist das Tal der Riesen (Valley of the Giants; www. valleyofthegiants.com.au) mit seinem Baumkronenpfad. Vom Tal führt eine 600 m lange Rampe zu den Wipfeln der riesigen Eukalyptusbäume.

Hier kann man sich auch eine Etappe des Bibbulmun Track erwandern. Auf guten Wegen geht es von Walpole bis Coalmine Beach. Für Landschaftsfahrten sei der Knoll Drive drei Kilometer östlich von Walpole empfohlen.

Bei Walpole wird der South Western Highway (Route 1) zum South Coast Highway. Kurz nach der Abzweigung zur Peaceful Bay taucht die Straße zuweilen aus den Wäldern auf und gibt den Blick frei auf die herrliche Küste im Süden. Denmark, die nächste Etappe, ist nur 66 km von Walpole entfernt.

5. Denmark

Denmark, die erste etwas größere Stadt an der Südküste von Westaustralien, bezaubert durch seine Lage: lange Sandstrände und kleine ge-

© ITPhoto / Alamy Stock Photo

© robertharding / Alamy Stock Photo

© Benny Marty / Alamy Stock Photo

schützte Buchten im Süden sowie weite Wälder im Hinterland. Denmark entwickelt sich mehr und mehr sich zu einer angesagten Stadt und vereint dabei Wandel, Beständigkeit und Nachhaltigkeit. Der beste Beweis hierfür ist der Bevölkerungsmix aus Farmern, Fischern und Familien. Die Stadt liegt in der eher kühlen Weinregion Great Southern. Zu den Erzeugern qualitätvollerer Weine gehören Howard Park (www.burchfamilywines.com.au) und Forest Hill (www.foresthillwines.com.au). Wissenswertes über die Weingüter und das Hinterland erfährt man bei einer Tour mit den Denmark Wine Lovers (0410 423 262; www.denmarkwinelovers.com.au). Sie bieten Tagesausflüge zu den Weinkellern der Gegend sowie zu entfernteren Zielen an, u. a. zum Porongurup National Park und zum Mount Barker.

Es sind nur 50 Kilometer von Denmark bis Albany. Die Szenerie – Wälder links, Küste rechts – ist bekannt und trotzdem überwältigend.

6. Albany

1826 gegründet, ist Albany die älteste Stadt Westaustraliens. Das Hafenviertel wird derzeit neu gestaltet, das einst elegante Kolonialviertel dagegen verfällt langsam. Bei einem Bummel über die Stirling Terrace und die York Street kann man einige viktorianische Gebäude bewundern. Am spannendsten ist es aber am Meer. Südkaper (eine Art von Glattwalen) und Buckelwale versammeln sich von Juli bis Mitte Oktober vor der Bucht von King George Sound. Manchmal sieht man die Tiere vom Strand aus, erfolgversprechender ist aber ein Trip mit den Albany Whale Tours (08-9845 1068; www. albanywhaletours.com.au) oder mit Albany Ocean Adventures (0428 429 876; www. whales.com. au). Seinen Ruf als Schnorchler- und

Taucherparadies verdankt Albany dem einstigen Kriegsschiff HMAS Perth: 2001 wurde es extra für Taucher im Meer versenkt und dient ihnen seither als künstliches Riff. Infos bei Southcoast Diving Supplies (08-9841 7176; www.divealbany.com.au). Östlich des Stadtzentrums, gegenüber von King George Sound, erstrecken sich Middleton Beach und Emu Beach.

Die Straße folgt der Küstenlinie nach Nordosten, um die Große Australische Bucht, und nach 292 km erreicht man die Abfahrt nach Hopetoun. Von dort sind es noch 49 km hinunter zur Küste.

7. Abstecher: Bremer Bay und Fitzgerald River National Park

Bremer Bay ist weit genug von der Hauptstraße entfernt, um ein Geheimtipp zu bleiben. Der beschauliche Küstenort ist umgeben von weißen Stränden und türkisfarbenem Wasser. Von Juli bis November kalben die Südkaper vor der Küste. Am besten kann man die Wale und ihre Babys von der Aussichtsplattform bei Point Ann aus beobachten. Dort beginnt auch ein Geschichtspfad entlang eines Teils des insgesamt 1163 km langen Kaninchenzauns Nr. 2, eines der längsten Zäune der Welt. Wanderer genießen die wunderschöne Küstenlandschaft mit ihren Sandstränden und Klippen (die „Barrens") und die tiefen, weiten Flusstäler.

Bremer Bay ist das Tor zum Fitzgerald River National Park, den man über die Swamp Road und die Murray Road erreicht. Die beiden unbefestigten Straßen kann man – außer nach Regen – gut mit einem Van mit Zweiradantrieb befahren. Am besten immer vor Ort nachfragen, bevor man losfährt.

Von Albany aus kommt man nach 117 km in nordöstlicher Richtung auf der Route Nr. 1 nach Boxwood Hill, von dort geht es direkt nach Osten 62 km weiter nach Bremer Bay.

Vorherige Doppelseite oben von links nach rechts: Baumkronenpfad im Tal der Riesen. Die Elephant Rocks vor Denmark. Im Warren National Park. Albany, die älteste Stadt Westaustraliens. Diese Seite: Bremer Bay – einfach großartig!

© INTERFOTO / Alamy Stock Photo

8. Esperance

Esperance ist eine wahre Perle an der Bay of Isles. Der von türkisfarbenem Wasser und einsamen, strahlend weißen Stränden umgebene Ort zieht Familien bis aus Perth und Kalgoorlie an, die hier die entspannte Atmosphäre und das Strandleben genießen wollen. Ergänzt wird die Schönheit der Küste durch die nahe gelegenen Nationalparks im Südosten und die Inselgruppe des Recherche-Archipels. Auf den 105 Inseln haben Robben, Pinguine und Seevögel ihre Heimat. Sehr empfehlenswert ist ein Ausflug auf Woody Island. Informationen gibt es im Besucherzentrum (08-9083 1555; www. visitesperance.com) in Esperance. Außerdem bietet Esperance Diving & Fishing (08-9071 5111; www.esperancedivingandfishing.com.au) Tauchausflüge zu einem Schiffswrack an.

Auf der Condingup Road geht es Richtung Nordosten. Die Ausschilderung weist den Weg über asphaltierte Straßen erst bis Gerbryn und dann zum Cape Le Grand National Park.

9. Cape Le Grand National Park

Der Cape Le Grand National Park, 60 km östlich von Esperance, begeistert mit einer spektakulären Küste, herrlichen Stränden und ausgezeichneten Wanderwegen. Ideal zum Fischen, Schwimmen und Campen sind die Lucky Bay und der Le Grand Beach; tagsüber lockt die Hellfire Bay.

Der steile Weg (3 km in zwei Stunden) auf den Gipfel des Frenchman Peak mit seinem „Felsenauge" lohnt durch einen einzigartigen Blick über die Küste. Beste Tageszeit ist der späte Nachmittag. Genauer erkunden kann man den Park bei einer zweistündigen Geländewagentour über den sandigen Great Ocean Drive mit Eco-Discovery Tours (0407 737 261; www.esperancetours.com.au).

Northland & Bay of Islands

Die Region, aufgrund ihres milden Wetters als der „winterlose Norden“ bekannt, kombiniert historischen Charme mit Abenteuern am und im Meer. Weiter nördlich, Je mehr man sich der Spitze von North Island bei Kap Reinga nähert, werden die Attraktionen Northlands immer entlegener und spektakulärer.

1. Auckland

Die kosmopolitischste Stadt Neuseelands liegt auf einer schmalen Landzunge und besitzt zwei Häfen. Am besten lässt sich das maritime Flair Aucklands im New Zealand Maritime Museum oder auf der Fähre im Waitemata-Hafen erkunden. Lohnenswert ist auch eine Kajaktour nach Rangitoto Island, einer bewaldeten Vulkaninsel. Wieder an Land, locken ein Spaziergang am Takapuna Beach an Aucklands Nordküste (mit tollem Blick auf Rangitoto) oder eine Radtour entlang der Buchten des Tamaki Drive.

Die erste Etappe (104 km) führt über die Auckland Harbour Bridge auf der SH1 nach Norden. Nördlich von Warkworth biegt man in die Wayby Valley Road ab und fährt weiter bis nach Mangawhai Heads. Die Maut für die Northern Gateway Toll Road auf der SH1 lässt sich online unter www.nzta.govt.nz bezahlen.

2. Mangawhai Heads

Das Dorf Mangawhai liegt an einem hufeisenförmigen Hafen, aber die eigentliche Attraktion befindet sich 5 km weiter in Mangawhai Heads. Hier erstreckt sich eine kilometerlange, schmale Sandbank, die ein Schutzgebiet für Meeresvögel beherbergt. Ein großartiger Strand für Surfer ist am besten über den Mangawhai Cliff Top Walkway zu erreichen, der in Mangawhai Heads beginnt und einen herrlichen Ausblick auf Ozean und Küste bietet (2-3 h). Unbedingt noch bei Ebbe zum Strand zurückkehren.

Von Mangawhai Heads geht es auf der Cove Road nach Waipu Cove (13 km); die wunderschöne ländliche Küstenroute verläuft abseits der belebten Hauptstraßen. Im Sommer ist der Langs Beach übersät von den scharlachroten Blüten des Pohutukawa, oft auch als „Neuseelands Weihnachtsbaum“ bezeichnet.

3. Waipu

Vom bogenförmigen Strand von Waipu Cove blickt man auf die Bream Bay. Am Horizont tauchen die Hen and Chickens Islands auf. Waipu Cove eignet sich perfekt zum Schwimmen – bei gutem Wellengang auch zum Surfen – und bietet schattige Plätze zum Picknicken. 8 km weiter die Küstenstraße entlang liegt das verschlafene Dorf Waipu mit vielen tollen Cafés, die an den Sommerwochenenden zum Leben erwachen. Die Region wurde einst von schottischen Siedlern kolonisiert, die zwischen 1853 und 1860 über Nova Scotia in Kanada nach Northland gelangten. Das Waipu Museum (09-432 0746; www.waipumuseum.co.nz) dokumentiert ihre Geschichte.

Weiter geht es von Waipu über den Nova Scotia Drive zurück auf die SH1 und in Richtung Norden nach Whangarei (39 km). Unterwegs passiert man die Orte Ruakaka und Uretiti mit ihren wunderschönen Stränden. Marsden Point markiert das Tor zum Hafen von Whangarei.

4. Whangarei

Northlands einzige Großstadt verfügt über eine florierende Kunstszene und ein reizvolles Flussviertel mit exzellenten Museen. Empfehlenswert ist hier Clapham's Clocks (09438 3993; www.claphamsclocks.com), das National Clock Museum in Town Basin, wo über 1400 tickende Uhren, darunter Pendel- und Kuckucksuhren, gezeigt werden. Das Hafenviertel ist auch eine gute Shoppingadresse. Highlight des benachbarten Whangarei Art Museum (09-430 4240; www.whangareiart museum.co.nz) ist ein 1904 entstandenes Maori-Porträt des Künstlers C. F. Goldie.

Man verlässt Whangarei über Bank Street, Mill Street und Ngunguru Road und fährt weiter nach Tutukaka (30 km). Lohnenswerte Zwischenstopps unterwegs sind die Whangarei Falls,

Dauer: 6–8 Tage

Entfernung: 1057 km

Reisezeit: Bestes Wetter von Februar bis April, die überlaufene Osterzeit sollte man meiden.

ein spektakulärer, 26 m hoher Wasserfall, 6 km von Town Basin entfernt, und Ngunguru, eine verschlafene Siedlung kurz vor Tutukaka.

5. Tutukaka

Tutukakas Hafen ist voller Yachten, Hochsee-Angelboote und Tauchshops. Von hier aus lässt sich Spektakuläres über und unter Wasser erkunden. Viele Reisende kommen hierher, um vor den Poor Knights Islands zu tauchen, aber die Unterwasserattraktionen sind auch für Schnorchler zugänglich. Surfkurse bietet die O'Neill Surf Academy (09-434 3843; www. oneillsurfacademy.co.nz). Ein großartiger, 20-minütiger Küstenwanderweg führt von Matapouri zur weitläufigen Whale Bay.

Für die 106 km lange Etappe sollte man zwei Stunden einplanen. Von Tutukaka aus führt die Straße nach Norden landeinwärts, bevor sie bei Matapouri wieder auf die Küste trifft. Von Matapouri geht es westlich zur SH1 bei Hikurangi. Man folgt der SH1 nach Norden und biegt kurz vor Whakapara rechts auf die Russell Road ab, die kurvenreich (vorsichtig fahren!) durch eine herrliche Küstenlandschaft über Helena Bay nach Russell führt.

6. Russell

Das historische Städtchen Russell – einst als „Höllenschlund des Pazifik" bekannt – verfügt über zahlreiche Cafés und schöne Gästehäuser. Russell war einst ein befestigtes Maori-Dorf namens Kororareka, das im frühen 19. Jahrhundert mit Erlaubnis der Maori die erste europäische Siedlung Neuseelands wurde. Der Ort zog viele Glücksritter an, darunter flüchtige Sträflinge, Walfänger und betrunkene Seeleute. Charles Darwin beschrieb Russell im Jahr 1835 als Ansammlung des „Bodensatzes der Gesellschaft". Nach der Unterzeichnung des Vertrags von Waitangi 1840 war das nahegelegene Okiato kurzzeitig Hauptstadt des Landes, bevor dies 1841 Auckland wurde. Okiato, das zu diesem Zeitpunkt Russell hieß, wurde aufgegeben. Der Name ging dann auf Kororareka über. Hauptattraktionen des Ortes sind die Pompallier-Mission (09-403 9015; www.pompallier.co.nz), eine 1842 erbaute katholische Mission, und die Christ Church (1836), die älteste Kirche Neuseelands. Okiato ist 8 km entfernt; zwischen Okiato und Opua (5 km bis Paihia) pendelt regelmäßig eine Autofähre.

7. Paihia

Paihia ist durch Passagierfähren über eine schmale Hafenbucht mit Russell verbunden und weitaus quirliger als sein ruhiger Nachbarort. Am Hafen werden diverse Meeresaktivitäten angeboten, z.B. Inselbesichtigungen, Delfinbeobachtung und Segeltörns. Eine Küstenstraße schlängelt sich 3 km zum Schauplatz des Vertrags von Waitangi (09-402 7437; www.waitangi.org.nz). Die bedeutendste historische Stätte Neuseelands liegt auf einer von Wald und Wiesen bedeckten Landspitze. Am 6. Februar 1840 unterzeichneten hier die ersten 43 von über 500 Maori-Häuptlingen den Vertrag von Waitangi mit der Britischen Krone. Im Eintrittspreis inbegriffen sind geführte Rundgänge, Maori-Aufführungen und das Museum von Waitangi, das Vergangenheit, Gegenwart und Zukunft Neuseelands dokumentiert.

Von Paihia fährt man auf der sich durch Zitrushaine schlängelnden SH11 (Black Bridge Road) weiter nach Kerikeri (24 km). 4 km hinter Paihia erreicht man die Haruru Falls, wenn man von der Puketona Road auf die Haruru Falls Road abbiegt.

8. Kerikeri

Kerikeri ist berühmt für seine Orangen, produziert aber auch Kiwis, Gemüse und Wein. Der Ort erfreut sich zunehmender Beliebtheit bei Rentnern und bietet einige der besten Restaurants von Northland. Mehrere historische Stätten vor allem

© David Steele / Alamy Stock Photo

© Justin Foulkes / Lonely Planet

Links oben: Eine alte Schmiede in Kerikeri. Darunter: Unterwegs bei Auckland. Folgende Doppelseite, oben: Waewaetorea, Bay of Islands. Darunter: Tapeka Point bei Russell.

in Kerikeris idyllischem Flussviertel bieten einen Einblick in die frühen Beziehungen zwischen Maori und Pākehā (europäische Neuseeländer). Der 1836 erbaute Stone Store (09-407 9236; www.historic.org.nz) ist das älteste Steingebäude Neuseelands. Hier beginnen Führungen zur nahegelegenen Mission (www.historic.org.nz), dem ältesten erhaltenen Bauwerk Neuseelands (1822).

Weiter geht es auf der SH10 nach Norden, bevor man nach Osten auf die Matauri Bay Road abbiegt, wo ein landschaftlich reizvoller, 41 km langer Rundkurs zurück zur SH10 nördlich von Kaeo führt. Diese Küstenstraße passiert unterwegs Matauri Bay, Tauranga Bay und Whangaroa Harbour. Zurück auf der SH10, fährt man 30 km Richtung Norden nach Mangonui (90 km von Kerikeri entfernt) und Doubtless Bay.

9. Mangonui

Doubtless Bay verdankt seinen Namen dem Eintrag von James Cook in sein Logbuch, wonach dieses Gewässer „zweifelsohne (doubtless) eine Bucht" sei. Das Hauptzentrum Mangonui (Großer Hai) hat das Flair eines Fischereihafens; seine historischen Ufergebäude beherbergen heute Cafés und Galerien. Die Häuser wurden gebaut, als Mangonui ein Zentrum der Walfangindustrie (1792–1850) war und Flachs, Kauriholz (einheimischer Nadelbaum) und Harz exportierte.

In Hihi, 15 km nordöstlich von Mangonui, dokumentiert das Butler Point Whaling Museum (0800 687 386; www.butlerpoint.co.nz) die Vergangenheit der Region. Die nahegelegenen Siedlungen Coopers Beach, Cable Bay und Taipa stehen für die Gentrifizierung dieser Küstenregion; hier leben vor allem gut gebräunte, Golf spielende Rentner.

Die folgende Etappe ist 132 km lang. Von Mangonui fährt man auf der SH10 nach Westen, bevor man bei Awanui zurück auf die SH1 gelangt. Von Awanui geht es zur nördlichsten Spitze Neuseelands: Cape Reinga. 58 km nördlich von Awanui lohnt sich ein Zwischenstopp beim Maori-Ratana-Tempel Nga-Tapuwae-o-te-Mangai bei Te Kao, der an seinen zwei grün-weißen Kuppeltürmen zu erkennen ist.

Vans können am Mangonui Lions Park bis zu drei Nächte lang kostenlos parken.

Herrliche Strände mit Rundumblick bietet ein Abstecher auf die Karikari Peninsula 9 km westlich von Taipa (ab SH10 gut ausgeschildert).

10. Cape Reinga

In den Gewässern um das windgepeitschte Cape Reinga Lighthouse (vom Parkplatz aus über einen 1 km langen, hügeligen Wanderweg zu erreichen) treffen die Tasmanische See und der Pazifische Ozean aufeinander; bei stürmischem Wetter krachen hier bis zu 10 m hohe Wellen ans Ufer. Für die Maori ist Cape Reinga (Te Rerenga Wairua) der Ort, an dem die Seelenwanderung der Verstorbenen beginnt. Aus Respekt vor der heiligsten Stätte der Maori sollte man in der Region weder essen noch trinken.

Zwar kann man den Ninety Mile Beach entlangfahren, doch jedes Jahr bleiben mehrere Touristen – und ihre Mietwagen – im Sand stecken. Eine Alternative ist eine Allrad-Bustour, oder man fährt auf der SH1 von Cape Reinga nach Kaitaia (111 km) und dann 13 km westlich auf der Ahipara Road nach Ahipara.

11. Ahipara

Alles Schöne geht einmal zu Ende, und der Ninety Mile Beach tut es in diesem relaxten Strandort im hohen Norden. Zwar haben sich einige Ferienhäuser reingeschmuggelt, aber die Einheimischen achten darauf, dass es nicht zu viele werden. Surfer auf Besuch werden toleriert. Die Gegend ist bekannt für ihre riesigen Sanddünen und enormen Kauriharz-„Felder", wo einst 2000 Menschen arbeiteten. In den Dünen über Ahipara und auf der Tauroa-Halbinsel kann man populären Abenteuersportarten nachgehen. Das Ahipara Adventure Centre (09-409 2055; www.ahiparaadventure.co.nz; 15 Takahe Street) verleiht Sandschlitten, Surfbretter und Mountainbikes, NZ Surf Bros. (09-945 7276, 021 252 7078; www.nzsurfbros.com) in Ahipara gibt Surfunterricht.

Von Ahipara geht es 64 km durch den grünen Herekino-Wald zum verschlafenen Hafenort Kohukohu. Rund 4 km dahinter überquert eine Autofähre Hokianga Harbour auf dem Weg nach Rawene (nur Barzahlung möglich, Abfahrt 8–20 Uhr pünktlich zu jeder Stunde in Kohukohu).

12. Rawene

In der Blütezeit der Kauriholz-Industrie war Kohukohu eine lebhafte Stadt mit einer Sägemühle, einer Schiffswerft, zwei Zeitungshäusern sowie zahlreichen Banken. Heute ist es ein verschlafenes Nest mit gut erhaltenen historischen Gebäuden. Nach einer Tasse Kaffee und einem der besten pies (Kuchen) Neuseelands im örtlichen Café nimmt man die Fähre über den Hafen nach Rawene. Der Ort wurde als dritte europäische Siedlung Neuseelands gegründet, wovon eine Reihe historischer Gebäude (darunter sechs Kirchen) zeugt. Informationstafeln weisen den Weg zu den historischen Hauptattraktionen der Stadt. Das prachtvolle Clendon House (09-405 7874; www.historic.org.nz), in den quirligen 1860er-Jahren von einem Kaufmann erbaut, wird heute vom New Zealand Historic Places Trust verwaltet.

Nach der Fahrt mit der Fähre von Kohukohu nach Rawene geht es auf eine kurvenreichen, malerischen Straße 20 km weiter nach Opononi nahe der Einfahrt zum Hokianga Harbour.

13. Opononi & Omapere

Die Zwillingsstädte Opononi und Omapere liegen an der Südspitze von Hokianga Harbour. Die Aussicht wird von hohen Sanddünen gegenüber bei North Head dominiert. Der historische Wanderweg Arai te Uru Heritage Walk (hin & zurück etwa 30 Minuten) beginnt am Parkplatz am Ende der Signal Station Road – gleich an der SH12 auf der Spitze des Hügels, wenn man Omapere verlässt. Er folgt den Klippen und führt durch Manuka-Büsche zur Südspitze von Hokianga. An der Landspitze stehen die Ruinen einer alten Signalstation, die einst Schiffen die gefährliche Passage in den Hafen erleichtern sollte.

Die SH12 führt auf einer kurvenreichen Strecke von Omapere – unbedingt zurückschauen wegen

© Mark Read / Lonely Planet

des spektakulären Ausblicks auf den Hafen – etwa 20 km nach Süden zum Waipoua State Forest.

14. Waipoua State Forest

Der fantastische Wald, seit 1952 unter Naturschutz, ist der größte verbliebene Rest der einst riesigen Kauriwälder im Norden Neuseelands. Die 18 km lange Straße durch den Wald (SH 12) führt an riesigen Bäumen vorbei. Am Nordende des Parks steht der mächtige Tane Mahuta, benannt nach dem Waldgott der Maori. Mit 51,5 m Höhe und 13,8 m Umfang ist er der größte heute noch lebende Kauri-Baum – er steht seit etwa 1200 bis 2000 Jahren hier. Bei einem Zwischenstopp am Waipoua Forest Visitor Centre (09-439 6445; www.teroroa.iwi.nz/visitwaipoua) erwarten den Reisenden eine Ausstellung über den Wald, geführte Touren, Kurse im Flachsweben und ein Café. Wer will, kann auch seinen eigenen Kauri-Baum pflanzen – mit GPS-Koordinaten!

Vom Waipoua Forest Visitor Centre führt die SH 12 107 km über das Flussstädtchen Dargaville nach Matakohe. 4 km nördlich von Dargaville verläuft die Baylys Coast Road 9 km nach Westen bis zu den wilden Surfwellen von Baylys Beach.

© Mark Read / Lonely Planet

15. Matakohe

Abgesehen vom ländlichen Charme dieses Dorfes lohnt sich ein Besuch vor allem wegen des großartigen Kauri-Museums (09-431 7417; www.kaurimuseum.com). Allein schon die riesigen Baumscheiben sind äußerst beeindruckend. Die alte Holzindustrie wird hier durch Videofilme, Artefakte, fabelhafte Intarsien sowie Nachbauten einer Sägemühle aus der Pionierzeit, einer Pension, einer Hütte der „Gumdigger" und eines viktorianischen Hauses zum Leben erweckt. Der „Gum Room" beherbergt eine skurrile, wundervolle Sammlung von Objekten aus Kauri-Harz. Das bernsteinfarbene Harz wird geschnitzt, geformt und so lange poliert, bis es wie ein Edelstein schimmert. Der Museumsshop verkauft Souvenirs aus Kauri-Holz und -Harz.

Ab Matakohe fährt man auf der SH 12 nach Osten und bei Brynderwyn wieder auf die SH 1. Von hier geht es weiter nach Süden bis Wellsford und dann auf der malerischen SH 16 in südwestliche Richtung zurück nach Auckland (ab Matakohe 163 km). Die Etappe auf der SH 16 von Wellsford nach Auckland ist etwa 110 km lang und bietet fantastische Ausblicke auf Kaipara Harbour und die Weinberge von West Auckland.

Rundreise durch die Southern Alps

Nichts prägt die Südinsel Neuseelands so sehr wie die Southern Alps, eine 500 km lange Bergkette, die sich von den Nelson Lakes bis nach Fiordland erstreckt. Hier hat man die Möglichkeit, bei typisch neuseeländischen Aktivitäten wie Gletscherwanderungen, Panoramaflügen, Mountainbike-Touren und Naturwanderungen weite Teile dieses Gebirges zu erkunden – oder man schaut einfach nur aus dem Fenster seines Vans.

1. Christchurch

Keine Stadt in Neuseeland ist so sehr im Wandel wie Christchurch. Die zweitgrößte Stadt des Landes, die nach einem schweren Erdbeben gerade wiederaufgebaut wird, ist ein interessantes und inspirierendes Reiseziel. Die meisten Attraktionen der Stadt haben inzwischen wiedereröffnet, darunter das unbedingt besuchenswerte Canterbury Museum (03-366 5000; www.canterburymuseum.com). Es bietet umfassende Informationen nicht nur zu Stadt und Umgebung, sondern auch zur Naturgeschichte Neuseelands.

Man verlässt die Stadt auf der SH73, die durch die Canterbury Plains in die Southern Alps führt. Big Ben Range, Torlesse Range und Craigieburn Range sind nur der Auftakt zu den erhabenen Berggipfeln des Arthur's Pass National Park etwa zwei Fahrtstunden (148 km) von Christchurch entfernt.

2. Arthur's Pass National Park

Der Arthur's Pass National Park in den Southern Alps beherbergt eine zerklüftete Landschaft mit tiefen Tälern und Bergen, deren Höhe von 245 m am Taramakau-Fluss bis zu 2408 m (Mt. Murchison) reicht. Der Park ist beliebt bei Bergsteigern und Wanderern, aber seine eindrucksvolle Wildnis lässt sich teils auch auf kürzeren Streifzügen vom Highway aus bestaunen. Im Arthur's Park Village beginnen mehrere Wanderwege, darunter auch eine der besten Tageswanderungen des Landes. Der anstrengende, 7 km lange Aufstieg auf den Avalanche Peak sollte nur von körperlich trainierten, gut ausgerüsteten, erfahrenen Alpinisten bei gutem Wetter unternommen werden. Oben wird man mit einem fantastischen Blick auf die umliegenden Berge, Täler und Gletscher belohnt. Im Arthur's Park Village, das nur rund 60 Einwohner hat, befinden sich mehrere Cafés und das Arthur's-Pass-Besucherzentrum (03-318 9211; www. doc.govt.nz), das über Wanderwege und aktuelle Wettervorhersagen informiert.

Es geht weiter auf der SH73 nach Westen. Hinter dem Pass (920 m) weichen die zerklüfteten Berge malerischen Landschaften, während sich die Straße die Berge hinabschlängelt, um schließlich auf die SH6, die West Coast Road, zu treffen. An der Kumara Junction fährt man Richtung Süden ins 22 km entfernte Hokitika. Die Gesamtstrecke beträgt 100 km (ca. 90 Minuten).

3. Hokitika

Hokitika, eine der Goldgräberstädten an der Westküste, bietet eine Vielfalt an historischen Bauwerken, etwa das 1908 errichtete Carnegie Building, in dem heute das Hokitika Museum residiert. Das einzigartige Provinzmuseum – das beste an der Küste! – zeigt eine breit gefächerte Ausstellung etwa über den Goldrausch, die Natur- und Sozialgeschichte der Region und die traditionelle Verwendung von Pounamu (Jade) durch die Maori. Hokitika ist heute eine Hochburg dieses indigenen, teuren Edelsteins, der an den nahegelegenen Flüssen gesammelt und von meisterlichen Schnitzern (die im Ort neben Juwelieren, Glasbläsern und weiteren Handwerkern um die besten Standplätze kämpfen) zu Anhängern und anderen Schmuckstücken verarbeitet wird. Kunstliebhaber werden von der Stadt begeistert sein. Fünf Gehminuten vom Stadtzentrum lässt sich bei klarem Wetter und Fish and Chips am Sunset Point der Sonnenuntergang beobachten, während Möwen am Himmel kreisen und die Wellen der Tasmanischen See ans von Treibholz übersäte Ufer krachen.

Südlich von Hokitika befinden sich mehrere idyllische Wanderwege – die historische Mananui-Straßenbahn und der jüngere

0 50 km
0 25 Meilen
TASMANISCHE SEE
SÜDINSEL
SÜDPAZIFIK
Greymouth
Stillwater
Kumara Junction
Kumara
Jacksons
Hokitika 3
Ross 4
Mt Ajax (1832m)
Lake Sumner Forest Park
Hanmer Springs
Mt Longfellow (1898m)
Lake Sumner
Mt Rolleston (2271m)
Arthur's Pass (920m)
Mt Murchison (2408m)
2 Arthur's Pass National Park
Cass
Waipara
Amberley
Hari Hari
Mt Whitcombe (2638m)
Lake Coleridge
Porters Pass (939m)
Oxford
Woodend
Kaiapoi
Okarito
The Forks
Whataroa
Gillespies Beach
Fox Glacier 5
Franz Josef Glacier
Mt Arrowsmith (2795m)
Rakaia Gorge
ZIEL 15
Christchurch
1 START
Mt Cook (3754m)
Mesopotamia
14 Methven
Rolleston
Bruce Bay
Westland Tai Poutini National Park
Mt Somers
Knights Point
11 Aoraki / Mt Cook National Park
Lake Ellesmere
Ship Creek 6
Paringa
Mayfield
Haast
Mt Ward (2646m)
Lake Tekapo 12
Peel Forest
Ashburton
Jackson Bay
Mt Brewster (2519m)
Lake Pukaki
13 Geraldine
Haast Pass
Burkes Pass (709m)
Fairlie
Makarora 7
Lake Ohau
Pukaki
Temuka
Ohau
Twizel
Mt Aspiring (3033m)
Timaru
Canterbury Bight
Lake Benmore
Omarama
Lake Wanaka
Lake Hawea
Lindis Pass (971m)
Otematata
Lake Aviemore
Aviemore
Hawea
Wanaka 8
Kurow
Waimate
Duntroon
Cardrona
Tarras
Arrowtown
Bendigo
Pukeuri Junction
9 Queenstown
10 Cromwell
Oamaru
Ranfurly
Hampden
Macraes Flat
Dunback
Moeraki
Dauer:
12–14 Tage
Entfernung:
1384 km
Reisezeit:
ganzjährig

Treetop Walkway, ein Baumkronenpfad aus Stahl. Die restlichen 27 km nach Ross führen landeinwärts durch Wiesen, Felder und Wälder. Wem nach Dusche und Sauna ist, kann sich im reizvollen, am Strand gelegenen Shining Star Holiday Park (03-755 8921; 16 Richards Drive) samt kleinem Tierpark erholen.

4. Ross

In Ross gab es 1907 großen Wirbel, als hier der größte Goldnugget Neuseelands (der 2772 kg schwere „Honourable Roddy") gefunden wurde. Das Ross Goldfields Heritage Centre (www.ross.org.nz; 4 Aylmer Street) zeigt eine Nachbildung des Nugget sowie ein maßstabsgetreues Modell der Stadt zu ihrer Blütezeit. Der Water Race Walk (hin und zurück 1 h) beginnt unweit des Museums und führt an ehemaligen Stollen, Höhlen, Tunneln und einem Friedhof vorbei. In den Hügeln gibt es immer noch Gold, und am Jones Creek kann man sich im Goldwaschen versuchen. 10 $ Leihgebühr für die Goldpfanne sind doch fast nichts angesichts der Chance, einen Nugget à la Roddy zu finden, oder?

Die 131 km lange, zweistündige Etappe nach Süden zum Fox-Gletscher schlängelt sich durch zahlreiche Flusssysteme der Westküste, durch dichten Regenwald und an ruhigen Seen vorbei. Der 30-minütige Abschnitt zwischen den gleichnamigen Dörfern am Franz-Josef- und am Fox-Gletscher ist einfach atemberaubend (wenn es nicht regnet ...).

5. Fox Glacier

Fox Glacier ist das kleinere, ruhigere, ländlichere der zwei Gletscherdörfer. beide Orte sind einen Besuch wert, hier wollen wir uns auf Fox beschränken. An der Hauptstraße wetteifern zahlreiche Anbieter von Helikopterflügen um Kunden, auch geführte Wanderungen in das Gletschertal und Gletscherwanderungen werden angeboten (Fox Glacier Guiding).

Man fährt 90 Minuten (103 km) weiter bis nach Ship Creek, an einem malerischen Straßenabschnitt gelegen, der sich durch Tieflandwälder und Weideland schlängelt und hin und wieder einen Blick auf das Meer freigibt. Am Knights Point, 5 km südlich des Lake Moeraki, empfiehlt sich ein Zwischenstopp: Der spektakuläre Aussichtspunkt erinnert an die Eröffnung dieses Straßenabschnitts 1965.

6. Ship Creek

Wer die pure Wildnis erleben will, die die Haast-Region zu einem Bestandteil der Unesco-Welterbestätte „Te Wāhipounamu – South West New Zealand" werden ließ, sollte unbedingt in Ship Creek anhalten. Der Parkplatz am Highway ist der Startpunkt von zwei faszinierenden Wanderwegen. Wir empfehlen, mit dem Kahikatea Swamp Forest Walk zu beginnen, einem 20-minütigen Wander-

Abenteuer in Cromwell
Wer Benzin im Blut hat, wird vom Highlands Motorsport Park (03-445 4052; www.highlands.co.nz) in Cromwell begeistert sein! Die erstklassige, 4 km lange Rennstrecke sorgt für reichlich Adrenalinschub! Am besten mit Go-Karts beginnen, dann mit 200 km/h im Highlands Taxi und die restlichen Runden im Supersportwagen à la Ferrari mitfahren oder selber hinter dem Lenkrad eines V8-Muscle-Car sitzen.

pfad, der durch ein düsteres Moor führt, und anschließend auf dem Dune Lake Walk zum Strand zu laufen. Die Wanderung auf dem sandigen Weg dauert eigentlich nur 30 Minuten, kann aber darin ausarten, dass man sich unterwegs stundenlang am Strand sonnt, die Wellen und Seevögel beobachtet und im Urwald am schilfbestandenen See vielleicht den ein oder anderen Baum umarmt.

Die SH7 verläuft zunächst nahe der Küste, um schließlich den Haast River über die längste einspurige Brücke Neuseelands zu überqueren. Bei Haast Junction, etwa eine halbe Stunde von Ship Creek entfernt, fährt man auf der SH6 zum Ort Haast – hier kann man tanken und Lebensmittel kaufen – und dann weiter zum Haast-Pass. Diese 97 km lange Etappe dauert knapp zwei Fahrtstunden.

7. Makarora

Das erste Lebenszeichen nach dem Haast-Pass in Zentral-Otago ist der gottverlassene Ort Makarora, beliebter Zwischenstopp und Startpunkt für Abenteuertrips nach Sibirien. Nein, nicht das Sibirien! Wir sprechen über das einsame, wilde Tal im Mount Aspiring National Park, das im Rahmen der Südinsel-Abenteuertour „Siberia Experience" (03-443 4385; www.siberiaexperience.co.nz) erreicht werden kann. Diese spannende Tour kombiniert einen 25-minütigen Flug in einem Kleinflugzeug mit einer dreistündigen Wanderung durch einsame Gebirgslandschaft und einem halbstündigen Jetboot-Trip auf den Flüssen Wilkin und Makarora. Vielleicht die spannendsten vier Stunden deines Lebens!

Die klassische Landschaft von Zentral-Otago – weit, offen und gesäumt von Schieferbergen – begrüßt den Vanlifer, sobald man auf der SH6 von Makarora weg an den Ufern von Lake Wanaka und Lake Hawea entlangfährt. Für die herrliche kurvenreiche 64 km lange Strecke nach Wanaka benötigt man etwa eine Stunde.

8. Wanaka

Wanaka ist zwar viel entspannter als sein quirliger Nachbarort Queenstown, aber nicht mehr das verschlafene Dorf von einst. Die Lage am See ist traumhaft, die Straßen sind nicht so verstopft. Nimmt man noch die vielen Geschäfte, Restaurants und Bars hinzu, kann Wanaka als ebenbürtiger, aber charmanterer (und etwas preiswerterer) Rivale von Queenstown durchgehen. Im Ort werden zahllose aufregende und inspirierende Outdoor-Aktivitäten angeboten. Wanaka ist das Tor zum Mount Aspiring National Park sowie zu den Skigebieten Cardrona und Treble Cone. Rund um die Stadt locken aber auch entspanntere, weniger aufwendige Freizeitaktivitäten. Ein klassischer Wanderweg führt zum Gipfel des Mt. Iron (527 m, hin & zurück 1½ h), der herrliche Panoramablicke auf den Lake Wanaka und seine atemberaubend schöne Landschaft bietet.

Auf der gut ausgeschilderten Crown Range, der höchstgelegenen Asphaltstraße Neuseelands (1121 m), geht es weiter nach Queenstown. Den Weg hinab ins Wakatipu-Becken säumen tolle Aussichtspunkte. An der Kreuzung zur SH6 biegt man rechts ab Richtung Queenstown. Die 68 km lange Fahrt dauert etwas über eine Stunde.

9. Queenstown

Neuseelands bekanntester Urlaubsort liegt inmitten einer faszinierenden Bergwelt und bietet eine extravagante Mischung von Boutiquen, Restaurants und Tour-Agenturen. Man kann die Stadt gut zu Fuß erkunden, die Skyline-Gondel genießen, das Ausgehviertel Steamer Wharf erkunden oder den Uferpfad von Queenstown Gardens entlangwandern, der einen ständig wechselnden Panoramablick auf den Lake Wakatipu und das Gebirge The Remarkables bietet. Nimmt man zu der großartigen Kulisse noch die anderen Bergketten, Flüsse, versteckten Schluchten und das hügelige Hochland hinzu, liegt es auf der Hand, dass Queenstown die Outdoor-Kapitale des Landes ist.

Die eindrucksvolle, 60 km lange Fahrt durch die Kawarau-Schlucht dauert etwa eine Stunde. Man verlässt Queenstown auf der SH6A und gelangt, an Flughafen und Lake Hayes vorbei, zur Abzweigung nach Arrowtown. Auf dem Weg nach Cromwell locken viele Attraktionen, etwa die Weingüter im Gibbston Valley und AJ Hackett Bungy, der Pionier des Bungeespringens.

10. Cromwell

Der heiße, trockene, mineralhaltige Boden um Cromwell hat der Stadt den Ruf als „Obstschale des Südens“ eingetragen – zelebriert in einer riesigen, knallbunten Fruchtskulptur, die Besucher bei der Ankunft begrüßt. Zum köstlichen Obst, das hier angebaut wird, gehören auch die Weintrauben von den Hängen rund um Bannockburn, dem besten Weinbaugebiet Zentral-Otagos, das südlich von Cromwell liegt. Etwa ein Dutzend Weingüter sind für Touristen zugänglich, einige servieren auch Essen von beachtlicher Qualität.

Von Cromwell kommend überquert man die Brücke über den Lake Dunstan und fährt nach Norden auf der SH8 am See entlang durch Tarras und weiter zum Lindis-Pass, um das Mackenzie Country zu erreichen. 9 km hinter Twizel befindet sich die Abzweigung zur SH80 nach Aoraki/Mt. Cook. Die 204 km lange Fahrt dauert knapp drei Stunden.

11. Aoraki/Mount Cook National Park

Der spektakuläre, 700 km² große Aoraki/Mount Cook National Park bildet zusammen mit den Nationalparks Fiordland, Aspiring und Westland die Unesco-Welterbestätte „Te Wāhipounamu – South West New Zealand“, die sich vom Cook River in Westland bis Fiordland erstreckt. Das Parkgebiet wird von den Southern Alps und den Bergketten Two Thumb Range, Liebig Range und Ben Ohau Range flankiert. Gut ein Drittel des Parks ist dauerhaft von Schnee und Gletschereis bedeckt. Der 3654 m hohe Aoraki/Mt. Cook ist der höchste Gipfel des Parks wie auch ganz Australasiens. Unerfahrene Flachländer können den Berg bei einem Panoramaflug besichtigen. Helicopter Line (03-435 1801; www.helicopter.co.nz) im Glentanner-Park und Mount Cook Ski Planes (03-430 8026; www.mtcookskiplanes.com) am Mt. Cook Airport bieten Flüge zu den Gipfeln an; alle Flüge (außer der kürzeste) beinhalten eine Zwischenlandung im Schnee.

Die Rückfahrt erfolgt über die SH80. An der 55 km langen Strecke liegen mehrere Aussichtspunkte, die einen herrlichen Blick auf die Seen- und Berglandschaft bieten. An der Kreuzung zur SH8 biegt man links ab und fährt weitere 47 km nach Nordosten über die Mary Range bis zum Lake Tekapo.

12. Lake Tekapo

Das von Bergen umringte Becken namens Mackenzie Country ist eine der berühmtesten Landschaften der Südinsel. Es ist von leuchtend blauen Seen und Kanälen überzogen, deren Ufer von goldfarbenen Grasbüscheln gesäumt sind. Die Seen werden vorwiegend zur Erzeugung von Energie genutzt. An der nördlichen Grenze der Region liegt das Dorf Lake Tekapo, das durch ein 1953 er-

Vorherige Seite: Blick von der Skyline-Gondel auf Queenstown. Rechts, oben: Die 1935 erbaute Church of the Good Shepherd am Lake Tekapo. Darunter: Anfahrt durch die weite Ebene zum Mt. Cook.

© Lingxiao Xie / Getty Images

© Ramiro Torrents / Getty Images

bautes Wasserkraftwerk entstanden ist. Am Ufer des gleichnamigen türkisfarbenen Sees erhebt sich vor der Kulisse der schneebedeckten Southern Alps die Church of the Good Shepherd – kein Wunder, dass sie eines der meistfotografierten Motive Neuseelands ist. 1935 aus Stein und Eichenholz erbaut, bietet ihr Panoramafenster – am ungestörtesten ist man frühmorgens oder spätnachmittags – einen fantastischen Blick auf den See und die majestätischen Berge. Getoppt wird dieser Ausblick noch vom atemberaubenden Rundumpanorama auf dem Gipfel des Mt. John (1029 m). Außer einem Rundwanderweg (hin und zurück 2½ h) führt auch eine asphaltierte Serpentinenstraße zum Gipfel hinauf, auf dem sich Observatorien und das großartige Astro Café befinden. Am Seeufer empfiehlt sich der der terrassenförmig gelegene erstklassige Tekapo Motels & Holiday Park (03-680 6825; www. laketekapoaccommodation. co.nz).

Die SH8 führt vom See über den Burkes-Pass (709 m) hinunter zur Provinzstadt Fairlie, die für ihre köstlichen Kuchen bekannt ist. Von hier fährt man auf der SH79 durch die Hügellandschaft nach Geraldine, der Käse- und Pökelhauptstadt Neuseelands. Insgesamt ist die Etappe 89 km lang.

13. Geraldine

Geraldine hat das Flair eines ruhigen englischen Dorfes und ist ein guter Ort für einen Stopp zur Erkundung der ländlichen Canterbury Plains. Am Nordwestrand des Ortes kann man in der Talbot Forest Scenic Reserve (www.doc.govt. nz) wandern und riesige Bäume umarmen, z.B. kahikatea (Neuseeländische Warzeneibe) und eine gigantische totara (Steineibe), die 800 Jahre alt sein soll.

Weiter geht es auf der SH72 nach Norden. Nach 6 km überquert man den Rangitata River und fährt auf schnurgeraden Straßen durch flaches, bewässertes Land. Man folgt der SH72, während sie sich um die Ostflanke der Berge schlängelt. 72 km hinter Geraldine biegt man rechts auf die SH77 ab, von dort sind es noch 10 km bis Methven.

14. Methven

Methven ist im Winter am belebtesten – dann kommen zahlreiche Wintersportfans hierher, um im nahegelegenen Skigebiet des Mt. Hutt Ski zu fahren. Das restliche Jahr wehen höchstens Steppenroller die Hauptstraße herunter – sehr zur Enttäuschung der Möchtegern-Revolverhelden, die im Oktober zum lärmenden Rodeo anreisen. Im Sommer ist Methven ein relaxter, erschwinglicher Ausgangspunkt für Erkundungen der spektakulären Bergausläufer. Die Stadt lässt sich gut über einen historischen Wanderweg und den Methven Walk/ Cycleway erschließen. Karten gibt es bei i-SITE (03-302 8955; www.methvenmthutt.co.nz).

Weiter fährt man auf der Mt. Hutt Station Road nach Norden, biegt rechts auf die SH72 ab, passiert das Dorf Mt. Hutt und erreicht nach insgesamt 16 km den blauen Wildfluss Rakaia Gorge.

15. Rakaia Gorge

Der Rakaia, einer der größten Wildflüsse Neuseelands, entspringt tief im Gebirge und wird in seinem Kiesbett immer breiter und verzweigter. Der halbtägige Rakaia Gorge Walkway bietet eine gute Möglichkeit, den milchblauen Fluss sowie weitere Sehenswürdigkeiten zu erkunden, etwa die historische Fährmannshütte und alte Kohleminen.

Man fährt weiter auf der SH72 (Route 77) Richtung Osten 41 km nach Darfield und lässt auf dem Weg in die bunt gefleckten Canterbury Plains die Berge immer weiter hinter sich. Auf der SH73 gelangt man an den Stadtrand von Christchurch und schließlich ins gut ausgeschilderte Stadtzentrum. Gesamtlänge dieser Etappe: 88 km.

Durch die kanadischen Rockies

Dieser Trip durch die Nationalparks Kootenay, Banff und Yoho sowie nach Alberta zeigt Mutter Natur von ihrer schönsten Seite: hohe, schneebedeckte Gipfel, dichte Wälder und heiße Quellen. Hier reichen die Berge fast bis zu den Sternen, und tief in den Wäldern liegen Wasserfälle, Schluchten und leuchtende Seen verborgen, die nur darauf warten, entdeckt zu werden ... ebenso wie Bären, Elche und andere Wildtiere.

1. Radium Hot Springs

Die Radium Hot Springs (250-347 9485; www.pc.gc.ca/hotsprings) liegen in einem Tal an der südlichen Grenze des Kootenay National Park. Dort gibt es ein 39 °C heißes Außenwasserbecken und ein zweites Becken mit 29 °C zum Abkühlen. Wegen ihrer heilenden Kräfte galten die einzigartig geruch- und farblosen Quellen den Ureinwohnern einst als heilige Stätte. Der große, geflieste Pool kann im Sommer sehr voll werden. Schließfächer, Handtücher und Badekleidung lassen sich mieten.

Von hier geht es über den malerischen Highway 93 durch den Nationalpark nach Ochre Ponds und Paint Pots (83 km).

2. Ochre Ponds & Paint Pots

Während Highway 93 tief in die Wälder führt, weist ein Schild den Weg zu einem kurzen, flachen Erkundungspfad, über den man die faszinierenden, rot-orangefarbenen Ochre Ponds erreicht. Der eisenhaltige Boden der Ponds zog jahrhundertelang die Ureinwohner von Kootenay – und später europäische Siedler – an, die die Erde auflasen, mit Öl mischten und zu Farbe anrührten. Weiter hinten am Pfad finden sich drei kristallblaue Quellen namens Paint Pots. Auf dem Highway 93 3 km nach Norden bis zum nächsten Stopp fahren.

3. Marble Canyon

Der atemberaubende Marble Canyon ist nichts für Angsthasen. Ein leichter, 15-minütiger Pfad führt in Serpentinen über den Tokumm Creek, mit phänomenalem Blick tief in den Marble Canyon. Die Kalkstein- und Dolomitwände wurden vom Fluss ausgewaschen, wobei Wasserfälle und bizarr geformte Klippen entstanden. Der Pfad kann rutschig sein – also festes Schuhwerk und Kamera mitnehmen!

Der Marble Canyon Campground (abseits des Highway 93, Kootenay National Park) am Marble Canyon Trail bietet 61 Zeltplätze (Spültoiletten, keine Duschen). Die meisten Stellplätze sind durch Bäume vor Wind geschützt. Die schönsten Ausblicke gibt es an der Ostseite des Platzes.

Weiter geht es auf dem Highway 93 nördlich nach Alberta, zur Kreuzung mit dem Highway 1 (Castle Junction). Westlich halten.

4. Banff National Park

Der Abschnitt des Highway 1, der von Castle Junction zum Lake Louise verläuft, ist eine der reizvollsten Routen durch den Banff National Park und mehr als nur ein Zwischenstopp. Der Highway verläuft durch das Bow Valley, folgt dem Bow River und dem Verlauf des Pacific Railway. Rechts und links der Straße erheben sich die zerklüfteten Gipfel der riesigen Bergketten Sawback Range und Massive Range und bieten ein großartiges Panorama. An gleich mehreren Aussichtspunkten lässt sich die grandiose Umgebung bewundern. Im Nordwesten erhebt sich der markante Castle Mountain in erhabener Pracht. Weiter südlich führt der Panorama Ridge hinauf in die Berge, und bald kommt der gigantische Mt. Temple (3542 m) in Sicht. Am Mt. Temple Viewpoint bietet sich ein toller Ausblick auf den Berg. Dieser Abschnitt des Highway hat nur zwei Fahrspuren und keine Zäune, um herumstreifende Tiere von der Straße fernzuhalten. also vorsichtig fahren! Die Abzweigung zum Dorf Lake Louise ist 24 km von Castle Junction entfernt.

0 20 km
0 10 Meilen
Takakkaw Falls
Welterbestätte Burgess-Schiefer
Spiral Tunnels
Emerald Lake
Field
Lake Louise
Banff National Park
Yoho National Park
Moraine Lake
Banff National Park
Castle Junction
Marble Canyon
Ochre Ponds & Paint Pots
Banff
Donald
Golden
ZIEL
Columbia River
Parson
Harrogate
Spillimacheen
Kootenay National Park
Mt Assiniboine Provincial Park
Mt Assiniboine (11,870ft)
Rocky Mountains
Brisco
Columbia River
BRITISH COLUMBIA
Edgewater
Kootenay River
Radium Hot Springs
START
Wilmer
Dauer: 3 Tage
Entfernung: 298 km
Reisezeit: Juli und August, wenn der Schnee geschmolzen ist und alle Straßen geöffnet sind.

Tipp: Wer auf offiziellen Campingplätzen übernachten will, sollte in der Hochsaison weit im Voraus buchen. Wildcampen auf Privatland ist verpönt. Wenn alle Stränge reißen, können Vanlifer auch auf den Parkplätzen von Wal-Mart über Nacht parken.

Links: Highway 93 führt vom Kootenay National Park nach Alberta durch die herrliche Landschaft der Rocky Mountains und geht weiter nördlich in den Icefields Parkway über.

5. Lake Louise

Mit seinem faszinierenden, smaragdgrünen Wasser und den hohen, schneebedeckten Gipfeln des unübersehbaren Victoria-Gletschers im Hintergrund regt der Lake Louise seit über einem Jahrhundert die Fantasien von Bergsteigern, Künstlern und Reisenden an. Zusammen mit den recht zahlreichen anderen Touristen wirst du feststellen, dass der See von jedem Aussichtspunkt aus eine andere Farbe hat. Dazu folgt man dem Lakeshore Trail, einem 4 km langen Rundweg, oder nimmt die schöne, aber etwas schwierigere Route hinauf zum Lake Agnes und seinem Teehaus, die 7 km vom Ufer Lake Louise entfernt sind.

Wer sich lieber entspannen will, mietet ein Kanu im Lake Louise Boathouse (403-522 3511) und paddelt durch das eiskalte Wasser. Oder man fährt mit der Lake-Louise-Gondel (403-522 3555; www.lakelouisegondola.com) in die luftige Höhe von 2088 m, wo ein herrlicher Blick auf den See und die umliegenden Gletscher und Berge wartet. In der Gondel schwebt man über Wildblumen und sogar Grizzlybären hinweg. Auf dem Gipfel befindet sich das Wildlife Interpretation Centre, das Theatervorstellungen und geführte Wanderungen bietet. Man kann den 14-minütigen Aufstieg im Skilift oder in einer Gondel absolvieren.

Vom Lake Louise Drive auf der Moraine Lake Road 14 km nach Süden bis zum nächsten Stopp fahren.

6. Moraine Lake

Die Landschaft des Valley of the Ten Peaks ist schon eindrucksvoll, bevor man den Moraine Lake erreicht. Unterwegs bietet die schmale, gewundene Straße herrliche Ausblicke auf die imposanten Wenkchemna Peaks. Der Anblick wirkt vertraut – kein Wunder, das Panorama war jahrelang auf der Rückseite der kanadischen 20-Dollar-Note abgebildet. 1894 benannte der Entdecker Samuel Allen die Gipfel in der indianischen Stoney-Sprache mit den Zahlen von eins bis zehn (wenkchemna bedeutet „zehn"); außer zwei Gipfeln wurden mittlerweile alle Berge umbenannt. Besonders markant ist der Tower of Babel, der am Nordostrand der Bergkette massiv in den Himmel ragt.

Viele Besucher ziehen die rauere, einsamere, aber wunderschöne Landschaft des Moraine Lake dem Rummel am Lake Louise vor. Das türkisfarbene Wasser des Sees ist für ein Gletscherbecken erstaunlich klar. Am Südufer stehen kostenlose Teleskope, mit denen man die umliegenden Berge beobachten kann. Oder man mietet ein Boot und paddelt zur Mitte des Sees, wo sich ein eindrucksvoller Rundumblick bietet. Es bieten sich großartige Tageswanderungen und ein Café-Restaurant mit eigener Lodge an, wo man eine Pause einlegen kann. Die Straße zum Moraine Lake und seinen Einrichtungen ist von Juni bis Anfang Oktober geöffnet.

Zurück zum Highway 1 und weiter nach Westen über die Provinzgrenze zum Yoho National Park fahren.

7. Spiral Tunnels

Seit der Fertigstellung der Eisenbahnstrecke 1885 kämpfen sich die Züge den steilen Kicking-Horse-Pass hinauf, den man kurz hinter der Provinzgrenze Alberta/British Columbia überquert. Auf dem steilsten Eisenbahnpass Nordamerikas verunglückten immer wieder Züge oder rollten zurück. 1909 wurden die Spiral Tunnels in den Mt. Cathedral und den Mt. Ogden gehauen. Mit ein wenig Glück kann man vom Hauptaussichtspunkt an der Nordseite des Highway beobachten, wie die Lokomotive oben aus dem Tunnel herauskommt, während die letzten Waggons unten erst hineinfahren. Weiter dem Highway 1 nach Westen folgen und nördlich auf die Yoho Valley Road (geöffnet Ende Juni bis Oktober) abbiegen. Achtung – die Straße hat steile Serpentinen.

8. Takakkaw Falls

Die Takakkaw Falls – der Name aus der Cree-Sprache bedeutet „prachtvoll" – im Yoho National Park sind einer der höchsten Wasserfälle Kanadas (245 m). Vom Daly-Gletscher ergießt sich ein gewaltiger Strom über den Rand der Felswand und stürzt inmitten von Gischtwolken in ein natürliches Becken. Auf dem Weg dorthin passiert man einen zweiten Aussichtspunkt mit Blick auf die Spiral Tunnels sowie das „Meeting of the Rivers", wo der klare Kicking Horse River in den milchfarbenen Yoho River mündet. Auf Highway 1 zurückkehren und nach Westen bis Field fahren.

9. Field

Mitten im Yoho National Park, am Südufer des Kicking Horse River, liegt der ruhige Ort Field. Von dem an einer Eisenbahnlinie gelegenen historischen Städtchen hat man einen imposanten Blick auf den Fluss. Field ist der perfekte Ausgangspunkt für Wanderungen und andere Aktivitäten im Nationalpark – seien es Schlittenhunderennen im Winter oder Kanutouren und Wildwasser-Rafting im Sommer.

10. Unesco-Welterbestätte Burgess-Schiefer

1909 wurde auf dem Mt. Field der Burgess-Schiefer entdeckt. Dort lagern perfekt erhaltene Fossilien von Meerestieren, die über 500 Millionen Jahre alt sind und als eine der frühesten Lebensformen der Erde gelten. Das Gebiet, heute Unesco-Welterbestätte, ist nur im Rahmen geführter Wandertouren zugänglich (Yoho Shale Geoscience Foundation, 800-343 3006, www.burgess-shale.bc.ca). Recht-

© Dennis Cox / Alamy Stock Photo

Von links im Uhrzeigersinn: Gletschermoränen-See im Valley of the Ten Peaks. 245 m in die Tiefe stürzen die Takakkaw Falls nahe der Yoho Valley Road. Überquerung des Cascade River zu Pferd in Banff National Park.

© Justin Foulkes / Lonely Planet

© Justin Foulkes / Lonely Planet

zeitige Reservierung und Ausdauer erforderlich: Der Rundweg ist ganze 19,3 km lang und überwindet 762 Höhenmeter.

Auf Highway 1 nach Westen fahren, an der ersten Abzweigung rechts abbiegen. Von dort 10 km nach Norden.

11. Emerald Lake

Der herrlich grüne Emerald Lake verdankt seine Farbe dem von den feinen Partikeln des Gletschergesteins reflektierten Licht, die sich durch Gletscherreibung im See ablagern. Er ist das ganze Jahr über bei Besuchern beliebt, die seine majestätische Ruhe bewundern oder hier angeln, Schlittschuh laufen, wandern und reiten. Im Sommer ist das Wasser so warm, dass man sogar im See baden kann. Auf dem Weg zum Emerald Lake führt eine imposante Naturbrücke über den Kicking Horse River.

Auf Highway 1 zurückkehren und bis Golden fahren, das 54 km von der Abzweigung entfernt ist.

12. Golden

Das kleine Golden ist ein beliebter Ausgangspunkt zur Erkundung der sechs Nationalparks, die in der Nähe des Ortes liegen, sowie auch das Zentrum für Wildwasser-Rafting auf dem turbulenten Kicking Horse River. Seine Stromschnellen und die atemberaubende Landschaft entlang der Steilwände des Kicking Horse Valley sorgen für eines der besten Rafting-Erlebnisse in ganz Nordamerika (Ganztagestour: ca. 165 CAN-$; Halbtagestrip: ab 65 CAN-$). Einer der besten Anbieter ist Alpine Rafting (250-344 6778; www.alpinerafting.com).

Zurück an Land, wartet das Northern Lights Wolf Centre (250-344 6798; www.northernlightswildlife.com) auf einen Besuch. Das Schutzgebiet für dieses oft dämonisierte Tier soll das Verständnis für Wölfe und ihre wichtige Rolle im Ökosystem der Wildnis fördern, indem man dort Gelegenheit zu ihrer Beobachtung hat.

Nova Scotia & Cabot Trail am Cape Breton

Bei dieser Tour bereist man die windgepeitschte Küste von Nova Scotia, eine Provinz, die mit einer reichen gälischen, akadischen und Mi'kmaq-Kultur, herrlichem herbstlichen Laub und einem eindrucksvollen Nationalpark am Cabot Trail aufwartet. Es ist eine Rundroute, man kann also in jede Richtung fahren. Obwohl auf dem Cabot Trail immerhin 80 km/h erlaubt sind, hat die Strecke doch ihren ganz eigenen Rhythmus. Die Einheimischen halten unterwegs oft mitten auf der Straße an, um Fußgänger oder Elche passieren zu lassen, oder einfach nur, um ein freundliches Schwätzchen mit einem Nachbarn zu halten, der aus der Gegenrichtung kommt.

1. Cape Breton

Das Leben auf der Insel Cape Breton im fernen Osten Kanadas passt sich dem Ozean an: Am Horizont treiben Hummer-Boote, vor der Küste tauchen Wale aus dem Meer auf, durch die Wälder der Insel streifen Bären, und der Atlantikwind weht die rhythmischen Töne gälischer Musik herbei.

Cape Breton wird auf der einen Seite vom Sankt-Lorenz-Golf, auf der anderen vom Atlantik begrenzt. Auf der Nordhälfte der Insel verläuft der Cabot Trail, eine traumhafte, 297 km lange Straße, die sich um Klippen windet, dann hinauf ins Hochland und schließlich wieder hinab zur Küste durch grasbewachsene Sanddünen und stille Dörfer führt. Alexander Bell, Erfinder des Telefons und regelmäßiger Besucher der Insel, sagte einst, er habe schon viele schöne Naturlandschaften auf der Welt gesehen, aber „Cape Breton übertrifft sie alle".

Doch der Cabot Trail ist mehr als nur eine Autoroute, die eine großartige Geografie, herrliche Ozeanblicke sowie Wildnis und Wildtiere bietet. Er ist auch ein lohnenswerter Kulturtrip, geprägt von bunt gemischten Einwohnern und jahrhundertealten Traditionen. Als 1497 – angeführt von dem Entdecker John Cabot – die ersten Europäer auf Cape Breton eintrafen, lebten auf der Insel Indianer des Mi'kmaq-Volkes. Später siedelten sich hier viele Schotten, Iren und Engländer an, ebenso Akadier, Nachfahren von Franzosen. Sie alle trugen zu der bunten gälischen Kultur dieser Insel bei.

2. Cape Breton Highlands National Park

Viele Fischerdörfer waren lange Zeit nur auf dem Seeweg zu erreichen. Erst in den 1930er-Jahren wurde es möglich, das Hochland von Cape Breton mit dem Auto zu überqueren. 1936 wurde im Norden der 949 km^2 große Cape Breton Highlands National Park gegründet, der wilde Küsten, Wälder und Berge umfasst. Die Straße, die einen Großteil des Parks durchquert, wurde bis 1961 nach und nach asphaltiert.

3. Baddeck

Offiziell beginnt und endet der Cabot Trail in Baddeck, einem hübschen Hafenstädtchen am Bras d'Or Lake. Bevor man losfährt, lohnt sich ein Besuch der Alexander Graham Bell National Historic Site, die Bells faszinierende Erfindungen, z.B. sein Tragflachenboot, dokumentiert.

Von Baddeck geht es in Richtung Norden nach St. Anns, Standort von Colaisde na Gáidhlig, Nordamerikas einziger gälischer Universität. Hier kann man die gälische Sprache, Stepptanz und Dudelsackspielen erlernen. Danach windet sich die Straße durch Pinien- und Fichtenwälder und erreicht eine Klippe, die einen herrlichen Blick auf den eiskalten Ozean bietet. Der nördliche Abschnitt der Straße führt um den Nationalpark, dessen Wanderwege und Campingplätze ein perfektes Ziel für Abenteuercamper sind.

0 100 km
0 50 Meilen
Îles de la Madeleine
Cape St Lawrence
Bay St Lawrence
Meat Cove
Cape Breton
Dingwall
Neils Harbour
START
Chéticamp
Cape Breton Highlands National Park
Grand Etang
Margaree Harbour
St Ann's Loop
South Haven
Inverness
Baddeck
Sydney
Cape Breton Island
Port Hood
Christmas Island
Iona
Big Pond
St Georges Bay
Bras d'Or Lake
Gabarus
Cape George
Fourchu
St Peters
Grand River
Port Hastings
Antigonish
Monastery
Arichat
Petit de Grat Island
Kenzieville
Guysborough
Canso
Larry's River
Melrose
Sherbrooke
Bickerton West
Liscomb Mills
Barren Island
Port Dufferin
Tangier
Sankt-Lorenz-Golf
Northumberland Strait
North Cape
Tignish
Tabusintac
Neguac
Baie Ste-Anne
Kouchibouguac
Richibucto
West Cape
Carleton
Portage
Mount Pleasant
Malpeque
Cavendish
Bouctouche
Miscouche
Kensington
St Peters
Elmira
Souris
NEW BRUNSWICK
Hunter River
Prince Edward Island
Borden-Carleton
Charlottetown
Georgetown
Shediac
Berry Mills
Shemogue
Vernon River
Montague
Moncton
Bayfield
Port Elgin
Memramcook
Hillsborough
Middle Sackville
Sackville
Flat Creek
Murray River
Dorchester
Amherst
Pictou Island
Fundy National Park
Oxford
Tatamagouche
Joggins
Pictou
Springhill
Wentworth Centre
Alma
Stellarton
Advocate Harbour
Parrsboro
Debert
NOVA SCOTIA
Sunnybrae
ZIEL
Cape d'Or Lighthouse
Minas Basin
Truro
Trafalgar
Bay of Fundy
Kennetcook
Upper Musquodoboit
Wolfville
Kentville
Stanley
Shubenacadie
Aylesford
Windsor
Nine Mile River
Panuke Lake
Musquodoboit Harbour
Sherbrooke Lake
New Ross
Dartmouth
Halifax
New Germany
Chester
Peggy's Cove
Caledonia
Bridgewater
Lunenburg
ATLANTISCHER OZEAN
Lake Rossignol
Gaff Point
Dauer:
6–8 Tage
Entfernung:
1078 km
Reisezeit:
Juli–September

© Justek16 / Shutterstock

Man gewöhnt sich schnell daran, unterwegs häufig anzuhalten. Am North River kann man in einem Kajak einen Meeresarm entlangpaddeln und nach Walen und Ottern Ausschau halten. Am Ingonish Beach lohnt sich eine Runde Golf auf dem historischen Golfplatz Highlands Links.

4. Abstecher: Bay St. Lawrence

Zurück auf dem Trail, an der nördlichsten Spitze bei Cape North, lockt ein Abstecher zum winzigen Fischereihafen Bay St. Lawrence. Bei einer Walbeobachtungstour an der zerklüfteten Küste der Bucht sieht man zahlreiche Wasserfälle und Meereshöhlen, die fast ebenso schön sind wie die Grindwale und Delfine, die um das Boot schwimmen.

5. Meat Cove

Wieder an Land, geht es von Cape North zur einsamen Siedlung Meat Cove. Deren Name verdankt sich europäischen Siedlern, die hier einst Elche, Rotwild, Bären schlachteten, um an Geweihe und Felle zu gelangen. Ein Muss ist die Fischsuppen-Hütte des Ortes, die Meeresfrüchte-Eintopf, Hummerbrötchen und Krabben-Sandwiches serviert.

An der Straße entlang des Nordwestufers von Cape Breton befinden sich – zwischen Cape North und Pleasant Bay – mehrere großartige Aussichtspunkte. Hier stehen auch die sommergrünen Laubbäume der Insel – Birken und Ahornbäume –, deren Farbexplosion sich immer im Herbst bewundern lässt. Am Himmel kreisen Weißkopfseeadler.

© Vadim.Petrov / Shutterstock

der Stadt lokale und internationale Tänzer sowie Geigen- und Flötenspieler auftreten. Aber ein Besuch Chéticamps lohnt sich auch im Rest des Jahres, allein schon, um bei einem ceilidh (ausgesprochen Kei-li) auf den Putz zu hauen. Bei diesen gälischen Zusammenkünften sind alle eingeladen zu essen, zu trinken, bei lokaler Folkmusik gut drauf zu sein und die außergewöhnliche Gastfreundschaft der Einwohner von Cape Breton zu genießen.

Von Chéticamp fährt man auf der Route 19 nach Süden, lässt das Kap hinter sich und steuert die Hauptstadt an. Im beliebten, familienfreundlichen Rainbow Haven Provincial Park kann man eine Pause am Strand einlegen. Halifax bietet jede Menge Unterhaltung, etwa Dutzende Parks, Kunstgalerien, Bauernmärkte und Museen.

7. Gaff Point

Die Südküste bietet Sandstrände und Gelegenheit zum Kajakfahren. In Mahone Bay lässt sich die entspannte Hafenatmosphäre genießen. Der nahegelegene Gaff Point Trail ist ein 7 km langer

Ganz links: Westseite des Cabot Trail in den Highlands von Cape Breton. Herbstliches Küstenpanorama. Rechts unten: Hummerfang hat eine traditionsreiche Geschichte in Cape Breton. Nächste Seite: Der Cabot Trail windet sich die Küste entlang.

6. Chéticamp

Auf dem Weg nach Süden bei Pleasant Bay gehen steile Klippen ins Tiefland mit grasbedeckten Dünen und Sandstränden über. Rot-weiß-blau gestreifte Flaggen (und sogar Gebäude) kündigen das Dorf Chéticamp an, das voller Stolz seine französisch-akadischen Wurzeln präsentiert. Auf einem Schild rühmen sich die Einheimischen stolz als „Häkler", eine Anspielung auf die meisterhaften Teppichhäkler des Ortes. Die schönsten Beispiele ihrer Handwerkskunst sind im Museum Les Trois Pignons (www.lestroispignons.com) ausgestellt.

Ein weiteres kulturelles Event von Chéticamp ist das jährliche Celtic Colours International Festival im Oktober, wenn in den Kirchen und Schulhallen

© Mike Clime / Shutterstock

Rundwanderweg, der am Hirtle's Beach in Kingsburg beginnt und großartige Ausblicke auf die zerklüftete Küstenlandschaft bietet.

8. Wolfville

Von hier aus kann man direkt nach Norden fahren, oder, wenn man genug Zeit hat, die lange Route entlang der Südküste nehmen und anschließend der nördlichen Küstenlinie bis nach Wolfville folgen. Die Küstenroute bietet viele gut ausgestattete Campingplätze, z. B. den The Islands Provincial Park (902-875 4304) bei Shelburne.

Wolfville ist eine Universitätsstadt mit historischem Kleinstadtflair; in der Umgebung befinden sich viele Weinberge. Man sollte unbedingt die Grand-Pré National Historic Site besuchen, ein informatives Museum, das die Deportation der französischen Akadier aus akadischer, Mi'kmaw- und britischer Perspektive erklärt und die vielen Routen nachzeichnet, die die Akadier von und zurück zu den Seeprovinzen nahmen.

9. Cape d'Or Lighthouse

Auf Highway 215 steuert man Truro an, macht dort fast eine 180-Grad-Wende auf Highway 2 und fährt wieder nach Westen. In Parrsboro führt eine Abzweigung über teilweise unbefestigte Straßen zur malerischen Region Cape d'Or (Highway 209), die man nach weiteren 48 km erreicht. Das spektakuläre Kap aus steilen Klippen wurde 1604 von Samuel de Champlain fälschlich Cape d'Or (Kap des Goldes) genannt – die Goldadern, die er sah, waren in Wahrheit Kupferadern. 1897 bis 1905 fand hier Bergbau statt, vom Kupfer ist nichts mehr übrig, die Landschaft aber immer noch traumhaft. Der Leuchtturm wurde 1922 errichtet.

Von hier zurück nach Truro fahren und dann direkt auf dem Trans-Canada Highway (104) zurück nach Cape Breton.

Tipp: Im Sommer bietet Parks Canada (www.pc.gc.ca) eine Vielzahl von Aktivitäten im Cape Breton Highlands National Park. Besucher können bei Sonnenuntergang mit einem Parkführer auf dem malerischen Skyline Trail wandern, den Gourmet-Inhalt eines von Park Canada zusammengestellten Picknickkorbes genießen oder lernen, einen Hummer zu kochen, aufzubrechen und zu essen. Nachts kann man bei Laternenwanderungen auf Geistersuche gehen oder mit einem Führer durch den Nationalpark laufen und den Sternenhimmel beobachten.

Der North Coast Trail auf Vancouver Island

Die Natur von Vancouver Island hautnah erleben: Uralte Wälder, Orcawale, wilde Sandstrände, verschlafene Dörfer und die Kultur der Ureinwohner machen diese Reise unvergesslich. Man hat das Gefühl, ein verzaubertes Land zu betreten, das außerhalb des Alltagslebens liegt. Unter moosbewachsenen Bäumen fühlt man sich ganz winzig, darüber kreisen Adler wie Schwärme von Tauben. Man sieht Bären, die Löwenzahn fressen und einen unergründlich anschauen. Die Totempfähle scheinen Geheimnisse aus der Vergangenheit zu flüstern. Einfach drauf einlassen!

1. Tofino

Das einstige Fischerdorf Tofino bietet Gelegenheit zu vielen Aktivitäten und ist mit schönen Stränden gesegnet. Es liegt am Clayoquot (ausgesprochen: Cley-kwot) Sound, dessen Küste hohe Wälder säumen. Besucher können hier surfen, Wale beobachten, Kajak fahren, wandern und Bäume umarmen (Informationen dazu im Besucherzentrum (250-725 3414; www.tourismtofino.com).

Highlight der Region ist der Long Beach, der zum Pacific Rim National Park gehört. Der weite Sandstrand ist mit dem Auto über den Pacific Rim Highway zu erreichen und bietet großartige Möglichkeiten zum Surfen und zum Sonnenbaden sowie ein „lebendes Museum“ von uralten Bäumen. Auf zahlreichen Wanderwegen lassen sich Adler und Bananenschnecken beobachten. Vorsicht: Die Wege sind rutschig, und man sollte auf die Brandung achten!

Das Kwisitis Visitor Centre hält einen Blick in die Tiefen des Ozeans bereit sowie Exponate aus der Region, z. B. ein Kanu der Ureinwohner. In Tofino lohnt die Roy Henry Vickers' Eagle Aerie Gallery (250-725 3235; www. royhenryvickers.com) einen Besuch, die in einem traditionellen Langhaus untergebracht ist. Vickers ist einer der erfolgreichsten indigenen Künstler Kanadas. Sehenswert sind auch die Tofino Botanical Gardens (250-725 1220; www.tbgf.org), ein 4,8 Hektar großer Wald an der Küste, der Gärten, Kunstinstallationen und ein historisches Gehöft umfasst. Nahe Tofino lockt der Maquinna Marine Provincial Park (www.bcparks.ca), wo ein 2 km langer Pfad zu heißen Quellen führt. Ebenfalls von Tofino aus erreichbar ist Meares Island auf dem Big Tree Trail, einem 400 m langen Bohlenweg durch den Urwald, in dem auch ein 1500 Jahre alter Riesen-Lebensbaum steht.

Dem Pacific Rim Highway 4 folgen, zunächst in Richtung Südosten folgen, dann nach Norden. Wo sich rechter Hand die Mackenzie Range erhebt, erstreckt sich direkt links der Straße der tiefe Kennedy Lake (auf dessen Grund mehrere Fahrzeuge ruhen). Die Straße führt weiter am Kennedy River entlang. Bis zur nächsten Station hinter Port Alberni weiterfahren.

2. Cathedral Grove

Östlich von Port Alberni liegt Cathedral Grove, Heimat des Baumumarmens und Highlight des MacMillan Provincial Park. Der Blick hoch hinauf in die Baumkronen ist schwindelerregend. Die im Sommer sehr beliebten Waldwege der Cathedral Grove an den ältesten Bäumen British Columbias vorbei, etwa jahrhundertealten, über 3 Meter dicken Douglas-Fichten.

Wir empfehlen auch eine Stippvisite im Pacific Rim Visitors Centre (250-726-4600; www.pacificrimvisitor.ca), wo man Wanderkarten und Tipps zur Erkundung der Region bekommt. Wer im Park anhält, muss Eintritt zahlen und einen Pass vorzeigen, den man im Besucherzentrum erhält.

Dauer: 2–3 Tage

Entfernung: 523 km

Reisezeit:
Von Mai bis September ist es am sonnigsten und regnet es kaum.

Dem Highway 4 am Cameron Lake (mit Stränden und angeblich einem Seemonster) vorbei nach Osten folgen. Von Highway 4 auf Highway 4A abbiegen und bis Coombs fahren.

3. Coombs

Coombs, die Mutter aller Tankstopps, zieht mit seinem Old Country Market (250-248-6272; www.oldcountrymarket.com) ganzjährig Unmengen von Besuchern an. Neugierige Blicke erntet man von der Ziegenherde, die auf dem Dach des Marktes grast, eine jahrzehntelange Tradition im Ort. Im Markt kann man Waffeln mit Eiscreme, Pizzas und jede Menge Zutaten für ein Picknick kaufen und anschließend noch durch die Geschäfte bummeln, die Kunsthandwerk, Kleidung und Antiquitäten anbieten.

4. Abstecher: Rathtrevor Beach

Rathtrevor Beach liegt nur 20 Minuten hinter Coombs, scheint aber Millionen Kilometer entfernt zu sein. Am besten besucht man den Strand bei Ebbe, wenn die riesigen Sandflächen freiliegen. Eimer, Schaufeln und die Kinder mitnehmen, die sich stundenlang fröhlich damit beschäftigen werden, zu graben, Krabben zu fangen und Muscheln zu suchen. Der Strand liegt in einem Provincial Park östlich von Parksville, neben einem bewaldeten Picknickplatz. Um von Coombs aus hierher zu gelangen, folgt man Highway 4A nach Osten, dann Highway 19 und 19A nach Norden und Osten und biegt an der Rathtrevor Road ab.

Auf Highway 19A der Küstenlinie nach Westen folgen, vorbei am hübschen French Creek und weiter nach Qualicum Beach.

5. Qualicum Beach

Qualicum Beach ist ein beliebtes Urlaubsziel für Familien. Die kleine Gemeinde verfügt über klassische Strandmotels und eine riesige, badefreundliche

Bucht. Die Küste ist voller Schalentiere; die meisten Muscheln und Austern, die in den Restaurants der Region serviert werden, stammen von hier. Bei einem Strandspaziergang an der Küste lassen sich viele Sanddollars finden

Auf Highway 19A geht es zwar langsamer voran als auf Highway 19, dafür bietet die Fahrt entlang der Küste schönere Ausblicke, vorbei an der Fanny Bay Oyster Farm (anhalten und ein Kochbuch kaufen!) und Denman Island (wo es eine berühmte Schokoladenfabrik gibt). Gleich nördlich von Union

© Michael Wheatley / Alamy Stock Photo

© Chase Clausen / Shutterstock

© MarkMalleson / Getty Images

Bay biegt man links Richtung Highway 19 ab. Auf diesen rechts einbiegen, nach Norden weiterfahren und die Ausfahrt nach Cumberland nehmen.

6. Cumberland

Das 1888 als Kohlebergbauort gegründete Cumberland war eine der ersten Pioniersiedlungen in British Columbia. Hier lebten Arbeiter aus Japan, China und Südamerika. Cumberland hat sich sein Kleinstadtflair bewahrt – die Hauptstraße ist immer noch von Holzhäusern und Geschäften aus der Zeit der vorletzten Jahrhundertwende gesäumt –, ist aber auch mit der Zeit gegangen. Statt Schmieden und Kurzwarenläden finden sich hier coole Boutiquen, Espressobars und Tattoo-Studios. Unbedingt bei Dark Side Chocolates (250-336-0126; www.darksidechocolates.com) Trüffel und Schokoriegel kaufen und das äußerst eindrucksvolle Cumberland Museum (250-336-2445; www.cumberlandmuseum.ca) mit seinen über 40 Exponaten besuchen (darunter eine nachgebaute Kohlenmine und ein historischer Fabrikladen, die durch unterhaltsame Geschichten über Cumberlands frühere Bewohner wieder zum Leben erweckt werden).

Auf Highway 19 nach Norden fahren und den Blick auf die Berge und Inseln genießen. Rechts auf die Hamm Road abbiegen, Richtung Osten an Feldern und einer Bisonfarm vorbei. Links auf Highway 19A abbiegen, der an Oyster Bay vorbeiführt. Der nächste Zwischenstopp befindet sich links, am Stadtrand von Campbell River.

7. Campbell River Museum

Die Beine ausstrecken und neugierig das preisgekrönte Museum von Campbell River (250-287 3103; www.crmuseum.ca) erkunden! Besucher können sich hinter das Steuerrad eines alten Holztrucks setzen, eine Siedlerhütte besichtigen, Masken von Indianern bewundern und Fotoaufnahmen des legendären unterseeischen Ripple Rock anschauen, der zahlreiche Schiffe aufschlitzte und 1958 mit der größten nichtnuklearen Explosion der Geschichte gesprengt wurde.

8. Abstecher: Strathcona Provincial Park

Strathcona (250-474-1336; www.bcparks.ca), das älteste Naturschutzgebiet von British Columbia und zugleich der größte Park von Vancouver Island, liegt 40 km westlich von Campbell River am Highway 28. In seinem Zentrum erhebt sich der Mount Golden Hinde, der höchste Berg der Insel (2200 m). Die fast unberührte Wildnis des Parks ist von Wanderwegen durchzogen, die zu Wasserfällen, Bergwiesen, Gletscherseen und steilen Klippen führen. Bei der Ankunft am Haupteingang sollte man sich zunächst im Strathcona Park Lodge & Outdoor Education Centre orientieren. Hier können Aktivitäten im Park gebucht werden, z.B. Kajakfahrten, geführte Wanderungen und Klettertouren.

Zurück auf dem Highway 19, fährt man dort in den hohen Norden von Vancouver Island. Bald nach dem Nimpkish Lake der Ausschilderung auf einer immer schmäler werdenden Straße 16 km bis nach Telegraph Cove folgen. Unterwegs passiert man Beaver Cove mit seiner „Flottille“ von Baumstämmen, die darauf warten, zur Sägemühle geschleppt zu werden. Es ist eine wunderschöne Fahrt durch einsame Landschaften. Vorher tanken!

9. Telegraph Cove

Telegraph Cove wurde 1912 auf Stelzen über dem Wasser erbaut. Es war ursprünglich eine Station für das nördliche Ende des Inseltelegrafen. Später wurden eine Lachssalzerei und eine Sägemühle hinzugefügt. Die Promenade und ihre Hauser – versehen mit Tafeln, die über ihre ersten Bewohner informieren – wurden liebevoll restauriert und sind im Sommer sehr beliebt bei Tagesbesuchern. In der Hochsaison tummeln sich in den Gewässern vor der Bucht Orcas. Bei einer Tour mit Stubbs Island Whale Watching (250-928-3185; www.stubbs-island.com) kann man sie beobachten (und hören!).

Manchmal zeigen sich auch Zwerg- und Buckelwale sowie Delfine und Tümmler. Auf Highway 19 zurückkehren, bis Port McNeill fahren und die BC-Fähre nach Alert Bay auf Cormorant Island nehmen.

10. Alert Bay

Das reizvolle Dorf hat eine historische, mythische Atmosphäre, die durch seine große Ureinwohner-Gemeinde und deren Kultur noch untermauert wird. In mancher Hinsicht erinnert der Ort an ein Freilichtmuseum. Im Süden von Alert Bay befinden sich eine alte Pionier-Fischersiedlung und die traditionellen Namgis Burial Grounds, wo Dutzende verwitterte Totempfähle zeitlos in den Himmel ragen.

Neben der Stelle, an der sich die inzwischen abgerissene St. Michael's Residential School befand, steht ein noch markanteres Symbol der Ureinwohner: das höchst sehenswerte U'mista Cultural Centre (250-974-5403; www.umista.ca). Es zeigt zeremonielle Masken und Potlatch-Objekte, die in den 1920er-Jahren von der kanadischen Regierung konfisziert und mittlerweise aus Museen auf der ganzen Welt in die Heimat zurückgebracht wurden.

Über den Hügel zum Big House fahren, wo regelmäßig traditionelle Tanzvorführungen für Touristen stattfinden. Hier steht einer der höchsten Totempfähle der Welt. In Alert Bay leben zahlreiche professionelle Schnitzmeister, die diese Pfähle herstellen. Ihre Werke sind in den Galerien des Ortes ausgestellt. Weitere Informationen hält das Besucherzentrum (250-974-5024; www.alertbay.ca) bereit.

Vorherige Seite oben: Sandcut Falls. Rechts: Totempfahl der „First Nations". Unten: Ein Orca in der Salischen See. Diese Seite unten: Surfer in Tofino. Rechts: Hafenszene in Alert Bay, Cormorant Island.

© Bruce Pollock / EyeEm / Getty Images

© robertharding / Alamy Stock Photo

Einmal um Irland herum

Irlands wichtigste Sehenswürdigkeiten liegen eindeutig an seinen atemberaubend wilden Küsten mit herrlichen Landschaften, Bergen (Irlands Topografie gleicht einer Schale mit hochgezogenen Rändern) und den meisten bedeutenden Städten wie Dublin, Belfast, Galway, Sligo oder Cork. Im Westen der Insel verläuft zwischen Donegal und Cork der Wild Atlantic Way.

1. Dublin

Von seiner Musik, Kunst und Literatur bis hin zum legendären Nachtleben, das die entsprechenden Künstler inspirierte, hat Dublin es immer verstanden, sich zu amüsieren, und tut dies auch mit tiefstem Ernst. Wer genug von den hochgeistigen Sehenswürdigkeiten Dublins hat, sollte unbedingt das Guinness Storehouse (www.guinnessstorehouse.com) besuchen. Es ist eine Art Disneyland für Bierfans und eine multimediale Hommage mit allen Schikanen an das berühmteste Exportgut des Landes. Der alte Kornspeicher ist der geeignete Ort, um dem schwarzen Gold zu huldigen. Das Gebäude erhielt die Form eines riesigen Guinness-Pint und erhebt sich in sieben Etagen um ein atemberaubendes Atrium.

Von Dublin sind es auf der Autobahn – die in der Republik M1, in Nordirland A1 heißt –165 km bis Belfast. Achtung: Die Geschwindigkeitsbegrenzungen wechseln in Nordirland von Kilometer zu Meilen.

2. Belfast

Belfast ist in vielerlei Hinsicht eine brandneue Stadt. Einst gehörte es mit Beirut, Bagdad und Bosnien zu den vier „Bs", die es zu meiden galt. In den letzten Jahren hat die Stadt jedoch eine bemerkenswerte Wandlung vom Außenseiter zu einer Partystadt mit schicken Hotels vollzogen. Die Schiffswerften am Lagan weichen den Luxusapartments des Titanic Quarter, und dessen Herzstück, das Titanic Belfast Centre (www. titanicbelfast.com) – wo einst der für sein tragisches Schicksal berühmt gewordene Ozeanriese erbaut wurde –, hat sich zum beliebtesten Touristenmagneten der Stadt entwickelt. Ständig entstehen neue Sehenswürdigkeiten: In diesem Jahrzehnt haben bereits das Crumlin Road Gaol (028-9074 1501; www. crumlinroadgaol.com) und die SS Nomadic eröffnet; außerdem ist das alte Kriegsschiff HMS Caroline seit 2016 ein schwimmendes Museum. Dazu kommen traumhaft restaurierte viktorianische Architektur, moderne Kunst am glitzernden Wasser, fantastisches Essen und Pubs mit Livemusik. Wer mehr über die bewegte Geschichte der Stadt erfahren will, sollte an einer Stadtführung durch den Westen von Belfast teilnehmen.

Von Belfast nimmt man die A 8 nach Larne und folgt der Küste durch Cushendall und Ballycastle zum Giant's Causeway.

3. Giant's Causeway

Die Menschen in der Antike waren der Überzeugung, der Giant's Causeway könne nicht auf natürliche Weise entstanden sein. Die ungeheure Fläche mit in gleichmäßigen Reihen dicht an dicht stehenden Steinsäulen gleicht eher dem Werk von Riesen. Die spektakuläre Felsformation – ein nationales Naturschutzgebiet und die einzige Unesco-Welterbestätte Nordirlands – zählt zu den eindrucksvollsten Landschaften der Insel und ist deshalb oft überfüllt. Daher sollte man unter der Woche oder in der Nebensaison herkommen, um die besondere Atmosphäre zu spüren. Die beste Zeit zum Fotografieren sind die Sonnenaufgänge im Frühjahr und Herbst. Die Region bietet gute Möglichkeiten zum Wandern: Zwischen dem Giant's Causeway und Ballycastle erstreckt sich der schönste Abschnitt der Causeway Coast, mit Meeresklippen aus schwarzem Basalt und weißem Kalkstein, Felseninseln, Buchten und Sandstränden. Die Region lässt sich am besten zu Fuß auf dem 16,5 km langen Causeway Coast Way (www.walkni.com) erkunden.

Dauer: 14 Tage
Entfernung: 1287 km
Reisezeit: Das beste Wetter ist von Juni bis August, aber im September sind weniger Touristen unterwegs.
ATLANTISCHER OZEAN
Nordkanal
Irische See
St.-Georgs-Kanal
Donegal Bay
Dundalk Bay
Tralee Bay
Dingle Bay
1 Dublin START
2 Belfast
3 Giant's Causeway
4 Dunfanaghy
5 Horn Head
6 Sligo
7 Westport
8 Der Burren
9 Doolin
10 Inishmór
11 Dingle
12 Ring of Kerry
13 Kenmare
14 Cork City
15 Ardmore ZIEL
Buncrana
Coleraine
Ballycastle
Letterkenny
Derry
Larne
Strabane
Ballymena
Antrim
Donegal
Omagh
Lisburn
Dromore
Banbridge
Bundoran
Armagh
Enniskillen
Monaghan
Newry
Ballysadare
Ballina
Dundalk
Castlebar
Charlestown
Longford
Drogheda
Roscommon
Mullingar
Clifden
Tuam
Swords
Athlone
Ballinasloe
Galway
Tullamore
Naas
Bray
Greystones
Birr
Portlaoise
Wicklow
Nenagh
Carlow
Arklow
Ennis
Thurles
Limerick
Kilkenny
Cashel
Tipperary
Enniscorthy
Clonmel
New Ross
Wexford
Tralee
Waterford
Rosslare Harbour
Castlemaine
Mallow
Killarney
Dungarvan
Youghal
Cobh
Glengarriff
Bantry
0 100 km
0 50 Meilen

Etwa 8 km östlich des Giant's Causeway erhebt sich auf einer atemberaubenden Klippe die Ruine von Dunseverick Castle aus dem 16. Jh. Nach weiteren 1,5 km erreicht man das Küstendorf Portbradden mit einem halben Dutzend Häuschen am Hafen und der winzigen St. Gobban's Church, der angeblich kleinsten Kirche Irlands. Von Portbradden aus ist die White Park Bay mit ihrem breiten Sandstrand bereits in Sicht und über die nächste Kreuzung der A 2 zu erreichen. Die Hauptattraktion dieses Küstenstreifens ist die Carrick-a-Rede Rope Bridge (www.nationaltrust.org.uk).

Zurück auf dem Causeway, folgt man der A 29 und A 37 bis Derry/Londonderry, überquert dann die unsichtbare Grenze zur Republik Irland und folgt der N 13 bis Letterkenny, um dann nordwestlich auf die N 56 abzubiegen und nach Dunfanaghy zu fahren. Die Gesamtstrecke beträgt 136 km.

4. Dunfanaghy

Dunfanaghy schmiegt sich unterhalb der Landspitze von Horn Head an die Uferpromenade. Sein attraktives Ortszentrum bietet einige der besten Restaurants im Nordwesten. In der Nähe der Stadt befinden sich herrliche Strände, Küstenklippen sowie Bergpfade und Wälder.

5. Abstecher: Horn Head

Die reizvolle Halbinsel beherbergt eine reiche Vogelwelt und mit die schönsten Küstenlandschaften Donegals. Ihre faszinierenden Quarzitfelsen mit Mooren und Heidekraut erheben sich teilweise über 180 m, und der Ausblick von ihren Gipfeln ist atemberaubend. Die Straße führt um die Landzunge herum; mit dem Auto ist Horn Head am besten zu erreichen, wenn man vom Falcarragh-Ende Dunfanaghys aus im Uhrzeigersinn fährt. Bei schönem Wetter ergeben sich unterwegs großartige Ausblicke auf Tory Island, Inishbofin, Inishdooey und die winzige Insel Inishbeg im Westen; auf Sheep Haven Bay und die Rosguill Peninsula im Osten; auf Malin Head im Nordosten und auf die Küste Schottlands in der Ferne. Vorsicht: Bei schlechtem Wetter kann die Strecke sehr gefährlich sein.

Die reizvolle, 145 km lange Route führt durch Letterkenny und Richtung Süden nach Sligo (Stadt); auf der N 13 fährt man nach Ballyshannon und weiter ins County Sligo bis nach Sligo (Stadt).

6. Sligo

Das pulsierende Sligo ist ein attraktiver Übernachtungsort, der quirlige Pubs, futuristische Gebäude,

Oben: Die Straße um den Slea Head auf der Dingle Peninsula ist höchstens 50 km lang, bietet aber so viele Highlights, dass man sich viel Zeit dafür nehmen sollte.

© Marco Bottigelli / Getty Images

alte Steinbrücken und eine historische Abtei bietet. Interessant ist hier William Butler Yeats (1865–1939), die wichtigste literarische Persönlichkeit Sligos und einer der bedeutendsten Dichter Irlands.

Von hier geht es 100 km bis nach Westport. Entlang der N 17 (und hinter Charlestown der N 5) wird die Landschaft immer flacher, und die Straße ist von Feldern, Hecken und Bauernhöfen gesäumt. Castlebar, 15 km vor Westport, ist eine quirlige Provinzstadt, die einen Besuch lohnt.

7. Westport

Es spricht viel für eine gute Stadtplanung, vor allem, wenn James Wyatt, der berühmte Architekt des 18. Jh., dahintersteckt. Westport (Cathair na Mairt), am Carrowbeg und den Ufern der Clew Bay gelegen, ist die schönste Stadt Mayos und ein beliebtes Reiseziel bei Besuchern dieses Landesteils. Seine Architektur ist klassisch georgianisch, mit einem achteckigen Platz und sauberen Straßen, an denen Bäume und hübsche Gebäude – hauptsächlich aus dem 18. Jh. – stehen.

Der N 84 etwa 100 km bis zum Stadtrand von Galway folgen. Auf die N 18 abbiegen und nach Süden ins County Clare fahren. In Kilcolgan auf die N 67 abbiegen und ins Herz des Burren fahren.

8. Der Burren

Die Karstlandschaft des Burren entspricht nicht dem typischen Postkartenidyll vom grünen Irland. Aber im Frühjahr blühen hier Wildblumen, die dem 560 km² großen Burren kurzzeitig leuchtende Farben in seiner kargen Schönheit verleihen. Die kleine Menge Erde, die sich in Rissen und Spalten sammelt, ist wasser- und nährstoffreich. Zusammen mit dem milden Atlantikklima bringt sie eine außergewöhnliche Mischung mediterraner, arktischer und alpiner Pflanzen hervor. 75 % der Wildblumen Irlands sind hier zu finden.

Auf den Straßen R 460 und R 476 geht es durch vertraute Landschaften 37 km nach Südwesten bis Doolin. Die Highlights der Strecke sind Dörfer wie Kilfenora und Lisdoonvarna, die sich für einen Zwischenstopp anbieten und vielleicht sogar für ein Konzert mit irischer Volksmusik.

9. Doolin

Doolin ist als Zentrum der traditionellen irischen Musik bekannt – aber es ist auch für seine Umgebung berühmt: 6 km nördlich liegen die Cliffs of Moher, und rund um die Stadt erstreckt sich nahe der unruhigen See eine windgepeitschte Landschaft mit riesigen frei liegenden Felsblöcken, von denen Wind und Wetter längst das bisschen Erde abgetragen haben, sodass sie sich dem Betrachter in ihrer ganzen Schroffheit präsentieren.

10. Inishmór

Wenige Kilometer (und nur eine Bootsfahrt oder einen kurzen Flug entfernt) jenseits der einsamen Schönheit Connemaras liegen die Aran-Inseln. Die meisten Touristen begnügen sich mit dem Besuch der Insel Inishmór (Árainn) und ihrer Hauptattraktion Dún Aengus (Dún Aonghasa; www.heritageireland.ie/en/west/dunaonghasa/), einer atemberaubenden Steinfestung hoch oben auf den steilen Klippen. Mächtige Wellen krachen an die 60 m hohe Klippenwand. Es gibt keine Geländer oder andere moderne Vorrichtungen, die das Flair dieser eindrucksvollen alten Stätte beeinträchtigen; man kann also direkt bis zum Rand der Klippen gehen, aber auch ziemlich leicht abstürzen. Die karge Landschaft westlich von Kilronan (Cill Rónáin), der Hauptsiedlung Inishmórs, ist von Steinmauern, herumliegenden Felsbrocken, vereinzelten Gebäuden, tiefgrünen Feldstücken und Kartoffelpflanzen geprägt.

Zurück auf dem Festland in Doolin, folgt man 223 km der N 85 durch Ennis bis nach Limerick (Stadt) und auf der N 69 durch das County Kerry bis nach Tralee. Von dort sind es noch 50 km auf der N 86 bis nach Dingle.

11. Dingle-Halbinsel

Am Ring of Kerry dominieren die Klippen den Ozean – auf der kleineren Dingle-Halbinsel ist es genau umgekehrt. Die opalblauen Gewässer rund um die abwechslungsreiche Landschaft dieser Landspitze bieten Raum für Wassersport und Fischereiflotten, deren fangfrische Meeresfrüchte später in den besten Restaurants der Region serviert werden. Den alternativen Lebensrhythmus von Dingle (Stadt), der von Kunsthandwerkern und Individualisten geprägt ist, kann man bei Trad-Sessions oder Folklorefesten in den kleinen Dörfern der Region erleben. Die klassische Rundroute von Dingle (Stadt) um den Slea Head ist nur 50 km lang, aber um sie richtig auskosten zu können, sollte man dafür einen ganzen Tag einplanen.

Der N 86 bis Annascaul folgen und dann die Küstenstraße R 561 bis Castlemaine nehmen. Dort auf die N 70 abbiegen und nach Südwesten bis Killorglin und zum Ring of Kerry fahren. Die Gesamtstrecke von Dingle aus beträgt 53 km.

12. Ring of Kerry

Der Ring of Kerry ist die längste und abwechslungsreichste Rundroute Irlands. Er verbindet faszinierende Küstenlandschaften mit hübschen Dörfern und smaragdgrünen Wiesen. Die 179 km lange Route beginnt in Killarney und führt an einsamen Stränden, am von Inseln übersäten Atlantik, mittelalterlichen Ruinen, Bergen und Loughs (Seen) vorbei. Zwischen Waterville und Caherdaniel im Südwesten der Halbinsel ist die Küste besonders zerklüftet. Im Sommer kann der Ring of Kerry sehr voll werden, aber selbst dann ist der entlegene Skellig Ring oft menschenleer, idyllisch – und einfach wunderschön. Die komplette Rundroute ist an einem Tag zu schaffen, aber wer sich mehr Zeit lassen will, kann entlang der Strecke an mehreren Campingplätzen übernachten.

Die bekannteste Attraktion des Ring of Kerry ist das Gap of Dunloe, ein atemberaubender Gebirgspass am westlichen Rand des Killarney National Park. Der Pass ist ab der N 72 zwischen Killarney und Killorglin ausgeschildert. Das Kate Kearney's Cottage aus dem 19. Jh. ist ein extrem beliebter Pub, vor dem die meisten Besucher des Nationalparks ihre Autos parken, bevor sie zum Gap hochlaufen.

© Stuart Stevenson photography / Getty Images

© Jason Friend Photography Ltd / Getty Images

13. Kenmare

Wer den Ring of Kerry gegen den Uhrzeigersinn gefahren ist (oder durch das Gap of Dunloe abgekürzt hat), landet in Kenmare. Malerische Dörfer, ein beeindruckender Steinkreis und ruhige Küsten prägen die seltener befahrene, 143 km lange Route von Kenmare nach Cork (Stadt). In Leap rechts auf die R 597 abbiegen und bis Rosscarbery fahren oder, noch besser, die Route über schmale Landstraßen am Wasser entlang nehmen – dauert doppelt so lange, ist aber nur 24 km weiter.

14. Cork City

Irlands zweitgrößte Stadt steht in jeder Hinsicht an erster Stelle, zumindest wenn man den Einheimischen glaubt, die sie als „wahre Hauptstadt Irlands" bezeichnen. Das dichte Zentrum ist von Wasserstraßen umgeben und verfügt über viele tolle Restaurants, die die beste Küche des Landes servieren.

Bis Ardmore sind es nur 60 km, aber man sollte unterwegs unbedingt das Whiskey-Museum von Midleton 24 km östlich von Cork an der N 25 besuchen. Kurz hinter Youghal rechts auf die R 671 abbiegen.

15. Ardmore

Ardmore, abseits der Hauptrouten, ist immer noch ein verschlafenes Küstendorf und einer der schönsten Orte im Südosten– das perfekte Reiseziel für Leute, die Urlaub am Meer machen wollen. Angeblich soll sich der Hl. Declan hier bereits zwischen 350 und 420 niedergelassen haben, was Ardmore zur ersten christlichen Bastion Irlands machen würde – lange vor St. Patrick. Der Rundturm aus dem 12. Jh., eines der besten Beispiele für Bauwerke dieser Art in Irland, ist das architektonische Wahrzeichen der Stadt, aber man sollte auch die Ruinen von St. Declan's Church and Well besichtigen, beide an einem Steilhang über dem Dorf.

Tipp: Mit einem Kombiticket der Giant's Causeway Visitor Experience (028-2073 1855; www.nationaltrust.org.uk; Erw./Kind inkl. Parkplatz 10/5 £) ist der Besuch des Giant's Causeway kostenlos, man muss nur den Parkplatz bezahlen; einfache Parkscheine sind nicht verfügbar.

Links oben: Der Giant's Causeway ist Unesco-Welterbestätte. Links unten: Ganz nah liegt der Strand von White Park Bay.

Die Highlands an der Nordwestküste

Die schottischen Highlands, mit ihren schmalen Landstraßen, ihrer atemberaubenden Einsamkeit und einer wilden, zerbrechlichen Schönheit hinterlassen einen bleibenden Eindruck in der Seele. Ob bei strahlendem Sonnenschein oder in trübes Grau gehüllt – dieses Land ist einzigartig!

1. Portree

Portree ist die größte und lebhafteste Stadt von Skye. Von dem hübschen Hafen hat man grandiose Ausblicke auf die umliegenden Hügel. Ihr Name (gälisch für „Königshafen“) ist eine Hommage an Jakob V., der 1540 hierherkam, um die lokalen Clans zu befrieden. Die MV Stardust (07798 743858; www. skyeboat-trips.co.uk) bietet eineinhalbstündige Bootstouren um die Portree Bay an, bei denen man Robben, Schweinswale und – mit etwas Glück – auch Seeadler beobachten kann.

Von Süden kommend, folgt man dem Straßenverlauf nach rechts und verlässt Portree über die A 855, die nach 10 km zu den ersten Sehenswürdigkeiten der Halbinsel Trotternish führt.

2. Halbinsel Trotternish

Nördlich von Portee liegt die Halbinsel Trotternish mit einigen der spektakulärsten Landschaften von Skye. Egal, bei welchem Wetter man die Halbinsel besucht: Man ist einfach hingerissen von der wilden Schönheit des Ortes. 10 km nördlich von Portree erhebt sich oberhalb der Straße der markante Old Man of Storr, eine 50 m hohe Felsnadel aus Basalt. Vom Parkplatz am Nordufer des Loch Leathan kann man zum Fuß des Felsens wandern (hin und zurück 3,2 km). Hinter dem Old Man liegt eine Klippe mit einem Aussichtspunkt, der einen großartigen Blick auf den Kilt Rock ermöglicht. Am Nordende der Halbinsel bei Kilmuir erweckt das Skye Museum of Island Life (01470-552206; www.skyemuseum.co.uk) mit strohgedeckten Cottages und Scheunen die nach Torffeuer riechenden Bauernhöfe des 18. und 19. Jh. wieder zum Leben. Hinter dem Museum liegt der Kilmuir-Friedhof, wo ein keltisches Kreuz das Grab der jakobitischen Heldin Flora MacDonald markiert.

Der Straße um die Halbinsel durch den Fährhafen Uig weiter nach Borge folgen und dort rechts auf die A 850 nach Dunvegan abbiegen. Vom Old Man of Storr sind es etwa 87 km auf dieser Route.

3. Dunvegan Castle

Dunvegan Castle (01470-521206; www.dunvegancastle.com), der Stammsitz des schottischen Clans der MacLeods, ist das berühmteste Bauwerk von Skye und eines der beliebtesten Touristenziele der Insel. Es beherbergt einige interessante Artefakte, z.B. die Fairy Flag, eine Seidenflagge, die zwischen dem 4. und 7. Jh. entstand, sowie eine Weste und eine Haarlocke von Bonnie Prince Charlie. Die ältesten Bauelemente sind der Bergfried und der Kerker aus dem 14. Jh., aber der Großteil der Burg stammt aus dem 17. bis 19. Jh., als hier Samuel Johnson, Sir Walter Scott und vor allem Flora MacDonald zu Gast waren. Man sollte nach Rory Mors Horn Ausschau halten, einem Trinkgefäß aus dem 16. Jh., in das eine halbe Gallone Rotwein passt. Der 29. Clanchef John Macleod, der 2007 verstarb, setzte die Familientradition 1956 fort und leerte den Inhalt in 1 Minute und 57 Sekunden „ohne abzusetzen oder umzufallen“.

Entlang der A 863 fährt man 38 km durch das Zentrum der Insel nach Sligachan, einer Straßenkreuzung und Wanderoase, die von den grüblerischen Cuillin Hills bewacht wird.

4. Cuillin Hills

Die Cuillin Hills sind das eindrucksvollste Gebirge Großbritanniens (ihr Name stammt von dem altnordischen Wort „kjöllen“, dt. „kielförmig“). Die Gipfel sind zwar relativ niedrig (Sgurr Alasdair, der höchste Berg, ist nur 993 m hoch), haben mit ihren Bergkämmen, Felswänden, Geröllschluchten und nacktem Felsgestein aber

Dauer:
2–3 Tage

Entfernung:
240 km

Reisezeit:
Juli bis September

fast schon alpinen Charakter. Die Cuillin Hills sind ein Paradies für erfahrene Berggeher, die höheren Gipfel sind jedoch für Wanderer gesperrt. Die gute Nachricht: In den tiefer gelegenen Regionen gibt es viele gute Wanderwege, von denen einige in Sligachan beginnen.

Von Sligachan der A 87 die Küste von Skye entlang 48 km folgen. Unterwegs kommt man an der Raasay-Fähre von Sconser vorbei und passiert Broadford. Bei Kyle of Lochalsh über die Brücke auf das Festland fahren. In der Stadt links abbiegen, den Hügel hochfahren und dem Straßenverlauf bis Plockton folgen.

5. Plockton

Mit seinen Cottages und der wunderschönen Bucht sieht das idyllische Plockton wie eine Filmkulisse aus. Und das war es auch – hier wurden Szenen von *The Wicker Man* gedreht, und in den 1990er-Jahren erlangte das Dorf Berühmtheit als Schauplatz der Fernsehserie *Hamish Macbeth*. Im Sommer ist der Ort sehr belebt, aber das mindert seinen Reiz nicht. Die örtlichen Langustinen (Kaiserhummer) sind zu Recht berühmt.

Auf die A 890 fahren, die nordöstlich am Loch Carron entlang verläuft. Links abbiegen und auf der A 896 am See entlang durch das Dorf Lochcarron fahren. Dann links in Richtung Applecross abbiegen. Der Bealach na Ba (Viehpass, 626 m) führt über Haarnadelkurven steil hinauf in die Berge und anschließend mit extremem Gefälle hinab ins Dorf. Unterwegs bieten sich großartige Ausblicke auf Skye. Gesamtstrecke: 58 km.

6. Applecross

Das Küstendorf Applecross hat in seiner einsamen Lage das Flair eines Inselparadieses. Seine atemberaubenden Ausblicke auf Raasay und Skye lassen, besonders bei Sonnenuntergang, das Herz höher schlagen. An klaren Tagen ist Applecross ein unvergessliches Reiseziel.

Von Applecross fährt man die Küste der Halbinsel entlang 40 km nach Norden und weiter nach Osten zum Küstendorf Shieldaig. Dort wieder auf die A 896 abbiegen und am Ufer des gleichnamigen Meeresarms entlang 11 km bis Torridon fahren.

7. Torridon

Die Straße durch den Glen Torridon wirkt in der beeindruckenden Landschaft geradezu winzig. Die vom Eis geformten Berge aus altem Sandstein sind steil und eindrucksvoll, egal, ob vom Herbstnebel umspielt, im blendend weißen Schnee oder im Sommer, wenn sich im ruhigen blauen Wasser des Loch Torridon die Gipfel spiegeln. Die Straße führt von dem hübschen Ort Shieldaig mit seiner attraktiven Hauptstraße und den weiß getünchten Häusern direkt am Ufer zur Spitze des Meeresarms beim reizvoll gelegenen Dorf Torridon. Der Ort ist ein beliebter Ausgangspunkt für Wanderungen

© Ioneroc / Shutterstock

Links: Plockton diente schon als Kulisse für Fernsehshows und Filme, u. a. für The Wicker Man (1973). Rechts: Ein Halt, um den 50 m hohen Old Man of Storr auf Skye zu bewundern.

© Jaroslav Sekeres / Shutterstock

zu den Gipfeln des Torridon – der Aufstieg ist anspruchsvoll und eignet sich nur für erfahrene Bergwanderer.

Der A 896 nordöstlich bis Kinlochewe folgen und dann links auf die A 832 in Richtung Gairloch abbiegen (insgesamt 43 km). Die Straße führt am Ufer des Loch Maree entlang. Von dem Parkplatz 2,4 km hinter dem Besucherzentrum von Beinn Eighe gelangt man über einen markierten Rundweg (6,4 km) zu einem Plateau und einem cairn (Steinhügel) am Rand des Beinn Eighe, wo sich atemberaubende Ausblicke bieten.

8. Gairloch

Gairloch ist eine Ansammlung von Dörfern am gleichnamigen See. Der Ort eignet sich für Wal- und Delfinbeobachtung. In der Umgebung gibt es schöne Sandstrände, gute Möglichkeiten zum Forellenfischen und zur Vogelbeobachtung. Das Gairloch Marine Wildlife Centre & Cruises (01445-712636; www. porpoise-gairloch. co.uk) hat kompetente Mitarbeiter, arbeitet audivisuell und interaktiv und zeigt jede Menge Schaubilder und Fotos. Hier starten bei gutem Wetter dreimal täglich Bootsrundfahrten; bei den zweistündigen Touren sind mit etwas Glück Riesenhaie, Tümmler und Zwergwale zu sehen. Mit der Teilnahme finanziert man außerdem wichtige Forschungsarbeiten: Denn neben Aufzeichnungen zu den Wasserbedingungen überwacht die Crew auch die Walpopulationen.

Die A 832 führt kurvenreich von Gairloch 67 km nach Norden und Osten bis zur A 835. Man sollte sich Zeit nehmen und die idyllische Einsamkeit genießen.

9. Measach-Wasserfälle

Gleich westlich der Kreuzung von A 835 und A 832 liegt ein Parkplatz, der Zugang zu den Measach-Wasserfällen bietet, die 45 m tief in die Corrieshalloch Gorge abfallen. Man kann die Schlucht auf einer Hängebrücke überqueren und 250 m nach Westen zu einer Aussichtsplattform laufen, die über einen steilen Abgrund ragt. Die tosenden Wasserfälle und der Nebeldunst, der aus der Schlucht aufsteigt, sind sehr eindrucksvoll.

Von der Straßenkreuzung fährt man 19 km auf der A 835 Richtung Nordwesten bis Ullapool.

10. Ullapool

Die Hafenstadt am Ufer des Loch Broom ist die größte Siedlung in Wester Ross und einer der reizvollsten Orte in den Highlands – ein wundervolles Reiseziel und das Tor zu den Äußeren Hebriden. Der Hafen ist von weiß getünchten Cottages gesäumt und bietet einen großartigen Blick auf den See und die umliegenden Hügel. Das Ullapool Museum (www.ullapoolmuseum.co.uk) befindet sich in einer umgebauten Kirche, die von Telford erbaut wurde.

An der Strecke gibt es viele einspurige Straßen, die nur breit genug für ein Fahrzeug sind. Um den Gegenverkehr passieren zu lassen, werden Ausweichstellen (meist an einem weißen Diamant-Zeichen oder einem schwarz-weiß gestreiften Pfosten kenntlich) genutzt. Die Ausweichstellen dienen auch zum Überholen – man muss zur Seite fahren, um schnellere Fahrzeuge vorbeifahren zu lassen. Vorsicht, wenn im Frühjahr Lämmer auf die Straße springen! Wildcampen ist fast überall in Schottland erlaubt, und an der Route findet man viele Stellen für einen Halt.

Es erläutert die Vor-, Natur- und Sozialgeschichte der Stadt und der Region Lochbroom; der Schwerpunkt des Museums liegt auf der Auswanderung von Schotten nach Nova Scotia.

Der A835 und dann der A837 42 km nach Norden folgen und bis zur Straßenkreuzung der Skiag Bridge im Herzen der Region Assynt fahren. Unterwegs anhalten, um den Blick auf die Berglandschaften zu genießen. Und den Rückspiegel im Auge behalten: Einige der besten Aussichten entfalten sich hinter dem Auto.

11. Abstecher: Coigach

Die Region westlich der Hauptstraße A835 von Ullapool nach Ledmore Junction ist als Coigach (www.coigach.com) bekannt. Abseits der A835, 14 km nördlich von Ullapool, durchquert eine einspurige Straße die Wildnis und führt an wunderschönen Landschaften vorbei zu Dörfern, die ein perfekt für Wanderer sind. Man kann auf die die Reise auf der Hauptstraße fortsetzen oder am westlichen Ufer des Loch Lurgainn auf einer Nebenstraße Richtung Norden nach Lochinver fahren. Die schmale Straße ist so kurvenreich, dass man sie Wee Mad Road („winzige verrückte Straße") nennt.

12. Assynt

Mit seiner bizarren Landschaft aus einsamen Berggipfeln, die aus einem Meer von moosbewachsenen Gneisfelsen aufsteigen, verkörpert Assynt die wilde Pracht des Nordwestens. Die an den Glen Torridon erinnernden Sandsteinberge von Assynt – z.B. der markante Zuckerhut des Suilven und der Quinag – wurden von Gletschern geformt. Der Ben More Assynt ist mit 998 m der höchste Berg in dieser Gegend. Außerdem gibt es dort zahlreiche Höhlen. In den Bone Caves wurden interessante prähistorische Funde gemacht, u.a. Knochen von Rentieren, Luchsen und Bären. Die Region bildet das Zentrum des Northwest Highlands Geopark (www.nwhgeopark.com).

800 m südlich der Straßenkreuzung von Skiag Bridge, versteckt auf einer Insel am Rand des Loch Assynt, erheben sich die Ruinen von Ardvreck Castle, das im 15. Jh. eine Festung der MacLeods von Assynt war. Man munkelt, dass auf Ardvreck Geister umgehen, z.B. die Tochter eines MacLeod-Oberhauptes, die von ihrem Vater an den Teufel verkauft wurde. Im Sommer bei Sonnenuntergang ist der Blick auf die Burg und den See am schönsten.

Von Skiag Bridge 16 km auf der A837 nach Lochinver fahren. Die Straße führt am Nordufer des düsteren Loch Assynt entlang.

13. Lochinver

Der Fischereihafen Lochinver ist eine beliebte Anlaufstation mit guter Infrastruktur und eindrucksvoller Umgebung. Dank vieler ausgezeichneter Restaurants kann man hier auch gut essen.

Von Lochinver auf der Küstenroute B869 nach Norden fahren. Die Strecke belohnt Traveller mit großartigen Ausblicken und tollen Stränden. Vom Leuchtturm am Point of Stoer führt ein einstündiger Klippenweg zum Old Man of Stoer, einem spektakulären Brandungspfeiler. Nach 37 km fährt man südlich von Kylesku auf die A894.

14. Kylesku und Umgebung

Versteckt am Ufer des Loch Glencoul liegt Kylesku, das bis zum Bau der wunderschönen Kylesku-Brücke als Fähranleger diente. Das Dorf eignet sich als Ausgangspunkt für Wanderungen; man kann aber auch Fahrräder ausleihen. 8 km südöstlich davon liegt in wilder, einsamer Umgebung der 213 m hohe Eas a'Chuil Aluinn, der höchste Wasserfall Großbritanniens. Von einem Parkplatz, 5 km südlich von

Oben: Eine Alternative: mit dem Motorrad über die Kylesku Bridge. Rechts: Der Weg den Strand entlang führt zu den Felsformationen von Cape Wrath.

© Craig Easton / Lonely Planet

© Craig Easton / Lonely Planet

Kylesku an einer scharfen Kurve in der Hauptstraße, kann man zur Spitze der Wasserfälle wandern (hin und zurück 10 km).

Von Kylesku sind es 16 atemberaubende Kilometer die A 894 hinauf nach Scourie.

15. Scourie und Handa

Zwischen Durness und Ullapool liegt das hübsche Bauerndorf Scourie mit einer guten Infrastruktur. Ein paar Kilometer weiter nördlich erstreckt sich das Naturschutzgebiet von Handa (www. scottishwildlifetrust.org.uk). Die westlichen Meeresklippen der Insel dienen Brutpopulationen von Skuas, Schmarotzerraubmöwen, Papageientauchern, Dreizehenmöwen, Tordalks und Lummen als Nistplätze. Die Insel ist von Tarbet, 10 km nördlich von Scourie, mit der Fähre (www. handa-ferry.com) zu erreichen.

Der A 894 von Scourie 11 km nach Nordosten folgen und dann auf der A 838 weitere 30 km bis nach Durness an der schottischen Nordküste fahren.

16. Durness

Das wunderschön gelegene Durness erstreckt sich an einer Reihe von Klippen, die aus unberührten Stränden aufsteigen. Bei Sonnenschein bilden der weiße Sand, das Geschrei der Meeresvögel und das Meer ein Zusammenspiel voller Magie. Eine Wanderung um die Küstenlinie ist ein Highlights, ebenso ein Besuch von Cape Wrath. Wer am Strand entlang nach Norden läuft, kommt nach Faraid Head, wo im Frühsommer Papageientaucher-Kolonien nisten. 1,6 km östlich des Ortszentrums führt ein Pfad zur Smoo-Höhle (www. smoocave.org). Von der Haupthöhle gelangt man zu einer kleineren, überfluteten Kammer, von deren Decke sich ein Wasserfall ergießt. Die Höhle war nachgewiesenermaßen schon vor 6000 Jahren bewohnt.

Grand Tour durch Italien

Die Grand Tour durch Italien – das Gap Year junger Menschen von einst – ist eine Suche nach Kunst und Erleuchtung, aber auch nach Abenteuer und Ausschweifung. Vom königlichen Palast in Turin und Leonardos Abendmahl bis zu den Kneipen Genuas und den Palästen Roms – diese Tour bietet die Möglichkeit, einige der größten Meisterwerke der Welt zu sehen und Vivaldi auf Cellos aus dem 18. Jh. zu hören. Auf der Reise erlebt man all die Sehenswürdigkeiten, Geräusche und Gerüche, die die europäische Gesellschaft seit Jahrhunderten geprägt haben.

1. Turin

In seinem Reiseführer *The Voyage of Italy* (1670) riet der Reiseschriftsteller Richard Lassels jungen englischen Aristokraten, eine Bildungsreise durch Europa – besonders Italien – zu unternehmen. Das Studium der klassischen Werke der Antike und Renaissance würde sie ausgezeichnet auf ihre zukünftige Rolle im politischen und gesellschaftlichen Leben ihrer Zeit vorbereiten.

Zuerst reisten die jungen „Kavaliere“ durch Frankreich, überquerten am Mont Cenis die Alpen und erreichten schließlich Turin, wo Empfehlungsbriefe ihnen Zugang zum Gesellschaftsleben der Stadt ermöglichten. Die Boulevards Turins haben sich ihr französisches Flair bewahrt und sind von Cafés aus der Zeit der Jahrhundertwende – zum Beispiel dem Caffè San Carlo (Piazza San Carlo 156) – gesäumt, die noch heute Turiner heiße Schokolade servieren.

2. Abstecher: Mailand

Eine Grand Tour wäre nicht komplett ohne einen Abstecher auf der A 4 nach Mailand, um dort Leonardo da Vincis berühmtes Gemälde *Das Abendmahl* (Il Cenacolo; 02-9280 0360; www.cenacolovinciano.net) zu bewundern. Angefangen von seinem *Bildnis eines jungen Mannes* (1486) bis hin zu den Porträts von Herzog Ludovico Sforzas Mätressen, *Die Dame mit dem Hermelin* (1489) und *La Belle Ferronière* (1490), führte Leonardo in seinen Werken die starren Konventionen der Porträtmalerei über in individuellere, naturalistisch geprägte Bilder. Er entwickelte völlig neue Konzepte für idealisierte Proportionen und die Darstellung von Emotionen durch körperliche Dynamik, die insbesondere in seinem Gemälde *Das Abendmahl* auf wunderbare Weise zusammenspielen.

Die zweistündige Fahrt nach Genua (170 km) geht über die Autostrada, der letzte Abschnitt durch die Berge. Man folgt den Ausschilderungen zur A 55 (in Richtung Alessandria), die bald in die A 21 übergeht und durch das Piemont führt. Kurz vor Alessandria südlich auf die A 26 in Richtung Genua/Livorno abbiegen.

3. Genua

Trotz seiner großartigen Lage und des milden Klimas hatte Genua einst einen zweifelhaften Ruf. Sein historisches Zentrum war ein Netz aus düsteren *caruggi* (Gassen) voller Prostituierter und Bettler. Mit seinen vielen Touristen und Geschäftsleuten aus der ganzen Welt war und ist Genua jedoch eine sehr kosmopolitische Stadt. Die Rolli-Paläste, eine Reihe prachtvoller Villen, die einst Päpste, Würdenträger und Adlige beherbergten, machten die Via Balbi und die Strada Nuova (heute Via Giuseppe Garibaldi) zu zwei der berühmtesten Straßen Europas. Die schönsten Villen kann man heute noch besuchen: den Palazzo Spinola (www. palazzospinola.beniculturali.it) und den Palazzo Reale (www.palazzorealegenova.beniculturali.it).

Von hier aus dauert die 365 km lange Fahrt fast den ganzen Tag, daher lohnt sich mittags ein Zwischenstopp in Cremona. Man nimmt die A 7 von Genua nach Norden und fährt bei der Ausfahrt Tortona auf die A 21, die an der Industriestadt Piacenza vorbei nach Brescia führt. In Brescia erneut auf die A 4 nach Padua wechseln.

Dauer: 12–14 Tage

Entfernung: 1390 km

Reisezeit:
Das Frühjahr (März bis Mai) ist die beste Zeit für Städtetrips.

4. Padua

Bildungsreisende, die Venedig zum Ziel hatten, kamen kaum umhin, auch Padua zu besuchen, obwohl seit dem 18. Jh. keine Studenten mehr in den Palazzo del Bò (049 827 30 47; www.unipd.it/en/guidedtours) strömten, die offizielle Universität der Republik Venedig, an der Kopernikus und Galileo lehrten. Man kann das Platzangst auslösende hölzerne Anatomietheater der Universität (das erste der Welt) besuchen, obwohl es für den normalen Touristen heute kein Muss mehr ist, Schau-Obduktionen beizuwohnen. Anschließend sollte man auch den Professoren die Ehre erweisen, die sich für Obduktionen zur Verfügung stellten, weil es damals schwierig war, frische Leichen zu beschaffen. Ihre Schädel sind in der Halle für die Abschlussfeiern aufgereiht. Die spektakulären Fresken Giottos befinden sich in der Scrovegni-Kapelle (049 201 00 20; www.cappelladegliscrovegni.it); wer sie besichtigen will, muss sich vorher anmelden!

Von Padua führt die kurze Reise auf der A 4 und der A 57 durch gesichtslose Industriegebiete ins 40 km entfernte Venedig.

5. Venedig

Das Highlight der Reise, endlich Venedig! Abgesehen von Meisterwerken der bildenden Kunst in der Gallerie dell'Accademia (041 520 03 45; www.gallerieaccademia.org) und unzähligen architektonischen Glanzleistungen wie dem Palazzo Ducale, dem Campanile, Longhenas Kirche Santa Maria della Salute und den glitzernden Kuppeln der Basilica di San Marco (www.basilicasanmarco.it) war Venedig einst auch als aufregende Stadt voller Ausschweifungen bekannt. Die venezianischen Ehefrauen waren berüchtigt für ihre gut aussehenden Höflinge *(cicisbeo)*, Kurtisanen hielten Machtpositionen am Hof inne, und man verbrachte viel Zeit in Casinos und Kaffeehäusern.

Auf der A 57 und A 4 geht es zurück nach Padua, auf dem Umgehungsring um die Stadt herum und südwestlich auf die A 13 fahren und Bologna ansteuern. Die Fahrt dauert zwei Stunden. Hinter Padua führt die Schnellstraße durch weitläufiges Ackerland und überquert den Po, der die Südgrenze Venetiens markiert.

Hinweis: Mit dem Fahrzeug darf man nicht auf die Laguneninseln Venedigs. Den Wagen an einem sicheren Ort parken und den Zug nach Venezia Santa Lucia nehmen, wo Wassertaxis zu allen Inseln fahren.

6. Bologna

In Bologna, der Heimat der ältesten Universität Europas (gegründet 1088), lebten und wirkten einst Dante, Boccaccio und Petrarca. Das historische Zentrum mit seinen 20 Türmen zählt zu den besterhaltenen mittelalterlichen Innenstädten der Welt. In der Basilika San Petronio (www.basilicadisanpetronio.it), die den Petersdom in Rom in den Schatten stellen sollte, förderte Giovanni Cassinis Sonnenuhr (1655) die Unzulänglichkeiten des Julianischen Kalenders zutage und bescherte uns das Schaltjahr, während die Bologneser Studenten die Kenntnisse des Menschen in Geburtshilfe, Naturwissenschaften, Zoo-

© Marco Saracco / 500px

logie und Anthropologie erweiterten. Im Palazzo Poggi (www.museopalazzopoggi.unibo.it) kann man ihre seltsamen Wachsmodelle und sorgfältig gekennzeichneten Sammlungen bewundern. Die Bologneser Schule brachte die Künstler und Wissenschaftler Ludovico, Agostino und Annibale Carracci hervor, drei Cousins, die zu den Begründern des italienischen Barock gehörten und stark von der Gegenreformation beeinflusst waren. Ihre Meisterwerke sind in der Pinacoteca Nazionale (www.pinacotecabologna.beniculturali.it) zu sehen.

Bologna liegt am Schnittpunkt der A1, A13 und A14. Die Stadt in Richtung Westen verlassen, den Reno überqueren und auf die A1 fahren. Von hier sind es noch 100 km bis Florenz. Unterwegs lässt man die Po-Ebene hinter sich und fährt durch die Hügellandschaften der Emilia-Romagna und die bewaldeten Täler der Toskana.

© Rudmer Zwerver / Shutterstock

7. Florenz

Von Filippo Brunelleschis roter Kuppel der Kathedrale (Cattedrale di Santa Maria del Fiore; www.operaduomo.firenze.it) bis hin zu Michelangelos und Botticellis berühmtesten Werken, *David* und *Die Geburt der Venus* in der Galleria dell'Accademia (055 29 48 83; www. firenzemusei.it) und den Uffizien (www.uffizi.beniculturali.it) besitzt Florenz der Unesco zufolge die meisten künstlerischen Meisterwerke der Welt. Mit seinen Steintürmen und Zypressengärten sieht das Stadtzentrum heute fast noch genauso aus wie im Jahr 1550.

Die nächsten 210 km auf der A1 nach Süden führen durch die schönsten Landschaften Italiens. Südwestlich von Florenz erheben sich die Weinberge von Greve in Chianti – der Ort bietet ausgezeichnete Privatunterkünfte auf Bauernhöfen! Östlich von hier liegt die Stadt Arezzo. An der Ausfahrt Orvieto auf die SS 71 und die letzten 45 km am Bolsenasee entlang nach Viterbo fahren.

8. Viterbo

Man sollte im mittelalterlichen Viterbo haltmachen, um kurz in die Thermalquellen der Papsttermen (www.termedeipapi.it) einzutauchen und die prachtvolle Villa Lante (0761 28 80 08; Via Jacopo Barozzi 71), ein Juwel der Hochrenaissance, zu besichtigen.

Nach 28 km auf der Landstraße SS 675 wieder auf die A1 fahren. Die nächsten 40 km führt die A1 hinab nach Latium, überquert den Tiber und passiert durch Tunnel die Apenninen. An der Ausfahrt Fiano Romano auf die A1 in Richtung Rom Nord abbiegen und noch 20 km bergab in die Hauptstadt fahren.

9. Rom

Im 18. Jh. galt Rom, wenn auch in Ruinen, immer noch als bedeutendste Hauptstadt der Welt.

Vorhergehende Doppelseite links: Das elegante Stadtzentrum Turins. Rechts: Der Parco del Valentino in Turin. Diese Seite links: Sonnenaufgang über einem toskanischen Dorf. Rechte Seite oben links: Die Grand Tour führt auch zu den Ruinen von Pompeji. Oben rechts: Weinberge in Chianti. Unten: Der mittelalterliche Stadtkern von Bologna.

© Jan Malkovsky / Alamy Stock Photo

Mehr als irgendwo sonst wurde hier das Interesse des Bildungsreisenden für Kunst und Architektur geweckt, obwohl das Kolosseum (06 3996 7700; www.coopculture.it) noch mit Schutt gefüllt und der Palatin von Gärten bedeckt war. In den Kapitolinischen Museen (www.museicapitolini.org) häuften sich langsam die auf dem Palatin ausgegrabenen Schätze an. Wenn sie durch die Porta del Popolo in die Stadt einfahren, sehen Besucher zuerst die Kuppel des Petersdoms (www.vatican.va), bevor es auf dem Corso zum Zollhaus geht. Anschließend erreichen sie die Piazza di Spagna, den wichtigsten Versammlungsort der Stadt, wo Keats seine Liebesgedichte schrieb und an Schwindsucht starb. Obwohl das Pantheon (www. pantheonroma.com) und die Vatikanischen Museen (Musei Vaticani; 06 6988 4676; mv.vatican.va) damals ein Muss waren, verbrachten die meisten Reisenden ihre Zeit lieber auf dem Gelände des Palazzo Borghese (06 3 28 10; www.galleriaborghese.it), um Bekanntschaften zu schließen.

Hinter Rom werden die Temperaturen immer höher und die Landschaften trockener. Bäume gehen in mediterrane Sträucher über, und das Gras wird allmählich gelb. Hinter den Weinbergen von Frascati, nur 20 km südlich von Rom, führt die A1 direkt nach Neapel. Für die 225 km lange Strecke braucht man normalerweise zwei Fahrtstunden, aufgrund des starken Verkehrs aber oft deutlich länger.

10. Neapel

Nur die abenteuerlustigsten Reisenden fuhren weiter nach Süden ins verführerische Neapel. In jener Zeit ging vom Vesuv ein bedrohliches Leuchten aus – der Vulkan brach im 18. Jh. sechsmal und im 19. Jh. achtmal aus. Aber Neapel war auch die Heimat der Oper und der *commedia dell'arte*. Gesangsunterricht und Aufführungen im Teatro San Carlo (081 797 23 31; www.teatrosancarlo. it) waren Pflicht. Dann gab es noch den Mythos um Dante und Vergil, dem man am Avernersee und auf den Campi Flegrei nachgehen konnte. Seit der Entdeckung von Pompeji (081 857 53 47; www.pompeiisites.org) im Jahr 1748 zieht das Drama um den Untergang dieser römischen Stadt unzählige Besucher an. Pompeji ist seit dem 18. Jh. die berühmteste Sehenswürdigkeit Italiens; seine wertvollen Mosaiken, Fresken und Skulpturen sind im Archäologischen Nationalmuseum (081 442 21 49; cir.campania.beniculturali.it/museoarcheologiconazionale) ausgestellt.

© Mapics / Shutterstock

Links: Der Bolsenasee liegt zwischen den prachtvollen Renaissance-Städten Florenz und Viterbo. Oben: Blick vom Tiber auf den Petersdom in Rom.

Die Romantische Straße durch Bayern

Die Romantische Straße führt von den Weinbergen Würzburgs bis zu den Alpen. Sie ist die berühmteste Reiseroute Deutschlands; aus diesem Grund sollte man sie in den überfüllten Sommermonaten meiden und stattdessen im Winter herkommen, wenn die bayerischen Städte von Schnee bedeckt sind und dadurch noch malerischer aussehen. Die viel befahrene Straße verbindet einige der idyllischsten Städte Deutschlands und erreicht bei den Märchenschlössern König Ludwigs II. ihren Höhepunkt.

1. Würzburg

Die alte Stadt im Nordosten Bayerns liegt am Main und ist für ihre Kunstschätze, Architektur und edlen Weine bekannt. Die vielen Studenten sorgen immer für Trubel, und in den kopfsteingepflasterten Straßen pulsiert ein quirliges Nachtleben. Das Highlight der Stadt ist die Residenz (www.residenz-wuerzburg.de), ein weitläufiger Palast, der zum Unesco-Weltkulturerbe gehört und im 18. Jh. von dem Architekten Balthasar Neumann als Sitz der ansässigen Fürstbischöfe erbaut wurde. Sie ist einer der bedeutendsten und schönsten Barockschlösser Deutschlands. Das wundervolle Treppenhaus schmückt das größte Fresko der Welt, ein Meisterwerk von Giovanni Battista Tiepolo, das die Allegorien auf die vier damals bekannten Kontinente (Europa, Afrika, Amerika und Asien) darstellt.

Für die 37 km lange Strecke zwischen Würzburg und Tauberbischofsheim fährt man am besten vom Zentrum Würzburgs auf der B 19 nach Süden, bis die Straße in die A 3 mündet; der A 3 bis zur Kreuzung mit der B 81 folgen, die direkt nach Tauberbischofsheim führt.

2. Tauberbischofsheim

Das kleine Tauberbischofsheim ist der bedeutendste Ort des schönen Taubertales; sein malerischer Marktplatz wird von einem neugotischen Rathaus überragt und ist von typischen Fachwerkhäusern gesäumt. Folgt man den Überresten der Stadtmauer, erreicht man das Kurmainzische Schloss, in dem heute das Tauberfränkische Landschaftsmuseum untergebracht ist.

Auf dem 34 km langen Weg von Tauberbischofsheim nach Weikersheim kommt man durch das hübsche Lauda-Königshofen.

3. Weikersheim

Auch Weikersheim besitzt ein glanzvolles Schloss (www.schloss-weikersheim.de), das als eines der schönsten Bauwerke an der Romantischen Straße gilt. Der Renaissance-Palast ist von prachtvollen, streng gegliederten Gärten im Stil von Versailles umgeben.

Der kurze, 28 km lange Straßenabschnitt zwischen Weikersheim und Rothenburg ob der Tauber führt über kleine Landstraßen und durch hügelige Felder. Man kann auch einen Abstecher nach Creglingen machen, einer weniger bekannten Station an der Romantischen Straße.

4. Rothenburg ob der Tauber

Die gut erhaltene historische Stadt Rothenburg ob der Tauber ist die beliebteste Station an der Romantischen Straße. Wer die wichtigsten Sehenswürdigkeiten gesehen hat, sollte auch die weniger bekannten Attraktionen der Stadt erkunden. Versteckt am Ende einer kleinen Gasse liegt das Alt-Rothenburger Handwerkerhaus, in dem zahlreiche Handwerker – darunter Böttcher, Weber, Schuster und Töpfer – ihre Werkstätten haben (und in den über 700 Jahren, die das Haus jetzt steht, auch fast immer hatten). Das Bauwerk ist halb Museum, halb Werkstatt, und man kann leicht eine Stunde damit verbringen, den Handwerkern bei der Arbeit zuzusehen.

Die einfachste und schnellste Route von Rothenburg ob der Tauber nach Dinkelsbühl verläuft über die Autobahn A 7 (50 km).

Dauer:
10 Tage
Entfernung:
350 km
Reisezeit:
ganzjährig
0 50 km
0 25 Meilen
1 Würzburg START
2 Tauberbischofsheim
3 Weikersheim
4 Rothenburg ob der Tauber
5 Dinkelsbühl
6 Nördlingen
7 Harburg
8 Donauwörth
9 Eichstätt und der Naturpark Altmühltal
10 Augsburg
11 Landsberg am Lech
12 Schongau
13 Wieskirche
14 Füssen
15 ZIEL
Schlösser Neuschwanstein und Hohenschwangau
Darmstadt
Bürstadt
Mannheim
Brühl
Heidelberg
Hockenheim
Burg Guttenberg
Neckar
Heilbronn
Backnang
Pforzheim
Ludwigsburg
Schwäbisch Gmund
Aalen
Stuttgart
Wildbad
Göppingen
Heidenheim a.d. Brenz
Donau
Ulm
Biberach a.d. Riss
Bad Saulgau
Schwenningen
Tuttlingen
Messkirch
Pfullendorf
Bad Waldsee
Bad Wurzach
Memmingen
Engen
Singen
Schaffhausen
Konstanz
Bodensee
Ravensburg
Weingarten
Leutkirch
Wangen
Kempten
Friedrichshafen
Lindau
Bregenz
SCHWEIZ
Immenstadt
Marktoberdorf
Kaufbeuren
Main-Donau-Kanal
Erlangen
Fürth
Nürnberg
Ansbach
Schwabach
Altmühl
Gunzenhausen
Weißenburg
Weiden
Amberg
Schwandorf
Naab
Regensburg
Kelheim
Ingolstadt
Freising
Isar
Speichersee
München
Ammer-see
Würm
Lech
Starnberg
Starnberger See
Weilheim
Bad Aibling
Bad Tölz
Garmisch-Partenkirchen
Mittenwald
ÖSTERREICH
Wörgl

Wer es etwas ruhiger angehen will und mehr Zeit hat, folgt der offiziellen Route der Romantischen Straße, die über Landstraßen und den hübschen Ort Schillingsfürst zur nächsten Station führt.

5. Dinkelsbühl

Das sehr gut erhaltene Dinkelsbühl ist die wohl malerischste und authentischste mittelalterliche Stadt der Romantischen Straße. Wie Rothenburg ist sie von einer imposanten mittelalterlichen Stadtmauer mit 18 Türmen und vier Stadttoren umgeben. Dinkelsbühl lockt v. a. mit Spaziergängen durch die verwinkelten Gassen, aber wer mehr über den Ort erfahren will, sollte das Haus der Geschichte besuchen (im selben Gebäude wie die Touristeninformation).

Von Dinkelsbühl nach Nördlingen sind es 32 km auf der B 25; den ersten Teil des Weges begleitet die Wörnitz. Nur wenige Kilometer von Nördlingen entfernt liegt der kleine Marktflecken Wallerstein mit der wunderschönen Pfarrkirche Sankt Alban.

6. Nördlingen

Die zauberhafte mittelalterliche Stadt liegt im Ries, einem gewaltigen Krater, der vor 15 Mio. Jahren durch einen Meteoriteneinschlag entstand. Der Krater (Durchmesser 25 km) gilt als einer der besterhaltenen Krater der Welt und wurde zum Geopark Ries erklärt. Die Stadtmauer aus dem 14. Jh. verläuft wie der Kraterrand fast kreisrund und ist noch vollständig erhalten. Das Rieskrater-Museum dokumentiert die Geschichte des Geoparks.

Die 19 km lange Strecke von Nördlingen nach Harburg ist über die schnurgerade B 25 leicht zu fahren. Die Straße durchquert die Ebene, die durch den Ries-Meteoriten entstand und heute fruchtbares Ackerland ist.

7. Harburg

Die über der Wörnitz thronenden Brüstungen, Türme, Bergfriede und roten Dächer des mittelalterlichen Schlosses Harburg (www.burg-harburg.de) aus dem 12. Jh. sind so perfekt erhalten, dass sie fast wie eine Filmkulisse wirken. Vom Schloss aus spaziert man in etwa 10 Minuten zur hübschen Altstadt mit ihren Fachwerkhäusern, in umgekehrter Richtung dauert es etwas länger, da es bergauf geht.

Links: Die Romantische Straße heißt aus gutem Grund so – Harburg an der Wörnitz. Rechts oben: Im bayerischen Pfaffenwinkel. Rechts unten: Historische Häuser im beschaulichen Rothenburg ob der Tauber.

Nur 12 km trennen das winzige Harburg von seiner größeren Nachbarstadt Donauwörth. Der Weg folgt der B 25 durch hügeliges Ackerland.

8. Donauwörth

Donauwörth liegt idyllisch am Zusammenfluss von Donau und Wörnitz. Die Stadt erlebte ihre Blütezeit als Freie Reichsstadt im 14. Jh. Im Zweiten Weltkrieg wurden 75 % der Altstadt zerstört – nur drei Tore und fünf Mauertürme wachen heute noch über den Ort. Auf der Reichsstraße, der Hauptstraße von Donauwörth, stößt man auf das Liebfrauenmünster, eine gotische Kirche aus dem 15. Jh. mit Originalfresken und einem schrägen Boden, der um 120 cm abfällt. Im Glockenturm hängt die größte Kirchenglocke (6550 kg) Schwabens.

Das 47 km entfernte Augsburg ist über die B 2 und die Autobahn A 8 zu erreichen. Die malerische Route über Landstraßen östlich der A 8 führt an der hübschen Stadt Rain vorbei, einer weiteren Station der Romantischen Straße.

9. Abstecher: Eichstätt und der Naturpark Altmühltal

55 km von Donauwörth entfernt liegt abseits der Romantischen Straße die Stadt Eichstätt. Sie ist das wichtigste Tor zum malerischen, 2900 km^2 großen Naturpark Altmühltal, der dem bewaldeten Tal der Altmühl folgt. Die beliebteste Aktivität hier ist Kanufahren, aber auch Fahrrad- und Campingtouren sind empfehlenswert.

10. Augsburg

Augsburg ist die größte Stadt an der Romantischen Straße. Sie wurde vor über 2000 Jahren von den Stiefsöhnen des römischen Kaisers Augustus gegründet und zählt damit zu den ältesten Städten Deutschlands. Mit seinen Türmen und kopfsteingepflasterten Straßen ist Augsburg eine interessante und äußerst geschichtsträchtige Station der Romantischen Straße, aber nicht ganz so idyllisch wie andere Orte der Route. Als die bekannteste Sehenswürdigkeit der Stadt gilt die Fuggerei (www.fugger.de): Die älteste Sozialsiedlung Europas wurde 1521 von dem Bankier und Kaufmann Jakob Fugger gegründet.

Zwei berühmte Deutsche sind eng mit Augsburg verbunden. Der Reformator Martin Luther übernachtete 1518 hier – seine Geschichte wird in der

Kirche St. Anna (im Annahof 2, abgehend von der Annastraße) erzählt. Im Bertolt-Brecht-Haus (0821-324 2779) – heute ein Museum – wurde der Dichter und Dramatiker Bertolt Brecht geboren.

Die 41 km lange Strecke nach Landsberg am Lech ist auf der B17 schnell gefahren. Der Weg führt durch das Lechtal, das die beiden Städte verbindet.

11. Landsberg am Lech

Die mauerumfriedete Stadt am Lech wirkt weniger touristisch als andere Orte an der Romantischen Straße. Wie die Wieskirche weiter südlich wurde auch die kleine Johanniskirche (Vorderer Anger) von dem Barockarchitekten Dominikus Zimmermann erbaut, der in Landsberg Bürgermeister war. Das Neue Stadtmuseum (www.museum-landsberg.de) dokumentiert die Geschichte Landsbergs von der prähistorischen Zeit bis ins 20. Jahrhundert.

Die 28 km lange Fahrt auf der B17 von Landsberg am Lech nach Schongau führt durch das Lechtal und sollte nicht mehr als 30 Minuten dauern. Unterwegs passiert man die hübsche Stadt Hohenfurch, das Tor zum Pfaffenwinkel im Alpenvorland.

12. Schongau

Die reizvolle Stadt Schongau gehört zu den weniger bekannten Stationen der Route. Der Ort ist für seine fast vollständig erhaltenen Wehranlagen aus dem Mittelalter bekannt. Das gotische Ballenhaus (Marienplatz 2) mit seinem markanten Stufengiebel diente bis 1902 als Rathaus. Heute beherbergt es ein Café. Eine weitere Attraktion von Schongau ist die Pfarrkirche Mariä Himmelfahrt (Kirchenstraße 23) aus dem Rokoko mit einem Altarraum von Dominikus Zimmermann. Die Deckengemälde stammen von Matthäus Günther; die reiche Stuckausstattung geht auf die Wessobrunner Schule zurück.

An der Lechuferstraße bietet ein praktischer RV-Park Stellplätze zum Übernachten (08861 214-181).

Auf der B17 nach Süden bis Steingaden fahren. Von dort führen Landstraßen nach Osten und dann nach Süden bis Wies. Hier nimmt Bayern das typische Erscheinungsbild der Alpen an, mit Blumenwiesen im Sommer und bei schönem Wetter beeindruckenden Blicken auf die Alpengipfel.

13. Wieskirche

Die Wieskirche (08862-932 930; www.wieskirche.de) im Dorf Wies ist eine der bekanntesten Rokokokirchen Bayerns. Ihr vollständiger Name lautet: Wallfahrtskirche zum gegeißelten Heiland auf der Wies. Die Unesco-Weltkulturerbestätte ist das monumentale Werk der legendären Künstlerbrüder Dominikus und Johann Baptist Zimmermann. Im Jahr 1730 behauptete eine Bäuerin aus Steingaden, er habe seine Christusstatue Tränen vergießen sehen. Das Wunder ließ in den darauffolgenden zehn Jahren so viele Pilger in die Stadt strömen, dass der Abt am Ort eine neue Kirche in Auftrag gab, die die weinende Statue beherbergen sollte. Heute zählt die Wieskirche jährlich mehr als eine Million Besucher.

Links: Die Wieskirche, eine Unesco-Weltkulturerbestätte aus der Barockzeit. Rechts: Neuschwanstein ist ein wahr gewordenes Märchen. Folgende Doppelseite links: Schloss Hohenschwangau, das Schloss Ludwigs II. Rechts: Der nahe gelegene Bannwaldsee.

14. Füssen

Der touristische Ort Füssen am Fuße der Alpen ist das Tor zu den Schlössern Neuschwanstein und Hohenschwangau, aber es gibt noch andere Gründe für einen Besuch dieser Region. Die Altstadt ist eine Erkundung wert, und wer den Touristenmassen entfliehen will, findet in der Umgebung angenehme Wanderwege mit Alpenblick. Man sollte sich auch ein oder zwei Stunden Zeit nehmen, um im Hohen Schloss (Magnusplatz 10) vorbeizuschauen, einer der am besten erhaltenen mittelalterlichen Burganlagen Bayerns. Unbedingt sehenswert sind die einzigartigen Illusionsmalereien im Innenhof. Das Hohe Schloss diente früher den Augsburger Bischöfen als Sommerresidenz. Heute beherbergt sie ein Kunstmuseum.

Um zu den Schlössern von König Ludwig II. zu gelangen, überquert man den Fluss und fährt weiter auf der B17, bis die Ausschilderungen nach Hohenschwangau zu sehen sind. Im Sommer gibt es hier nur wenige freie Parkplätze. Da die Schlösser nur 4 km vom Zentrum Füssens entfernt sind, sollte man die öffentlichen Verkehrsmitteln nutzen. Vom Bahnhof Füssen fahren die RVO-Busse 78 und 73 (www.rvo-bus.de) dorthin.

15. Neuschwanstein und Hohenschwangau

Die beiden Schlösser sind die unbestrittenen Highlights jeder Reise nach Bayern und ein angemessener Höhepunkt der Romantischen Straße.

Neuschwanstein (Tickets 08362-930 830; www.neuschwanstein.de) war eines der Vorbilder für Disneys Dornröschen-Schloss. König Ludwig II. entwarf sein Märchenschloss selbst und zog statt eines Architekten einen Bühnenbildner zurate. Es sollte eine riesige Bühne werden, auf der er – inspiriert von den Opern seines Freundes Richard Wagner – die Welt der germanischen Mythologie neu schaffen konnte. Neuschwanstein ist das letzte der großen Schlösser Ludwigs II. und war bei dessen Tod 1886 noch nicht fertiggestellt. Wenn der Rahmen auch mittelalterlich wirken sollte, wurde in Neuschwanstein die damals neueste Technik eingesetzt: Es gab u. a. eine Heißluft-Zentralheizung, fließendes Wasser, Toiletten mit automatischer Spülung und Telefonanschlüsse.

König Ludwig II. wuchs im nahen Hohenschwangau (08362-930 830; www.hohenschwangau.de) auf und verbrachte dort bis zu seinem Tod im Jahr 1886 die Sommer. Sein Vater, Maximilian II., ließ das Schloss im neugotischen Stil auf den Ruinen einer Burg aus dem 12. Jh. erbauen. Hohenschwangau ist zwar nicht so auffällig wie Neuschwanstein, vermittelt aber eine echte Wohnatmosphäre, da jedes Möbelstück in Gebrauch war. Auf Hohenschwangau traf Ludwig II. zum ersten Mal Richard Wagner.

Achtung: Die Schlösser können nur mit Führung (35 Minuten) besichtigt werden. Tickets mit festen Terminen gibt es im Ticketzentrum (08362-930 830; www.hohenschwangau.de; Alpseestraße 12; April–Mitte Okt. 8–17.30 Uhr, Mitte Okt.–März 9–15.30 Uhr). Im Sommer sollte man schon um 8 Uhr da sein, um noch am selben Tag dranzukommen.

Die Carretera Austral durch Patagonien

Mit 1239 km ist die Carretera Austral (Südliche Straße oder Route 7) der anspruchsvollste Roadtrip Chiles, belohnt aber Reisende, die der oft unwegsamen Straße trotzen. Patagonien, von der Route zweigeteilt, ist die Heimat einer Handvoll Pioniere, die das Land soweit zähmen konnten, um in kleinen Siedlungen zu leben, die man auf der Strecke passiert. Das einsame Land ist mit seinen Bergen, Seen, Wäldern, Fjorden und winzigen Dörfern in jeder Hinsicht eindrucksvoll.

1. Puerto Montt

Von der geschäftigen Hafenstadt Puerto Montt, die im chilenischen Seengebiet liegt, fährt man auf der Route 7, der Carretera Austral, nach Süden, um in Caleta La Arena die erste von den vielen Fähren nach Caleta Puelche zu nehmen. Von dort führt die Carretera nach Contao und dann weiter landeinwärts. In Hornopiren nimmt man eine weitere Fähre nach Leptepu und setzt den Weg ins nahe Caleta Gonzalo fort.

2. Pumalín-Park

Caleta Puelche ist das Tor zur südlichen Hälfte des Pumalín-Parks, eines 3035 km^2 großen Naturschutzgebietes, das zu den Vermächtnissen des US-amerikanischen Umweltschützers Doug Tompkins gehört. Rechts und links von der Kiesstraße zweigen gepflegte Wanderwege ab. Ein kurzer Rundweg führt durch einen jahrtausendealten Alerce-Hain (Patagonische Zypressen). Unter den gigantischen Bäumen fühlt man sich wie ein Zwerg, und überall schießen die riesigen Blätter des chilenischen Rhabarbers *(nalcas)* aus dem Boden. Im Park gibt es viele Campingplätze, wie etwa den Camping Rio Gonzalo (reservas@parquepumalin.cl). Von hier aus auf der Route 7 nach Süden bis Chaíten fahren.

3. Chaíten

Als der Vulkan Chaíten 2008 ausbrach, begrub er die halbe Stadt unter Schlamm und Asche. Inzwischen sind die wichtigsten Einrichtungen wiederaufgebaut, aber die verlassenen, verfallenen Häuser stehen in starkem Kontrast zu der sonnigen kleinen Rodeostadt von einst. In den Supermärkten, Banken und Tankstellen von Chaíten kann man seine Vorräte auffüllen.

4. El Amarillo

Hier führt die Route 7 wieder landeinwärts. Ein asphaltierter Abschnitt durchquert ein Tal Richtung Südosten und das Dorf El Amarillo, das den Ausgangspunkt für Touren zum Südteil des Pumalín-Parks bildet.

Wanderfreunde sollten den Ventisquero El Amarillo erkunden, einen großartigen Wanderweg zum Fuß des Michinmahuida-Gletschers. Er beginnt am wohl schönsten Campingplatz der Welt, dem von Bergen umgebenen Camping Ventisquero, zu Fuß eine Stunde von der Straße entfernt. An diesem Streckenabschnitt sind noch viele weitere Campingplätze zu finden.

5. Futaleufu

Weiterfahren, bis die Carretera Austral sich in Villa Santa Lucia gabelt. Dort die argentinische Grenze ansteuern und am Yelcho-Gletschersee vorbeifahren. Dem Futaleufu flussaufwärts bis zum gleichnamigen Dorf folgen. Der aquamarinblaue Futaleufu gehört zu den weltweit besten Flüssen für Wildwasser-Rafting; man sollte daher unbedingt einen Führer engagieren und die Strömungen austesten! An der Straße gibt es viele Campingplätze (und auch ein paar gute Stellen, um seinen Van für eine Nacht diskret am Straßenrand abzustellen).

Dauer: 10–15 Tage

Entfernung: 1239 km

Reisezeit:
September bis November
oder März bis Mai

6. Hot Springs

Nach ein oder zwei Tagen Wildwasser-Rafting wird einem die Rückfahrt zur Carretera Austral geradezu ruhig vorkommen. Zurück zur Route 7 und wieder nach Süden fahren, vorbei an La Junta. Die frühere estancia (Ranch) ist inzwischen eine Marktstadt gworden, dort steht auch ein Pinochet-Denkmal. Hier kann man tanken und Vorräte auffüllen. Dann geht es bergab durch einen dichten Wald bis nach Puyuhuapi am Ventisquero Sound. Die Siedlung wurde in den 1930er-Jahren von Deutschen gegründet, die hier eine noch heute florierende Textilfabrik bauten. Die Region ist vor allem für ihre heißen Quellen bekannt, z. B. die Termas del Ventisquero weiter südlich an der Straße.

7. Queulat

Am nächsten Tag geht die Reise auf einer schmalen, holprigen Straße am Rande des Fjords weiter durch den nebelverhangenen, zwischen schroffen Bergen geradezu eingekeilten Parque Nacional Queulat. Vom Besucherzentrum, ganz in der Nähe der Straße, führt ein kurzer Wanderweg zu einem Aussichtspunkt mit großartigem Ausblick auf den Ventisquero Colgante, den Hängegletscher des Parks. Auf der Weiterfahrt passiert man abgelegene, luxuriöse Fischer-Lodges und fährt dann landeinwärts den Queulat-Pass hinauf. Die engen Serpentinen sind übersät von vorragenden Felsbrocken und tiefen Schlaglöchern. Kreuz und quer verlaufen flache Wasserläufe. Dennoch ist dieser Straßenabschnitt eine der schönsten Strecken der Carretera Austral: Wilde Vegetation umgibt die schmale Straße, und vor einem erheben sich von glitzernden Wasserfällen überzogene Gletscherberge.

8. Coyhaique

Auf der Weiterfahrt weichen die Schlaglöcher Asphalt, das Land wird weniger einsam, und

Hinweis: Man sollte die Carretera Austral am besten zwischen Oktober und April bereisen. Die Straße ist zwar teilweise asphaltiert (Vorsicht vor Schlaglöchern!), aber es gibt viele Baustellen, und die Route besteht zu 70 % aus Staub- und Kiesstraßen, die anfällig für Erdrutsche sind. Daher sollte man nicht nachts fahren und sich grundsätzlich viel Zeit lassen. Man braucht keinen Allradantrieb, aber ein Fahrzeug mit hoher Bodenfreiheit ist unerlässlich. In den meisten Städten gibt es Tankstellen, doch zuverlässige Geldautomaten sind selten – also genug Bargeld mitnehmen.
In der Hochsaison die Fährfahrten im Voraus buchen.

© Juan Carlos Ruiz / 500px

die schroffen Gipfel gehen in hügelige Felder über. Schließlich erreicht man den Hauptort der Route 7: die Pionierstadt Coyhaique. Vom fünfeckigen Hauptplatz der Stadt führt ein Netz von Straßen in alle Richtungen. Wir empfehlen einen kurzen Abstecher in die Küstenstadt Puerto Chacabuco: Hier bietet Catamaranes del Sur (www.catamaranesdelsur.cl) Tagestouren in einem High-Speed-Katamaran zum Gletscher San Valentín an, wo sich Zodiac-Schlauchboote durch einen See voller Eisbrocken zur 60 m hohen Gletscherwand kämpfen.

Südlich von Coyhaique führt eine gute Kiesstraße durch weite Täler, die von schneebedeckten Gipfeln überragt werden. Gelegentlich sieht man huasos (Cowboys) auf Pferden beim Hüten ihrer Schafherden. Südlich des Lago General Carrera – des größten Binnensee Chiles – nimmt man die Abzweigung zum Patagonia-Park, dem neuesten Naturschutzgebiet der Region. Auf den drei offiziellen Campingplätzen gilt das Motto „Wer zuerst kommt, mahlt zuerst"; Anmeldung in der Hauptverwaltung!

9. Cochrane

Die einstige Viehzüchterstadt Cochrane ist die letzte Möglichkeit zum Tanken und für ein gutes Steak vor der langen, einsamen Fahrt nach Villa O'Higgins am äußersten Ende der Route. Kurz vor Cochrane lohnt sich ein Abstecher nach Norden zum Valle Chacabuco, einem Nationalpark-Projekt aus Tompkins' Vermächtnis, mit schicker Lodge, wilden Landschaften und einem wiedererrichteten Wildtierkorridor für Guanakos, Füchse und Andenhirsche – die gefährdeten Wildtiere Chiles.

Wer von Cochrane aus nach Süden weiterfährt, sollte Caleta Tortel besuchen. Das einzigartige Fischerdorf liegt wunderschön zwischen zwei Eisfeldern. Statt Straßen verbinden Stege und Wassertaxis die Häuser aus Zypressenholz. Der Ort ist über die letzte Abfahrt südlich von Cochrane zu erreichen.

10. Letzte Fähre

Zurück auf der Carretera Austral wartet bei Puerto Yungay eine letzte Fähre. Die folgende Straße ist haarsträubend: ein holpriges „Waschbrett" mit Haarnadelkurven entlang einer steil abfallenden Klippe. Fahrern, die auch nur eine Sekunde unaufmerksam sind, droht hier das vorzeitige Aus. Anschließend wird das Land immer flacher, und schließlich ist das Ziel erreicht: Der kleine Außenposten O'Higgins besteht aus einem Netz von hübschen Straßen, die sich an riesige Berge schmiegen. Der Ort wurde nach seinem Gründer Bernardo O'Higgins benannt, einem spanisch-irischen Helden, der den chilenischen Kampf um die Unabhängigkeit von Spanien anführte. Als Lohn für die weite Anreise lockt die lokale Spezialität cordero al palo – köstliches patagonisches Lammfleisch vom Holzfeuer.

Vorhergehende Doppelseite: Die Petrohué-Wasserfälle im chilenischen Seengebiet. Auf dieser Doppelseite links: Das Río-Simpson-Tal abseits der Straße nach Coyhaique. Unten: Ein Abstecher führt auf einer schwankenden Brücke über den Río Baker – das sollte man nicht mit dem Van machen!

Die Valles Calchaquíes in Argentinien

Die kurze, aber aufregende Rundreise führt drei Tage lang durch die stürmischen Valles Calchaquíes in den Andenausläufern, durchquert drei Schluchten und verläuft durch Weinberge und Wüsten, bevor sie im pulsierenden Salta wieder zu ihrem Ausgangspunkt zurückkehrt.

1. Salta

Wenn Lehmmauern zum Klang von Gitarrenmusik beben, die Luft nach brutzelnden Steaks duftet und Empanadas mit Malbec auf den Tisch kommen, weiß man, dass man in einer *peña* ist. Diese Musikhallen – berühmt für ihre *zamba*-Sänger und ihre Hausmannskost mit viel Fleisch – sind die Hauptattraktion der Stadt und locken viele Argentinier nach Salta. Der Ort im Nordwesten des dreieckförmigen Landes liegt nahe den staubigen Grenzen zu Chile und Bolivien.

„Salta" heißt in der Sprache des indigenen Aymara-Volkes „die Schöne". Die spanischsprachigen Argentinier nennen die Stadt „Salta la Linda" oder „Salta die Schöne". Angesichts der rosafarbenen Kathedrale, der hoch aufragenden neoklassischen Architektur und der vielen quirligen Cafés versteht man auch, warum. Salta gleicht einer Zeitkapsel: Die Stadt wurde auf dem Höhepunkt der spanischen Eroberung am äußersten Rand des Inkareiches gegründet und entwickelte sich aufgrund ihrer Lage zwischen Lima und Buenos Aires bald zu einem wichtigen Handelszentrum. Vor der Weiterreise sollte man sich die mehrstöckigen Gebäude auf der Plaza 9 do Julio und die Kunstschätze des Archäologiemuseums ansehen.

2. Quebrada de Escoipe

Das echte Abenteuer beginnt auf den holprigen Straßen aus der Stadt in die sonnenverbrannte Provinz Salta. Die Quebrada de Escoipe – die erste von drei Schluchten – muss das Werk eines abstrakt-expressionistischen Freundes von Mutter Natur sein: Ihre Berge sind aufgrund der jahrtausendelangen Oxidation von Mineralien wie Schwefel (gelb), Eisen (rot) und Kupfer (grün) unterschiedlichst gefärbt. Nach der Durchquerung dieser unwirklichen Landschaft fährt man im Zickzack zur Spitze des Bischofshangs, eines 3400 m hohen Aussichtspunkts, wo Besucher in einer kleinen Kapelle den Erzengel Raphael (Schutzheiliger der Reisenden) um seinen Segen bitten. Vor der Weiterfahrt kann man am Kiosk neben der Kapelle Lamawurst und Ziegenkäse kaufen.

3. Nationalpark Los Cardones

Der Park ist ein Paradies für Fotografen: Inmitten der rostroten Hügel erheben sich am Horizont Kakteen wie eine Armee grüner Geister, die durch eine Wüstenebene wandern. Die Lehmhäuser und von der Zeit vergessenen Straßen von Cachi laden zu einem Spaziergang zur bananengelben Kirche ein, deren Dach mit Kaktusholz gedeckt ist.

4. Quebrada de las Flechas

Zurück an die frische Luft der Andenausläufer! Vorbei an den archäologischen Ruinen der Prä-Inka-Stadt La Paya geht es weiter in die Quebrada de las Flechas (Schlucht der Pfeile). Die Landschaft erinnert an die Ödlandgebiete Nordamerikas, aber beim Anblick ihrer faszinierenden Felsformationen fragt man sich, ob hier nicht die Erdachse ein wenig gekippt ist.

Am Himmel kreisen riesige Andenkondore, und es gibt viele Wanderwege, die in die Ferne führen – hier könnte man stundenlang verweilen. Aber auf der anderen Seite des spektakulären geologischen Grabenbruchs warten noch weitere Freuden: die Weinberge von Cafayate.

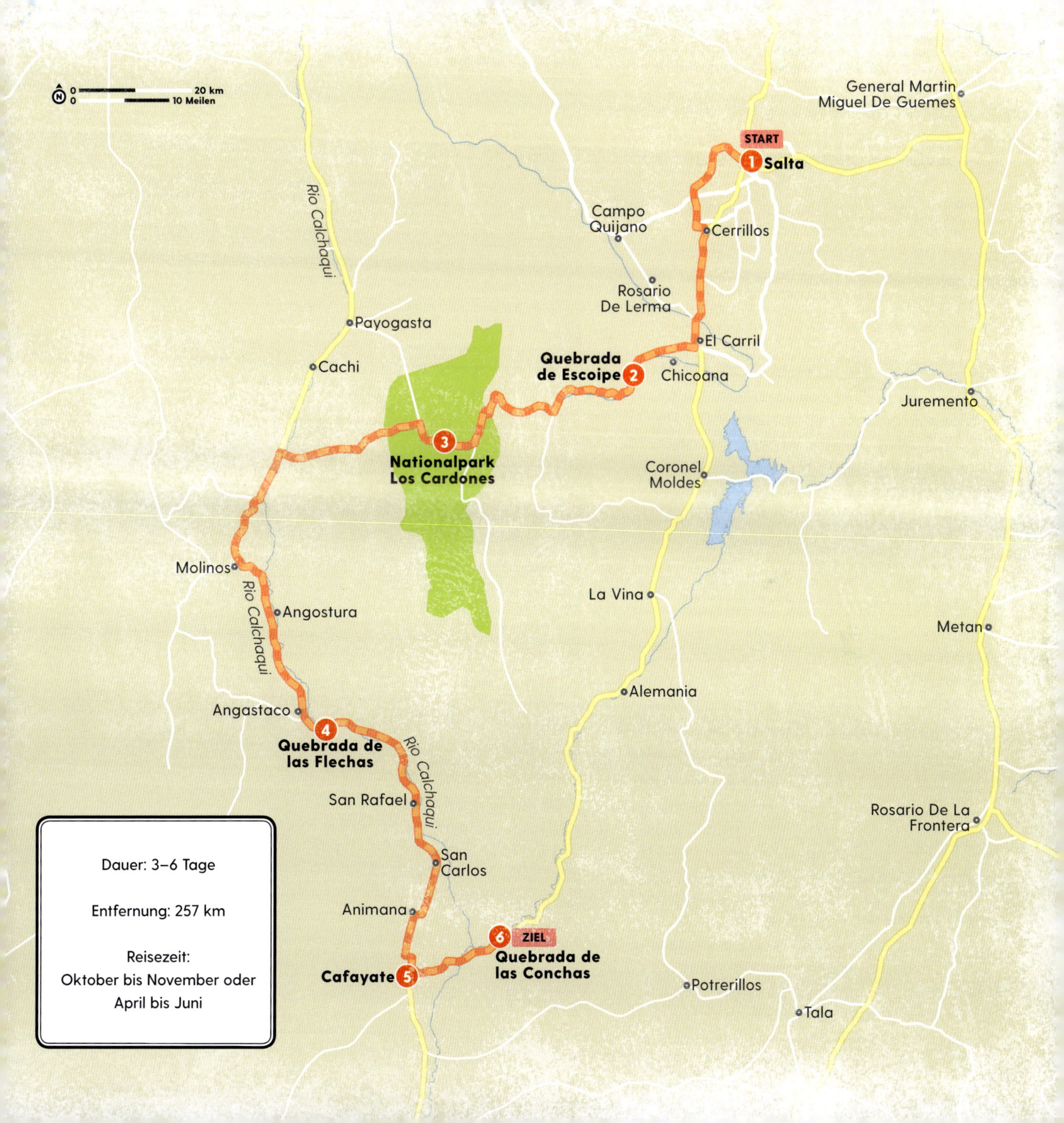

Dauer: 3–6 Tage

Entfernung: 257 km

Reisezeit:
Oktober bis November oder
April bis Juni

5. Cafayate

Cafayate ist das zweitgrößte Weinbaugebiet Argentiniens nach Mendoza, aber die Region ist viel bodenständiger und offener als ihr schicker Nachbar im Süden. Während Mendoza große dicke Flaschen Malbec anpreist, dominiert in Cafayate eher die schlichte Torrontés, eine Weißweintraube, die in diesen kalten, windgepeitschten Tälern besonders gut gedeiht. Torrontés hat ein trügerisches süßes Bukett, das den trockenen Abgang mildert. Daher geht er runter wie Traubensaft, wenn man ihn in der Nachmittagssonne von Cafayate genießt.

Cafayate hat die höchstgelegenen Weinberge der Welt, und eine Reise durch die im wahrsten Sinne des Wortes atemberaubende Landschaft mit ihren hohen Bergen und smaragdgrünen Reben bleibt unvergesslich. Die Stadt selbst mit ihren Handwerkermärkten und familiengeführten Bodegas ist erfrischend authentisch.

6. Quebrada de las Conchas

Hinter den Hügeln des Weinbaugebiets wartet eine weitere wunderschöne Landschaft: die Quebrada de las Conchas (Schlucht der Muscheln). Der letzte Rest eines alten Seebettes ist reich an Fossilien und wartet mit geradezu außerirdischen Felsformationen wie der Garganta del Diablo (Teufelsrachen) und dem Anfiteatro (Amphitheater) auf. Letzteres ist ein prähistorischer Wasserfall aus massivem Felsgestein mit ungeheuer starken Auffaltungen und Wirbeln. Die Wände sind von Löchern durchsiebt, in denen Felsensittiche nisten.

Der letzte Streckenabschnitt führt an der Geisterstadt Alemania und dem künstlichen See Cabra Corral (ein beliebtes Wochenendziel der Salteños) vorbei. Die grünen Tabakfelder weichen immer größer werdenden Dörfern. Bald beben wieder die Lehmmauern, die Luft duftet nach brutzelnden Steaks, und man merkt, man ist zurück in Salta.

© reisegraf.ch / Alamy Stock Photo

© robe tharding / Alamy Stock Photo

Von links im Uhrzeigersinn: Die Nationalstraße 40, die Quebrada de las Flechas in Salta, Cafayate. Zamba-Sänger in einer Musikhalle in Salta, dem Ausgangspunkt der Tour durch die Calchaquí-Täler. Die Kirche San Francisco de Asis in Salta.

© David Noton Photography / Alamy Stock Photo

Tipp: In den trockenen Wintermonaten (Juni–August) sinken die Temperaturen gelegentlich nachts fast bis zum Gefrierpunkt, während es im Sommer (Dezember–März) regnerischer und heißer ist. Im Sommer können schwere Regenfälle zu Überflutungen führen und Straßen unpassierbar machen. Keinen eigenen Campingvan? In und um Buenos Aires gibt es einige Unternehmen, die welche vermieten, z. B.: www.andeanroads.com/en/ und www.campanda.com/rv/argentina.

Four-Corners-Tour

Alles an dieser Tour ruft nach Superlativen! Vom Grand Canyon über Las Vegas bis zum Zion-Nationalpark und weiter: Diese Reise bietet die größten und berühmtesten Attraktionen der USA, von denen jeder Traveller träumt.

1. Las Vegas

Die Stadt sollte man zunächst mit einer Fahrt über den Strip kennenlernen. Bei einem Morgenspaziergang zu seinen legendären Casinos und Hotels sieht man die Schattenseiten von Sin City. Die Nacht beendet man am besten mit einem Besuch des Neon Museum (702-387-6366; www.neonmuseum.org).

Der I-15 etwa 55 km nach Norden bis zur Ausfahrt 75 folgen. Von hier aus führt der Highway 169/Valley of Fire Highway zum 29 km entfernten Valley of Fire State Park, einer atemberaubenden Wüstenlandschaft. Der Valley of Fire Highway und der Highway 169 durchqueren den Park (www.parks.nv.gov/parks/valley-of-fire). Die beste Zeit sind Frühling und Herbst. Den Sommer sollte man meiden (Temperaturen über 37 °C!).

Zurück auf die I-15 und Richtung Norden durch Arizona nach Utah fahren. Den Highway an der Ausfahrt 16 verlassen und dem Highway 9 ca. 51 km nach Osten folgen.

2. Zion National Park

Der Aufstieg zum Angels Landing im Zion National Park (www.nps.gov/zion) ist wahrscheinlich die beste Tageswanderung Nordamerikas. Der 8,6 km lange Rundweg führt vom Grotto Trailhead über den Virgin River, um eine Klippe, durch eine enge Schlucht und den Walters Wiggles hinauf. Unterwegs muss man einen extrem schmalen Bergkamm überqueren – nur Stahlseile und ermutigende Worte von Fremden schützen vor dem Absturz. Auf dem 1765 m hohen Gipfel wird man mit einem herrlichen Blick auf den Zion Canyon belohnt.

Den Park auf Highway 9 ostwärts verlassen und 40 km bis zum Highway 89 fahren. Diesem nach Süden zur riesigen Freiluft-Filmkulisse Kanab folgen.

3. Kanab

Durch seine Lage zwischen dem Zion National Park, dem Grand Staircase-Escalante und dem Grand-Canyon-Nordrand eignet sich Kanab als Base Camp. John Wayne und andere Stars haben die Stadt durch Hunderte von Western weltberühmt gemacht. Heute kennen Tierschützer Kanab wegen des Best Friends Animal Sanctuary (435-644-2001; www.bestfriends.org), des größten Tierheims der USA, das keine Tiere tötet. Führungen sind kostenlos (vorher telefonisch reservieren).

Auf dem Highway 89 A weiter durch Arizona trudeln und das Kaibab-Plateau hinauffahren. Am Jacob Lake südlich auf den Highway 67 abbiegen und weiter 71 km bis zur Grand Canyon Lodge.

4. Grand Canyon National Park North Rim

Im Kaibab National Forest mit seinen hügeligen Wiesen und Ponderosa-Wäldern sollte man nahe dem Parkeingang (www.nps.gov/grca) nach Maultierhirschen Ausschau halten. Das North Rim Visitor Center (neben der Grand Canyon Lodge) bietet Informationen und man kann hier Naturwanderungen und Nachtführungen mit Rangern buchen.

Für eine leichte, reizvolle Halbtagswanderung folgt man dem 6,4 km (Rundweg) langen Cape Final Trail durch Ponderosa-Wälder mit herrlichem Blick auf die Canyons. Der anspruchsvolle, 23 km lange North Kaibab Trail ist der einzige gewartete Wanderweg. Er führt vom Nordrand zum Fluss und trifft nahe der Phantom Ranch auf andere Wege Richtung Südrand. Der Trailhead liegt 3,2 km nördlich der Grand Canyon Lodge.

Zurück zum Jacob Lake, auf dem Highway 89 A östlich das Kaibab Plateau hinunterfahren und weiter am leicht zu überse-

Dauer: 10 Tage
Entfernung: 2564 km
Reisezeit: Im Frühjahr und Herbst sind weniger Touristen unterwegs und die Temperaturen angenehmer.
NEVADA
UTAH
COLORADO
ARIZONA
NEW MEXICO
KALIFORNIEN
MEXIKO
START
ZIEL
1 Las Vegas
2 Zion National Park
3 Kanab
4 Grand Canyon National Park North Rim
5 Horseshoe Bend
6 Monument Valley
7 Four Corners Monument
8 Mesa Verde National Park
9 Santa Fe
10 Albuquerque
11 Williams
12 Grand Canyon National Park South Rim
13 Mike O'Callaghan-Pat Tillman Memorial Bridge
14 Hoover-Staudamm
15 Red Rock Canyon National Conservation Area
Provo
Vernal
Boulder
Aspen
Green River
Moab
Montrose
Capitol Reef National Park
Canyonlands National Park
Dixie National Forest
Lake Powell
Monticello
Blanding
San Juan National Forest
Rio Grande National Forest
Cedar City
St George
Cortez
Durango
Rio Grande
Carson National Forest
Jacob Lake
Kayenta
Farmington
Taos
Lake Mead
Tuba City
Navajo Indian Reservation
Santa Fe National Forest
Colorado River
Hopi Reservation
Gallup
Cerrillos
Madrid
Kingman
Flagstaff
Prescott National Forest
Zuni Pueblo
Needles
Sedona
Holbrook
Prescott
Coconino National Forest
Show Low
Socorro
Indio
Wickenburg
Blythe
Phoenix
Apache Junction
Gila River
Yuma
Tucson
Deming
Las Cruces
El Paso
0 200 km
0 100 Meilen

henden Marble Canyon vorbei bis zur Kreuzung mit dem Highway 89. Links abbiegen und 42 km nach Norden bis Page.

5. Horseshoe Bend

Der Blick von den Klippen des Horseshoe Bend wird sich einem ins Gedächtnis brennen. 300 m tiefer schneidet das scheinbar ruhige, glitzernde Wasser des Colorado River ein perfektes U in den Sandstein. Der Ausblick ist schön und zugleich furchteinflößend, besonders in der Nähe des Klippenrands. Es gibt keine Geländer – nur dich, die steile Klippe und Dutzende Leute, die Selfies machen. Mit Kleinkindern hierherzukommen ist keine gute Idee. Vom Parkplatz führt ein 1,2 km langer Wanderweg zum Klippenrand. Der Weg beginnt am Highway 89, südlich von Page und der Meilenmarkierung 541.

Zurück auf dem Highway 89, ein Stück nach Norden bis zum Highway 98 fahren. Rechts abbiegen und dem Highway 98 nach Südosten bis zum Highway 160 folgen. Links abbiegen und 55 km nach Norden fahren (am Eingang des Navajo National Monument vorbei). In Kayenta links auf den Highway 163 abbiegen und 35 km bis zum Monument Valley an der Grenze zwischen Arizona und Utah fahren.

6. Monument Valley

Auf dieser Tour zeigt sich Schönheit in vielen Formen, aber das majestätische Monument Valley mit seinen zerklüfteten Spitzkuppen und windgepeitschten Tafelbergen ist das absolute Highlight der Route! Um die Felsformationen aus der Nähe zu betrachten, fährt man in den Monument Valley Navajo Tribal Park (435-727-5870; www.navajonationparks.org) und folgt dem unbefestigten, 27 km langen Rundweg, der an den eindrucksvollsten Formationen des Parks vorbeiführt, z. B. den East and West Mitten Buttes und den Three Sisters.

Auf dem Highway 163 geht es zurück nach Kayenta. Links abbiegen und dem Highway 160 etwa 117 km nach Osten bis zum winzigen Teec Nos Pos folgen, um auf ihm zu bleiben, scharf links abbiegen und 10 km bis zur Four Corners Road und zum Four Corners Monument fahren.

7. Four Corners Monument

Das Four Corners Monument (928-871-6647; www.navajonationparks.org) ist abgelegen, aber ein Muss. Auf dem Denkmal kann man mit einem Fuß in Arizona und dem anderen in New Mexico stehen.

© Putt Sakdhnagool / 500px

© Alexander Howard / Lonely Planet

Man kann sich mit einer Hand in Utah, mit der anderen in Colorado die Hand geben. In die Kamera lächeln; es wird ein gutes Foto, auch wenn alles nicht stimmt – Landvermesser der Regierung geben zu, dass die Markierung eigentlich 600 m weiter westlich stehen sollte (obwohl das Denkmal ein rechtsgültiger Grenzpunkt bleibt).

Auf den Highway 160 zurück und links abbiegen. 80 km über die Nordwestspitze von New Mexico und durch Colorado nach Mesa Verde fahren. Unterwegs wird der Highway 160 für etwa 32 km zum Highway 491.

8. Mesa Verde National Park

Mesa Verde (970 529 4465; www.nps.gov/meve) liegt auf einem Hochplateau südlich von Cortez und Mancos. Überall in den Canyons und Hochebenen der Region stößt man auf uralte Pueblo-Anlagen. Wenn nur wenig Zeit ist, empfehlen wir einen Besuch des Chapin Mesa Museum und des Spruce Tree House, wo man auf einer Holzleiter in eine *kiva* hinabsteigen kann. Hat man ein oder mehr Tage Zeit, bietet Mesa Verde auch Rangertouren durch den Cliff Palace, das Balcony House und nach Wetherill Mesa (der ruhigen Seite des Canyons) sowie Lagerfeuerabende auf dem Morefield Campground an (970-529-4465; www.visitmesaverde.com).

Zurück auf die US 160 und der Straße 58 km nach Osten bis Durango folgen. Nach weiteren 98 km auf die US 84 in Richtung Santa Fe fahren (243 km). Unterwegs passiert man Abiquiú, wo Georgia O'Keeffe von 1949 bis zu ihrem Tod im Jahr 1986 lebte. Weiter geht es in Richtung Santa Fe, die Ausfahrt zur N Guadalupe Street nehmen und die Plaza ansteuern.

9. Santa Fe

Ihr Nebeneinander von Kunst und Natur macht die 400 Jahre alte die Stadt unglaublich reizvoll; an den Hausmauern hängen Kuhschädel, und die jahrhundertealten Missionshäuser tragen Kreuze. Zudem bietet die Stadt eine Mischung indianischer, spanischer und angloamerikanischer Kultur – Pueblos, 300 Jahre alte Haciendas und moderne Gebäude existieren harmonisch Seite an Seite. Die Plaza im Zentrum der Stadt war zwischen 1822 und 1880 das Ende des Santa Fe Trail. Georgia O'Keeffe, die berühmteste Künstlerin von New Mexico, hat die Schönheit der Region festgehalten; ihre Werke sind im Georgia O'Keeffe Museum (505-946-1000; www.okeeffemuseum.org) ausgestellt.

Der historische Turquoise Trail nach Albuquerque folgt dem Highway 14 durch Los Cerrillos und Madrid 80 km nach Süden. Wer es eilig hat, nimmt die I-25 nach Süden.

© aprilpix / 500px

10. Albuquerque

Die meisten Sehenswürdigkeiten von Albuquerque liegen in der Altstadt. Der Gipfel des Sandia Crest (3163 m) ist mit der Sandia Peak Tramway (505-856-7325; www. sandiapeak.com; 3) zu erreichen. Die Seilbahn führt 4,3 km hinauf zum kiefernbewachsenen Gipfel. Auf dem 12,8 km langen La Luz Trail kommt man zurück in die Stadt. Tagsüber wird es heiß, also am besten früh starten.

Von Albuquerque bis nach Williams in Arizona verläuft die I-40 parallel zur Route 66 oder überschneidet sich mit ihr. Bis nach Williams sind es insgesamt 578 km.

© Professional Foto CL / Shutterstock

11. Williams

Williams ist ein Anlaufpunkt für Bahnfans, Reisende auf der Route 66 und Traveller, die zum Grand Canyon unterwegs sind. Die Kleinstadt hat den Charme des typischen „Main Street America". Die World Famous Sultana Bar (928-635-2021; 301 W Route 66) an der Route 66, die einst eine Flüsterkneipe beherbergte, ist mit ausgestopften Wildtieren geschmückt und ein guter Ort für ein Bierchen.

12. Grand Canyon National Park South Rim

Eine Wanderung auf dem Rim Trail (www.nps.gov/grca) im Grand Canyon Village bietet herrliche Ausblicke auf den Canyon; unterwegs kommt man an historischen Gebäuden vorbei und kann indianisches Kunsthandwerk und geologische Exponate bewundern. Von der Plaza am Bright Angel Trail läuft man auf dem Rim Trail nach Osten zum Kolb Stu-

Vorhergehende Doppelseite: Oben: Monument Valley. Unten: Highway 169 im Valley of Fire State Park. Diese Doppelseite links unten: Santa Fe. Links oben: Fremont Street, Las Vegas. Rechts: Hoover-Staudamm mit Brücke.

dio (928-638-2771; www.nps.gov/grca), das einen kleinen Buchladen und eine Galerie beherbergt. Nebenan liegt das Lookout Studio (www.nps.gov/grca), das von der Architektin Mary Jane Colter nach dem Vorbild der Steinhäuser des Pueblo-Volkes gestaltet wurde. Das Hopi House (www.nps.gov/grca), ein weiteres Werk der Architektin, verkauft seit 1904 Indianerschmuck. Der Museumsweg Trail of Time (www.nps.gov/grca) weiter östlich dokumentiert die Entstehungsgeschichte des Canyons. Der Tag endet im Yavapai Geology Museum (928-638-7890; www.nps.gov/grca), das interessante Exponate zeigt.

Zurück in Williams, auf der I-40 ca. 182 km westlich nach Kingman und dort auf der US 93 ca. 121 km nach Norden fahren. In Nevada Ausfahrt 2 zum Highway 172 und dem Hoover-Staudamm nehmen.

13. Mike O'Callaghan–Pat Tillman Memorial Bridge

Die 2010 eröffnete Brücke trägt den Namen von Mike O'Callaghan (von 1971 bis 1979 Gouverneur von Nevada) und dem NFL-Star Pat Tillman, der Safety der Arizona Cardinals war und sich nach dem 11. September als US Army Ranger verpflichtete. Tillman wurde 2004 in Afghanistan bei einem Beschuss durch die eigenen Truppen getötet. Die zweithöchste Brücke der USA erhebt sich 274 m über dem Colorado River und ist für Fußgänger über einen vom Autoverkehr auf dem Highway 93 abgetrennten Weg zugänglich. Sie bietet einen Panoramablick auf den Hoover-Staudamm und den Lake Mead.

Rechts in die Zufahrtsstraße einbiegen und zum Hoover-Staudamm hinunterfahren.

14. Hoover-Staudamm

Auf dem Hoover-Staudamm (702-494-2517; www.usbr.gov/lc/hooverdam) steht eine geflügelte Bronzestatue zur Erinnerung an die Bauarbeiter, die das 221 m hohe Bauwerk – einen der größten

© Peter Kunasz / Shutterstock

Links: Die Wanderwege des Zion National Park, Utah, erreicht man am besten über den Highway 9 nach Osten.

Staudämme der Welt – errichteten. Das New-Deal-Bauprojekt, das 1936 früher und billiger als geplant fertiggestellt wurde, war der erste große Staudamm des Colorado River. Tausende Männer strömten zum Black Canyon und arbeiteten dort unter furchtbaren Bedingungen – einige Hundert Meter über dem Canyon und bei Temperaturen von bis zu 49 °C. Mehr als 100 Arbeiter kamen dabei ums Leben. Führungen starten am Besucherzentrum.

Zurück zur US 93 und nach Westen; wenn sie auf die I-515 trifft, geht es nach Norden weiter. Ausfahrt 61 zur I-215 nach Norden nehmen. Nach 18 km wird die I-215 zur Clark County 215. 21 km bis zur Ausfahrt 26 zum Charleston Blvd/Highway 159 und diesem nach Westen folgen.

15. Red Rock Canyon National Conservation Area

Überall in diesem Naturschutzgebiet (702-515-5350; www.redrockcanyonlv.org) sieht man Zeugnisse der Naturgewalten, die hier einst tobten. Der 65 Mio. Jahre alte Canyon ist eher ein Tal mit einer steilen, zerklüfteten Felswand, die am Westrand 914 m hoch ist, Ergebnis von gewaltigen Zusammenstößen der Kontinentalplatten. Die 21 km lange Straße durch den Canyon passiert faszinierende Felsformationen und öffnet den Zugang zu Wanderwegen und Kletterrouten. Der 4 km lange Rundweg nach Calico Tanks führt über Sandsteinhügel den Canyon hinauf und endet auf einem hohen Felsen mit Blick auf die Wüste, die Berge und das dort brutzelnde Vegas. Nationalpark-Pässe werden als Eintrittskarten akzeptiert.

Der malerische Highway 1 durch Florida

Das schillernde Miami ist der spektakuläre Höhe- und Endpunkt dieser Küstentour, die zu faszinierenden historischen Stätten führt. Auf dem Weg die Küste hinunter durch Florida erlebt man all das, was wir am Sunshine State so lieben ... die älteste Siedlung der USA, Familienattraktionen, lateinamerikanische Rhythmen, die Art-déco-Architektur von Miami und – o ja! – die endlosen Strände entlang der Route.

1. Amelia Island

Die Reise beginnt 21 km südlich der Grenze zu Georgia auf Amelia Island, einer Düneninsel mit dem typischen Charme der Südstaaten. Urlauber kommen seit den 1890er-Jahren hierher, als Henry Flaglers Eisenbahnlinie die Region in einen Tummelplatz der Reichen verwandelte. Das Erbe der goldenen Zeit ist heute noch in Fernandina Beach im Zentrum von Amelia Island erkennbar: zahlreiche historische Gebäude, B&Bs in viktorianischen Häusern und Restaurants in umgebauten Fischerhütten.

Den Highway 1A etwa 30 Minuten lang hinunterfahren und die Island State Parks Big und Little Talbot passieren. Auf Fort George Island geht es an der Gabelung rechts zum Ribault Club.

2. Fort George Island

Im Fort George Island Cultural State Park (904-2512320; www.floridastateparks.org/fortgeorgeisland) wird Geschichte groß geschrieben. Riesige Muschelhaufen zeugen davon, dass die Insel bereits vor 5000 Jahren von Indianern besiedelt wurde. 1736 errichtete der britische General James Oglethorpe in der Region eine Festung, die inzwischen aber längst verschwunden ist. In den 1920er-Jahren strömten unzählige Gäste in den Ribault Club (904-251-2802; www.nps.gov/timu), um im Stil des Großen Gatsby Rasenbowling und Segelsport zu betreiben. Heute beherbergt der Club das Besucherzentrum, das auf CDs gepresste Inseltouren bereithält. Die faszinierendste Sehenswürdigkeit der Insel ist die Kingsley Plantation (904-2513537; www.nps.gov/timu), das älteste Plantagenhaus Floridas (1798 erbaut). Aufgrund seiner einsamen Lage ist es keine große Südstaatenvilla, gibt aber mit seinen Exponaten und den Überresten von 23 Sklavenhütten einen erschütternden Einblick in die Sklaverei.

Dem Highway 105 etwa 24 km landeinwärts zur I-95 folgen, dann direkt nach Süden bis ins 39 km entfernte Jacksonville fahren.

3. Jacksonville

Mit seinen Hochhäusern, Schnellstraßen und Kettenhotels fällt Jacksonville in Florida etwas aus dem Rahmen, aber es bietet viele Restaurants und hat eine schöne Altstadt. Man sollte sich die Viertel Five Points und San Marco anschauen; beide sind reizvolle Bezirke mit Bistros, Boutiquen und Bars. Für ein bisschen Kultur empfehlen wir auch das Cummer Museum of Art (www.cummer.org) mit einer hervorragenden Sammlung amerikanischer und europäischer Gemälde sowie asiatischer Kunst und Antiquitäten. Sehenswert ist außerdem das Museum of Modern Art Jacksonville (MOCA; 904-366-6911; www.mocajacksonville.org), das zeitgenössische Gemälde, Skulpturen, Drucke, Fotografien und Filme beherbergt.

Dem Highway 1 südwestlich eine Stunde lang bis St. Augustine folgen, wo der Highway zum Ponce de Leon Boulevard wird.

4. St. Augustine

Das 1565 von den Spaniern gegründete St. Augustine ist die älteste Siedlung der USA. Touristen kommen hierher, um durch die historischen Straßen zu spazieren, in denen Pferdekutschen

Dauer: 6 Tage

Entfernung: 764 km

Reisezeit:
November bis April,
wenn es warm, aber nicht
zu heiß ist

© Susanne Pommer / Shutterstock

an Stadtbewohnern in historischen Kostümen vorbeirollen. Der Ort ist sehr touristisch mit unzähligen Museen, Führungen und Attraktionen. Der Rundgang beginnt im Kolonialviertel (904-342-2857; www.colonialquarter.com), das dem St. Augustine des 18. Jh. nachempfunden ist und wo Schmiede, Gerber und andere Handwerker ihre Arbeit vorführen. Das Besucherzentrum (904-825-1000; www. floridashistoriccoast.com) informiert über alle Angebote im Ort, z.B. Geistertouren, das Pirate and Treasure Museum, das Castillo de San Marcos National Monument und die Fountain of Youth, eine kitschige Touristenattraktion, die als archäologischer Park aufgemacht ist, wo angeblich Ponce de Leon an Land gegangen sein soll.

Über die Bridge of Lions in Richtung Strand fahren und dem Highway 1A rund 21 km nach Süden bis zum Fort Matanzas folgen.

5. Fort Matanzas National Monument

Inzwischen ist klar geworden, dass Florida eine spannende Geschichte hat, die Hunderte von Jahren zurückreicht. Geschichtsinteressierte werden von der spanischen Festung (904-471-0116; www.nps.gov/foma) begeistert sein. Sie wurde 1742 erbaut, um das Matanzas Inlet – einen Kanal, der nach St. Augustine führt – vor Angriffen der Briten zu schützen. Die Befestigungsanlage ist nur mit einer Fähre erreichbar. Auf der reizvollen (und kostenlosen) Überfahrt erzählen Parkaufseher aus der Geschichte der Festung und erklären die grausige Herkunft ihres Namens. („Matanzas" bedeutet auf Spanisch „Gemetzel"; es sei nur so viel gesagt: 1565 lief es für ein paar Hundert französische Hugenottensoldaten sehr schlecht ...)

Oben von links: Der Canaveral National Seashore umfasst 39 km Naturstrand. Einfach den Ausschilderungen folgen ...

© Dennis MacDonald / Alamy Stock Photo

Die Fahrt auf der I-95 verkürzt die einstündige Fahrt nur geringfügig; man kann genauso gut auf dem Highway 1A zum 64 km südlich gelegenen Daytona Beach fahren.

6. Daytona Beach

Daytona Beach preist sich als „berühmtester Strand der Welt". Aber sein Ruhm beruht weniger auf seiner Schönheit – der Strand ist eher mittelmäßig –, als auf den Partys, die hier zur Spring Break, den Speedweeks und bei Motorradevents (wenn eine halbe Mio. Biker in die Stadt strömen) gefeiert werden. Zumindest ist Daytona unbestritten die „Wiege von NASCAR" – der Verband wurde hier 1947 gegründet. Seine Wurzeln gehen bis auf die Dragsterrennen im Jahr 1902 zurück. Man sollte sich unbedingt ein Rennen auf dem Daytona International Speedway (800-748-7467; www.daytonainternationalspeedway.com) anschauen. Wenn keine Rennen stattfinden, kann man die riesigen Tribünen kostenlos besichtigen oder eine Tram zur Track and Pit Area nehmen. Wer Rennwagen liebt, sollte sich in der Richard Petty Driving Experience (800-2373889; www.drivepetty.com) den Nervenkitzel gönnen, als Beifahrer mitzufahren oder sogar selbst am Steuer zu sitzen.

Auf der South Atlantic Ave 16 km die Küste entlang Richtung Süden nach Ponce Inlet fahren.

7. Ponce Inlet

Was wäre eine Strandtour ohne einen richtigen Leuchtturm? 10 km südlich von Daytona Beach liegt das Ponce de Leon Inlet Lighthouse & Museum (386-761-1821; www.ponceinlet.org). Hier kann man den schönen roten Leuchtturm (1887 erbaut) fotografieren und dann die 203 Stufen hinaufsteigen, um den Blick auf die umliegenden Strände zu genießen.

Wieder hoch zum Atlantik und auf dem Highway 1/FL5 rund 20 Minuten nach Süden fahren. Eine gute Planung zahlt sich aus, denn die Route richtet sich nach dem Ziel. Eine Straße verläuft rund 10 km südlich von New Smyrna Beach, eine andere Straße 10 km nördlich des Wildschutzgebietes. Zwischen den beiden Sackgassen liegen 26 km Strand.

8. Canaveral National Seashore

Zu diesen 39 unberührten, windumtosten Kilometern Küste gehört der längste unerschlossene Strandstreifen an Floridas Ostküste. Mit seiner sanften Brandung und meilenweiten einsamen Stränden ist der familienfreundliche Apollo Beach am Nordende eine Klasse für sich. Der Playalinda Beach am Südende lockt die meisten Surfer an. Das 566 km^2 große Merritt Island National Wildlife Refuge (321-861-5601; www.fws.gov/merrittisland) direkt am Strand und westlich davon ist ein unberührter Rückzugsort für Vögel und Wildtiere. Von Oktober bis Mai kann man hier wunderbar Vögel beobachten, und in den Sümpfen, Marschen und Hartholzbaum-Inseln leben mehr bedrohte Tierarten als in jeder anderen Region der USA. Ein ca. 500 m langer Bohlenweg macht Lust auf die Attraktionen, die das Wildschutzgebiet zu bieten hat. Weitere Highlights sind das Manatee Observation Deck, der 11 km lange Black Point Wildlife Drive und zahlreiche Wanderwege.

Obwohl das Kennedy Space Center gleich südlich des Merritt Island Refuge liegt, muss man nach Titusville zurück, auf dem Highway 1/FL 5 etwa 8 km nach Süden fahren und dann den Nasa Causeway nehmen.

9. Space Coast

Die Space Coast ist nicht nur als Kulisse der Kult-Fernsehserie *Bezaubernde Jeannie* berühmt geworden, sondern auch als Standort des Kennedy Space Center (866-737-5235; www.kennedyspacecenter.com) und seines riesigen Besucherkomplexes. Das einstige Raumfahrtzentrum hat sich seit dem Ende des Space-Shuttle-Programms der NASA 2011 von einem Living Museum zu einem historischen Museum gewandelt.

Auf dem Freeway (I-95) braucht man zweieinhalb Stunden in Richtung Süden bis Palm Beach.

© Jason Titzer / Getty Images

10. Palm Beach

Wenn man sich der Südküste nähert, dominieren nicht mehr Geschichte und Natur, sondern vielmehr Geld und Kultur. Palm Beach ist ein berühmter Tummelplatz der Reichen und Schönen und sieht auch so aus. Aber keine Angst: Man kann fast den gesamten Strand – der von der Stadt algenfrei gehalten wird – erkunden, die riesigen Villen an der A1A bewundern und in der superschicken Worth Ave durch Boutiquen bummeln – alles kostenlos. Das Highlight des Ortes ist das Flagler Museum (561-655-2833; www.flaglermuseum.us), untergebracht im spektakulären Whitehall Mansion, das 1902 von Henry Flagler erbaut wurde.

Landeinwärts fahren. West Palm Beach liegt ganz in der Nähe.

11. West Palm Beach

Palm Beach hat das Geld, West Palm Beach hat das Norton Museum of Art (561-832-5196; www.norton.org), das größte Kunstmuseum von Florida. Der Nessel-Flügel beherbergt eine bunte Sehenswürdigkeit: eine Saaldecke aus 700 mundgeblasenen Glasteilen, die von Dale Chihuly angefertigt wurde. Wenn man abends nicht weiß, worauf man Lust hat, sollte man zum CityPlace (561-366-1000; www.cityplace.com) gehen, einem riesigen Freiluft-Unterhaltungszentrum. Dort gibt es viele Geschäfte, 12 Restaurants, ein Kino mit 20 Sälen und das Harriet Himmel Theater – außerdem finden auf der Plaza regelmäßig kostenlose Konzerte statt.

Fort Lauderdale, 72 km südlich von Palm Beach, ist über die I-95 zu erreichen. Wer den Highway 1A nimmt, braucht 30 Minuten länger.

12. Fort Lauderdale

Der Strand von Fort Lauderdale ist nicht mehr das Spring-Break-Zentrum von einst, obwohl zwischen den mondänen Boutique-Hotels und millionenschweren Yachten immer noch chillige Bars und Motels zu finden sind. Nur wenige Besucher wagen sich weiter landeinwärts, höchstens, um die Restaurants zu besuchen oder auf dem Las Olas Boulevard zu shoppen; die meisten bleiben an der Küste und frönen dem Sonnenbaden. Die Promenade – eine breite, von Palmen gesäumte Strandstraße – zieht viele Sportler, Spaziergänger und Radfahrer an. Der weiße Sandstrand gehört zu den saubersten und schönsten des Landes.

Es geht los! Miami liegt nur eine halbe Stunde südlich von Fort Lauderdale an der I-95.

© NeonJellyfish / Getty Images

Links oben: Ein Bohlenweg über den Dünen von Amelia Island. Rechts oben: Ein Rettungsschwimmer auf seinem Posten am South Beach, Miami. Rechts unten: Art-déco-Architektur am Ocean Drive, Miami.

© Olga Yudina / Shutterstock

13. Miami

Miami ist voller pastellfarbener, subtropischer, lateinamerikanisch geprägter Sinnlichkeit, hier schlägt ein anderer Rhythmus als im Rest der USA. Westlich von Downtown auf der Calle Ocho (8th Street) liegt Little Havana, die bekannteste kubanische Gemeinde der USA. Am besten kommt man am letzten Freitag des Monats hierher, wenn die Viernes Culturales (Kulturfreitage; www.viernes-culturales.org) steigen, Straßenfeste bei denen sich Latinokünstler und -musiker präsentieren. Oder man genießt die Atmosphäre des Máximo-Gómez-Parks, wo alte Herren zur Begleitung von lateinamerikanischer Musik Domino spielen.

Wynwood und das Design District sind Miamis offizielle Künstlerviertel; unbedingt die Wynwood Walls (www.thewynwood walls.com) besuchen, wo unzählige Wandbilder eine Kunstgalerie zum Durchfahren bilden.

Das Beste haben wir uns für den Schluss aufgehoben! Über den Julia Tuttle Causeway oder den MacArthur Causeway ins Art-déco-Viertel Miami Beach fahren!

© littlenySTOCK / Shutterstock

14. Miami Beach

Miami Beach hat die schönsten Strände des Landes, mit weißem Sand und türkisfarbenem Wasser, aber es bietet auch die weltweit größte Ansammlung von Art-déco-Bauwerken: Die Straßen um den Ocean Drive und die Collins Ave sind von mehr als 1200 Häusern aus dieser Kunstepoche gesäumt. Im Art Deco Welcome Center (305-672-2014; www.mdpl.org) kann man Stadtführungen buchen; oder man holt sich im Geschenkeladen einen Stadtplan. Auf der Ocean Ave gibt es viele Straßencafés; man sollte einfach flanieren, bis man eines nach seinem Geschmack findet; eine schöne Spaziergegend ist auch die Lincoln Road Mall, eine Fußgängerpromenade mit Boutiquen, Restaurants und Bars.

Eine Stunde südlich von Miami Beach liegt der Biscayne National Park (305-230-1144; www. nps.gov/bisc), ein Meeresschutzgebiet mit Korallenriffen, die auf die Skyline Miamis blicken. Der Park ist nur vom Wasserweg aus zugänglich: Man kann eine Tour mit dem Glasbodenboot buchen, schnorcheln und tauchen oder ein Kanu bzw. Kajak ausleihen und das 777 km² große Schutzgebiet mit seinen Inseln, Schiffswracks und Mangrovenwäldern auf eigene Faust erkunden.

Highway 61 durch Minnesota

Die Straße, die Bob Dylans in seinem 1965er Album *Highway 61 Revisited* feierte, hat ihren ganz eigenen Charme. In den Häfen ankern Frachter, kleine Fischereiflotten holen den Tagesfang ein, und am Lake Superior erstrecken sich wellengepeitschte Klippen – die Belohnung für Traveller, die in die Fußstapfen des Nobelpreisträgers treten wollen.

1. Duluth

Das an einem Steilhang des Lake Superior gelegene Duluth ist einer der belebtesten Häfen des Landes. Vom Canal Park im Stadtzentrum aus kann man den Trubel gut beobachten. Man beginnt an der Aerial Lift Bridge, dem Wahrzeichen von Duluth, die ihren mächtigen Arm hebt, um hupende Schiffe in den Hafen einfahren zu lassen. Jährlich passieren etwa 1000 Frachter die Brücke. Die Bildschirme vor dem Maritime Visitor Center (218-720-5260; www.lsmma.com) geben bekannt, wann die Schiffe kommen und abfahren; im Innern ist eine Ausstellung über die Schifffahrtsgeschichte des Sees zu sehen.

Duluth ist der Geburtsort von Bob Dylan, aber die Stadt geht sehr entspannt mit ihrem berühmten Sohn um. Das Haus, in dem Dylan seine Kindheit verbrachte (519 N 3rd Ave E), muss man auf eigene Faust suchen; es liegt auf einem Hügel nordöstlich von Downtown. Dylan lebte bis zum Alter von sechs Jahren – als er mit seiner Familie nach Hibbing zog – im Obergeschoss. Das Privathaus ist nicht ausgeschildert, man kann es nur von außen besichtigen.

Auf der London Road, auch bekannt als Highway 61, Richtung Nordosten die Stadt verlassen. Den Ausschilderungen zum North Shore Scenic Drive (auch Scenic 61 oder Old Highway 61 genannt) folgen. Die nächsten 32 km kann man auch auf der Schnellstraße 61 zurücklegen, aber man sollte stattdessen die kurvenreiche Originalroute nehmen.

2. Knife River

Auf dem Weg zum Russ Kendall's Smoke House (218-834-5995; 149 Scenic Dr) in Knife River kommt man an unberührten Stränden und Flussmündungen vorbei, an denen Fischer ihrer Arbeit nachgehen. Das Restaurant wird von der Familie Kendall betrieben, die hier seit vier Generationen Forellen und Alaska-Seelachs auftischt. Man kauft sich eine Räucherscholle, die das Personal in Zeitungspapier einwickelt und schon ist man für ein gutes Picknick ausgestattet.

Nordöstlich auf dem Highway 61 ins wenige Kilometer entfernte Two Harbors fahren.

3. Two Harbors

An der Agate Bay erhebt sich Minnesotas einziger Leuchtturm, der heute noch in Betrieb ist (www.lakecountyhistoricalsociety.org). Der 1892 erbaute Turm hat einen festen Rhythmus: 0,4 Sekunden Blitz, 4,6 Sekunden Dunkelheit, 0,4 Sekunden Blitz, 14,6 Sekunden Dunkelheit. So geht es den ganzen Tag, alle Tage des Jahres. Wanderfans sollten bei der Hauptverwaltung des Superior Hiking Trail (218-834-2700; www.shta. org) anhalten, um sich eine Wanderkarte zu besorgen. Der 467 km lange Weg um den See folgt der Kammlinie zwischen Duluth und der kanadischen Grenze. Alle 8 bis 16 km gibt es Zugänge zum Wanderweg, was ihn zu einem perfekten Ziel für Tagesausflüge macht. Bei der Hauptverwaltung sind Wanderkarten erhältlich.

Auf Highway 61 an Castle Danger (benannt nach einem Boot, das in der Nähe sank) vorbei zum 21 km entfernten Gooseberry Falls State Park fahren.

4. Gooseberry Falls State Park

Die fünf Wasserfälle, die malerische Schlucht und die Wanderwege des Gooseberry Falls State Park (218-8343855; www.dnr.state.mn.us) ziehen unzählige Besucher an. Mehrere Stein- und

50 km
25 Meilen
KANADA
USA
Agnes Lake
Saganaga Lake
Northern Light Lake
Suomi
Whitefish Lake
Rainy River
Trout Lake
Vermillion Lake
Ely
Boundary Waters Canoe Area Wilderness
12 The Gunflint Trail
Grand Portage
Grand Portage Indian Reservation
14 ZIEL
Birch Lake
Babbitt
Hovland
13 Judge CR Magney State Park
11 Grand Marais
Lutsen Mountains 10
Isabella
Superior National Forest
Tofte 9
8 Temperance River State Park
Finland
Lake Superior
Whiteface Reservoir
7 Tettegouche State Park
Silver Bay 6
Beaver Bay
Palisade Head
MINNESOTA
Gooseberry Falls State Park 4
5 Split Rock Lighthouse
Boulder Lake
Knife River 2
3 Two Harbors
Apostle Islands National Lakeshore
Red Cliff Indian Reservation
Duluth 1
START
Bayfield
Superior
WISCONSIN
Washburn
Bad River Indian Reservation
Chequamegon National Forest
Ashland
Ottawa National Forest
Dauer: 2–3 Tage
Entfernung: 241 km
Reisezeit:
Von Juli bis Mitte Oktober gibt es schönes Wetter und bunte Herbstfarben.

Holzhäuser – erbaut in den 1930er-Jahren vom Civilian Conservation Corps – sind im Park verstreut und zeigen interessante Exponate. Am schnellsten zu erreichen sind der untere und der mittlere Wasserfall, zu denen ein 1 km langer Asphaltweg führt. Wer etwas mehr Auslauf braucht, kann den 3,2 km langen Gooseberry River Loop nehmen, der zum Superior Hiking Trail gehört. Um auf den Weg zu gelangen, stellt man seinen Van am Parkplatz des Besucherzentrums (bei Mile 38.9) ab. Dem Pfad zu den Oberen Fällen folgen und auf dem Fifth Falls Trail flussaufwärts weiterlaufen. Bei Fifth Falls die Brücke überqueren und auf der anderen Seite des Flusses zum Startpunkt zurückgehen. Voilà! Der Trail ist einer der einfachsten Wanderwege der Region.

Auf Highway 61 etwa 10 km nach Nordosten fahren.

5. Der Leuchtturm von Split Rock

Das meistbesuchte Highlight am Nordufer ist der Split Rock Lighthouse State Park (218-5957625; www.dnr.state.mn.us). Die Hauptattraktion des Parks ist eine historische Stätte mit separatem Eintrittspreis. Stündlich gibt es Führungen, man kann aber auch auf eigene Faust losziehen. Wer kein Problem mit Treppen hat – es sind etwa 170 Stufen oder so – kann die Klippe hinunter zum Strand gehen, wo sich ein großartiger Blick auf den Leuchtturm und die Küste bietet. Der Leuchtturm wurde im November 1905 nach einem schweren Sturm erbaut, bei dem 29 Schiffe zerschellten. Moderne Navigationsgeräte machten ihn 1969 überflüssig. Egal – er ist nach wie vor eines der schönsten Bauwerke an der Route.

Auf Highway 61 etwa 16 km weiterfahren. Kurz hinter Silver Bay nach den Ausschilderungen zum Palisade Head Ausschau halten.

6. Palisade Head

Palisade Head ist ein alter Lavastrom, der sich in steile, rostrote Klippen verwandelt hat. Eine schmale Straße schlängelt sich um den Gipfel herum, wo ein kleiner Parkplatz liegt. Die Aussicht von hier ist atemberaubend. An klaren Tagen kann man sogar die Apostle Islands von Wisconsin sehen. Der Palisade Head ist sehr beliebt bei Kletterern, die man dort wahrscheinlich häufig sehen wird.

Auf Highway 61 zurückkehren. Palisade Head gehört zum Tettegouche State Park, obwohl dieser erst 3,2 km weiter beginnt.

7. Tettegouche State Park

Wie viele Parks am Nordufer bietet auch der Tettegouche State Park (218-353-8800; www.dnr.state.mn.us) gute Möglichkeiten zum Angeln, Campen und Paddeln sowie Wanderwege zu Wasserfällen und Seen. Im Winter kann man hier sogar Ski fahren und mit Schneeschuhen wandern. Es gibt zwei Musts im Park, die beide nahe am Parkeingang (Mile 58.5) liegen. Das Auto am Parkplatz neben dem Besucherzentrum abstellen und den Wanderweg zum Shovel Point nehmen. Der 2,4 km lange Rundweg führt über Treppen und Bohlenwege. Vom Gipfel bieten sich herrliche Ausblicke auf die Landschaft. Man kann die gewaltige Kraft des Sees bewundern, während unten die Wellen ans Ufer schlagen. Mit etwas Glück sieht man auch Wanderfalken. Ein weiteres Highlight von Tettegouche ist der idyllische Badesee an der Mündung des Baptism River. Er liegt am Picknickplatz nahe dem Besucherzentrum.

Dem Highway 61 durch Birkenwälder und Parks 35 km folgen. Nicht weit hinter Taconite Harbor (wo heute Kohle für das benachbarte Kraftwerk be- und entladen wird) liegt Temperance River.

© aaron peterson.net / Alamy Stock Photo

8. Temperance River State Park

Hier lockt eine weitere umwerfende Landschaft voller Wasserfälle. Im Park (218-663-3100; www.dnr.state.mn.us) straft der namensgebende Wasserweg seinen „gemäßigten" Namen Lügen und tost durch eine schmale Schlucht. Er ist leicht zu erreichen: Man stellt das Auto auf einem der Parkplätze am Highway ab und wandert über Stege und um Felsentümpel herum zum Fluss.

Dem Highway 61 etwa 3,2 km bis Tofte folgen.

9. Tofte

Tofte ist einen Zwischenstopp wert, um das North Shore Commercial Fishing Museum zu besuchen. Das rote Gebäude zeigt Fischernetze, ein Fischerboot und andere Werkzeuge aus der Fischerei sowie faszinierende Fotos von meist norwegischen Familien, die hier Ende des 19. Jh. siedelten und Fischerei betrieben. Das nahe gelegene Unternehmen Sawtooth Outfitters (218-663-7643; www.sawtoothoutfitters.com) veranstaltet geführte Kajaktouren für alle Niveaus, außerdem Touren auf dem Temperance River und dem Lake Superior sowie einfache Trips zu tierreichen Seen im Inland. Sawtooth verleiht auch Mountainbikes für Radtouren auf den Wanderwegen der Region, z. B. dem Gitchi Gami State Bike Trail.

Auf Highway 61 etwa 11 km nach Nordosten fahren.

Links: Der Temperance River State Park am Nordufer des Lake Superior. Rechts: Eine kurvenreiche Straße führt zum Parkplatz am Palisade Head mit Ausblick auf Shovel Point.

10. Lutsen Mountains

Das Skiresort Lutsen (218-406-1320; www.lutsen.com) ist das größte Skigebiet im Mittleren Westen. Im Winter ist hier viel los, wenn Skifahrer und Snowboarder die 95 Abfahrten auf vier Bergen hinuntersausen. Im Sommer kommen Besucher v.a. wegen der Gondelbahn, die zur Spitze des Moose Mountain führt. Die roten Gondeln gleiten über die Baumkronen hinweg ins Tal und über den Poplar River bis zur Bergspitze. Vom Chalet bietet sich ein atemberaubender Ausblick, außerdem gibt es gute Wanderwege. Der Superior Hiking Trail und eine Abzweigung führen 7 km den Berg hinunter. Kinder werden von der Bergrutsche auf dem Eagle Mountain begeistert sein; sie ist mit dem Sessellift zu erreichen. In Lutsen werden auch familienfreundliche Kanutouren auf dem Poplar River angeboten.

Dem Highway 61 am vogelreichen Cascade River State Park (der im Herbst besonders schön ist) vorbei 32 km bis Grand Marais folgen.

© Dennis O'Hara / Shutterstock

11. Grand Marais

Die kleine Künstlerstadt Grand Marais ist ein perfekter Ausgangspunkt zur Erkundung der Region. Man kann am Ufer spazieren, Fischerboote bei der Ausfahrt beobachten und eines der stimmungsvollen Restaurants besuchen. In der North House Folk School (218-3879762; www.northhouse.org) kann man lernen, Boote zu bauen, Fliegen zu binden oder Wildreis zu ernten. Das Kursangebot, das auf den Erhalt lokaler Traditionen abzielt, ist phänomenal – ebenso wie der zweistündige Segeltörn auf dem Wikingerschoner Hjordis.

12. Abstecher: Der Gunflint Trail

Der Gunflint Trail (www.gunflint-trail.com) alias Highway 12 verläuft von Grand Marais landeinwärts fast bis zum Saganaga-See. Die 92 km lange, asphaltierte Nebenstraße führt durch die Boundary Waters Canoe Area Wilderness (www.fs.usda.gov/attmain/superior/specialplaces) – ein Paradies für Paddler. Genehmigungen und Informationen zum Besuch gibt es bei der Gunflint Ranger Station (218-387-1750; 2020 Highway 61), die nahe Grand Marais am Highway 61 liegt. Wer nicht Kanu fahren will, kann hier auch wandern, picknicken oder Elche beobachten. In der Dämmerung streifen riesige Hirsche und Rehe durch die Sumpfgebiete. Die Fahrt auf dem Gunflint Trail dauert eineinhalb Stunden, aber man wird viel mehr Zeit mit Wandern, Seilrutschen und Elchbeobachtung verbringen.

Links: Der Leuchtturm von Split Rock. Rechts oben: Waffenruhe bei Kriegsdarstellern in Grand Portage. Rechts unten: Der Gunflint Trail ist ein lohnenswerter Abstecher vom Highway 61.

© "David R. Frazier Photolibrary, Inc. / Alamy Stock

© America / Alamy Stock Photo

Hinter Grand Marais wird der Highway 61 breiter, es sind weniger Leute unterwegs, und der See gibt mehr von sich preis. Nach 23 km Fahrt ist der Judge CR Magney State Park erreicht.

13. Judge CR Magney State Park

Der Namensgeber des Parks (218-387-6300; www.dnr.state.mn.us) war ein Bürgermeister von Duluth und Richter des Minnesota Supreme Court, der dabei half, die Region zu erhalten. Sein Naturpark ist ein echtes Paradies. Man sollte unbedingt zum Devil's Kettle wandern: An den berühmten Wasserfällen spaltet sich der Brule River um einen riesigen Felsen. Die Hälfte des Flusses stürzt 15 m in die Tiefe, die andere Hälfte verschwindet in einem riesigen Loch und fließt unterirdisch weiter. Wo das Wasser hinfließt, ist ein Rätsel – Wissenschaftler konnten die Austrittstelle bis heute nicht ermitteln. Pro Strecke läuft man etwa 1,8 km. Auf der anderen Straßenseite befindet sich die Naniboujou Lodge. Das 1920 erbaute Anwesen war einst ein Privatclub von Babe Ruth und seinen Zeitgenossen, die in der großen Halle Zigarren rauchten und sich am 6 m hohen Kamin wärmten. Das Highlight der Lodge ist die massive Kuppeldecke, die mit Mustern der Cree-Indianer bemalt ist. Die Halle dient heute als Speisesaal der Lodge, und man darf gerne einen Blick hineinwerfen (oder hier essen).

Der letzte, 42 km lange Abschnitt führt durch die Grand Portage Indian Reservation zum Grand Portage National Monument.

14. Grand Portage

Das Grand Portage National Monument (218-475-0123; www.nps.gov/grpo) wurde nach den Reisenden benannt, die ihre Kanus um die Stromschnellen des Pigeon River tragen mussten. Es war einst ein Zentrum des Pelzhandels, und der rekonstruierte Handelsposten von 1788 sowie das Dorf Ojibwe zeigen, wie die Gemeinde in der unwirtlichen Umgebung lebte. Beim Rundgang durch die Great Hall, die Küche und das Kanulager erfahren Besucher, wie die Einwohner Wildreis zubereiteten und Biberfelle verarbeiteten.

Der 0,8 km lange Asphaltweg zum Mount Rose belohnt Wanderer mit atemberaubenden Ausblicken. Man kann auch den 27 km langen Rundweg Grand Portage Trail laufen, der der einstigen Pelzroute folgt. Grand Portage ist ein einsamer, windgepeitschter Ort und ein passender Abschluss der Route, denn an der kanadischen Grenze endet der Highway 61.

Die Pazifikküste

Die reizvollen Highways 1 und 101 erwarten Traveller auf dem Weg von Kalifornien die Westküste hinauf nach Oregon und Washington. Unterwegs entdeckt man Strände, Meeresfrüchte-Lokale und Sonnenuntergänge über dem Pazifik. Noch besser: Die Chancen, einen Übernachtungsort mit Meerblick zu finden, sind an dieser Route exzellent.

1. San Francisco

Es gibt ständig Staus, aber nicht verzweifeln! Der Highway 1 führt mitten durch die grüne Lunge der Stadt: den Golden Gate Park, ein Paradies voller Blumen, Bäume und botanischer Gärten.

Dem Highway 1 nördlich über die Golden Gate Bridge folgen. Die Kultbrücke, das Tor zur San Francisco Bay, ist nach der Meerenge benannt, die sie überspannt. Um ein Foto zu machen, an der Süd- oder Nordseite der Brücke parken und zum Fußgängerweg laufen. Der Highway 1 führt gemächlich und herrlich gewunden an der Küste von Marin County entlang am Point Reyes vorbei. Die nächsten 161 km von Bodega Bay bis Mendocino kann man auf dem ununterbrochen entlang der Küste verlaufenden Streckenabschnitt genießen. Etwa auf halber Strecke befindet sich nördlich der Stadt Point Arena die Abzweigung zur Lighthouse Road.

2. Around Point Arena

Die Fischereiflotten von Bodega Bay und die Seehund-Kolonie von Jenner sind die letzten Sehenswürdigkeiten an der Route, bevor der Highway in den ländlichen Norden Kaliforniens eintaucht. Der Highway 1 schlängelt sich an den State Parks der Küste von Sonoma vorbei, mit ihren Wanderwegen, Sanddünen und Stränden. Er führt an Meeresschutzgebieten, Rhododendron-Hainen und einer russischen Pelzhandelsfestung aus dem 19. Jh. vorbei. In Sea Ranch sollte man trotz exklusiver Ferienhäuser öffentliche Wanderwege nutzen, die zu einsamen Stränden führen.

Weiter nördlich wacht der 1908 erbaute Point-Arena-Leuchtturm über die stürmische Landschaft. Es ist der einzige Leuchtturm Kaliforniens, den man besteigen kann.

Von der Abzweigung zum Point-Arena-Leuchtturm führt die 56 km lange Fahrt auf dem Highway 1 nach Mendocino; unterwegs überquert man den Navarro, den Little River und den Big River. Man kann auch an windgepeitschten Stränden oder Parkanlagen anhalten und sich strecken (oder übernachten).

3. Mendocino und Fort Bragg

Das ruhige Mendocino erinnert eher an Cape Cod als an Kalifornien. Seine Cottages im englischen Stil sind von weißen Zäunen, Wassertürmen und Gärten umgeben. Die eindrucksvolle Landzunge ragt tief in den Ozean hinein. In den 1950er-Jahren wurde die Stadt, einst ein Schiffshafen und Zentrum der Holzindustrie, von Künstlern und der Bohème wiederentdeckt und diente als malerische Kulisse in über 50 Filmen. Wer die Souvenirläden und Kunstgalerien besucht hat, die Treibholz-Schnitzereien, hausgemachte Marmeladen u. v. m. verkaufen, sollte sich ins nördlich gelegene Fort Bragg mit seinem einfachen Fischereihafen und Brauereipub absetzen.

40 km nördlich von Mendocino liegt Westport, das letzte Dorf an diesem Abschnitt des Highway 1. Bei Leggett auf den Highway 101 fahren und das 145 km entfernte Eureka ansteuern. Unterwegs einen Abstecher zur Avenue of the Giants und zur Lost Coast machen.

4. Eureka

Der Highway 101 zieht sich am Humboldt Bay National Wildlife Refuge (707-733-5406; www.fws.gov/refuge/humboldt_bay) entlang, einem wichtigen Zwischenhalt von Zugvögeln auf dem Pacific Flyway. Als Nächstes erreicht man Eureka.

Dauer: 4–7 Tage

Entfernung: 1127 km

Reisezeit:
Von Juli bis Oktober ist das Wetter am besten.

Dem Highway 101 nördlich folgen. Unterwegs passiert man die bei Hippies beliebte College-Stadt Arcata sowie die Abzweigungen zum Trinidad State Beach und Patrick's Point State Park (drei Campingplätze; www. parks.ca.gov/?page_id=417). Der Highway 101 führt aus den Wäldern heraus am Humboldt Lagoons State Park vorbei nach Norden in Richtung Orick, 64 km von Eureka .

5. Redwood National und State Parks

Schließlich erreicht man den Redwood National Park (707-465-7335; www.nps.gov/redw). Im Lady Bird Johnson Grove und Tall Trees Grove kann man riesige Bäume umarmen (dazu ist eine kostenlose Fahr- und Wandergenehmigung erforderlich). Zu weiteren Rotholzwälder führt der 13 km lange Newton B Drury Scenic Parkway im Prairie Creek Redwoods State Park (707-488-2039; www.parks.ca.gov), vorbei an grünen Wiesen, auf denen Roosevelt-Hirsche grasen. Auf dem Highway 101 nordwärts nach Crescent City fahren, dem letzten Ort vor der Grenze zu Oregon.

6. Brookings, Oregon

Brookings, die erste Station an der Küste Oregons, hat die wärmsten Temperaturen an der Küste und ist ein Zentrum für die Produktion von Lilienknollen. Im Juli sind die leuchtend bunten Felder südlich der Stadt von schwerem Duft erfüllt. Im Mai und Juni finden im hügeligen, 30 ha großen Azalea Park prächtige Blumenausstellungen statt.

7. Samuel Boardman State Scenic Corridor

Der 19 km lange, traumhaft schöne Küstenstreifen bietet riesige Fichten, Felsbrücken, Gezeitentümpel und Wanderwege. Am Highway gibt es über zwölf Straßenstopps und Picknickplätze, auf denen man meist bis zu zwölf Stunden parken darf – damit sind sie Campingplätze, auf denen man mit herrlichem Meerblick aufwacht – gerade recht für Instagram.

Der Aussichtspunkt am Natural Bridge Viewpoint (Mile 346, Highway 101) bietet großartige Fotomöglichkeiten auf die Felsbögen (Überreste eingestürzter Meereshöhlen). Anschließend kann man sich überlegen, zum China Beach hinunterzuwandern.

8. Port Orford

Das Dorf Port Orford liegt auf einer Landzunge an einem der schönsten Abschnitte des Küsten-Highways und bietet selbst von der Mitte des Ortes einen herrlichen Ausblick. Ambitionierte Wanderer können den 4,8 km langen Weg zum Humbug Mountain hinaufgehen, der an Bächen vorbei und durch prähistorisch wirkende Landschaften zum Gipfel führt, wo sich ein beeindruckender Blick auf Cape Sebastian und den Pazifik bietet. Wer vor Ort übernachten will, fährt am besten zum Parkplatz oben am Ende der Harbor Road. Ein Stellplatz über Nacht kostet nur eine kleine Gebühr (im nahe gelegenen Besucherzentrum gibt es Toiletten).

9. Bandon

Der kleine Ort, der sich optimistisch Bandon-by-the-Sea nennt, ist reizvoll an der Bucht des Coquille River gelegen. Seine Altstadt wurde zu einem idyllischen Hafen- und Shoppingviertel umgebaut. Am Strand ragen Felsen aus dem Meer, an denen sich Robben und Seelöwen tummeln. In Gezeitentümpeln tummeln sich Myriaden verschiedener Lebewesen. Eine der schönsten Felsformationen an der Küste ist der viel fotografierte Face Rock, ein riesiger Monolith mit unheimlichen, einem Gesicht ähnelnden Zügen, der tatsächlich wie eine Frau mit zurückgeneigtem Kopf aussieht und Stoff für eine indianische Legende war.

10. Coos Bay

Das bodenständige Coos Bay und seine bescheidene Nachbarstadt North Bend bilden das größte urbane Zentrum an der Küste Oregons. Coos Bay war einst der größte Holzhafen der Welt. Die Baumstämme sind weg, dafür kommen immer mehr Touristen hierher.

Der Cape Arago Highway führt 22,5 km nach Südwesten zum Cape Arago State Park (800-551-6949; www.oregonstateparks.org), der am tosenden Meer liegt und über grüne Picknickplätze mit schöner Aussicht verfügt. Der Park schützt einige der besten Gezeitentümpel von Oregon und ist einen Abstecher wert.

11. Oregon Dunes National Recreation Area

Dieser Küstenstreifen bietet eine völlig andere Landschaft als gewohnt: Sand. Viel Sand. Die Oregon Dunes sind mit 80 km Länge die größten Sanddünen in den Vereinigten Staaten. Einige sind bis zu 150 m hoch! Die Sandberge erstrecken sich bis zu 5 km ins Landesinnere. Wanderer und Vogelbeobachter halten sich meist auf der ruhigen Nordseite der Dünen auf; auf der südlichen Hälfte sind häufig Dünenbuggys, Motocrossräder und Dirt Bikes unterwegs. Der leicht erreichbare Oregon Dunes Overlook bei Mile 200.8 ermöglicht die besten Ausblicke.

Der Umpqua Lighthouse State Park in Reedsport bietet Führungen zum 1894 erbauten Leuchtturm (541-271-4631).

12. Cape Perpetua

Die aufregende Cape Perpetua Scenic Area, 5 km südlich von Yachats, sollte man auf keinen Fall verpassen! Man könnte leicht ein, zwei Tage damit verbringen, die Wanderwege zu erkunden, die durch moosbewachsene, uralte Wälder zu felsigen Stränden, Gezeitentümpeln und Meeresgeysiren führen. Zumindest aber sollte man zum Cape Perpetua Overlook hinauffahren, dem höchsten Punkt an der Küste: 244 m über dem Meeresspiegel bietet er einen atemberaubenden Küstenblick. Sehenswert ist auch der West-Shelter-Beobachtungspunkt, der 1933 vom Civilian Conservation Corps erbaut wurde. Vor Ort gibt es einen guten Campingplatz.

Südlich von Cape Perpetua liegt Cook's Chasm, eine umtoste Felsformation, die Wasser spuckt; der nahe gelegene Parkplatz ermöglicht einen herrlichen Ausblick (und es gibt keine Schilder, die das Campen über Nacht untersagen). Die Region war

Vorige Doppelseite: Van auf der Küstenroute Sonoma-Mendocino. Diese Seite links: Die riesigen Rotholzwälder im Lady Bird Johnson Grove. Rechts: Die Golden Gate Bridge.

© Matteo Colombo / Getty Images

einst eine Ansammlung vulkanischer Einbrüche, die dem Pazifik lange genug widerstanden, um Gipfel und Landspitzen zu bilden, die in das Meer ragen. In den riesigen Gezeitenbecken leben Seesterne, Seeanemonen und Seelöwen.

13. Newport

Die Meeresbiologen-Mütze aufgesetzt und ab zur Yaquina Head Outstanding Natural Area (541-574-3100), die fast 1,6 km in den Ozean hineinragt. Die Landzunge beherbergt einige der besten Streichelbecken an der Küste Oregons. Außerdem bietet auch der größte Leuchtturm Oregons, das Yaquina Head Lighthouse (nicht zu verwechseln mit dem Yaquina Bay Lighthouse 5 km weiter südlich) einen schönen Ausblick. Im hochmodernen Oregon Coast Aquarium (541867-3474; www.aquarium.org) leben Robben und Seeotter vom Feinsten, und der Quallenraum mutet fast schon psychedelisch an.

14. Depoe Bay

Obwohl Depoe Bay von Timesharing-Wohnanlagen umgeben ist, hat es sich seinen ursprünglichen Charme bewahrt. Es erhebt den Anspruch, den „kleinsten schiffbaren Hafen der Welt“ zu haben und die „Welthauptstadt des Whale Watching“ zu sein.

15. Lincoln City

Das sich ausbreitende moderne Strandresort Lincoln City ist das größte Handelszentrum der Region. Neben Tankstellen und Lebensmittelläden lockt die Stadt mit einem einzigartigen Grund zu einem Besuch: Von Mitte Oktober bis Ende Mai verstecken Freiwillige bunte Glaskugeln – mundgeblasen von ansässigen Künstlern – an den Stränden; sie sind ein schönes Souvenir für findige und sorgfältige Urlauber.

16. Tillamook

Nicht alle Küstenstädte bauen auf Sand und Meeresfrüchte. Tillamook hat einen völlig anderen Anspruch auf Ruhm: Käse. Jährlich strömen Tausende Besucher in die Tillamook Cheese Factory (800-542-7290; www.tillamookcheese.com), um kostenlos Käse zu probieren und bei der Käseherstellung zuzuschauen.

17. Manzanita

Manzanita ist einer der ruhigeren Küstenorte von Oregon – viel kleiner und weniger gehypt als Cannon Beach. Man kann an den weißen Sandstränden relaxen oder, falls einen der Ehrgeiz packt, den Neahkahnie Mountain besteigen, um die eindrucksvoll aus dem Meer ragenden Klippen zu bewundern. Der Aufstieg zum Gipfel ist 6 km lang, aber der Ausblick ist es wert: An klaren Tagen kann man bis zu 80 km weit aufs Meer hinausschauen.

18. Cannon Beach

Cannon Beach ist eine der beliebtesten Städte von Oregon. Der breite Sandstrand zieht sich meilenweit hin und bietet tolle Fotomotive. In Haystack Rock, der dritthöchsten Felsnadel der Welt, befinden sich bemerkenswerte Gezeitentümpel. Wer wandern will, sollte den Ecola State Park (503-436-2844; www. oregonstateparks.org) ansteuern.

19. Seaside

Oregons quirligste Stadt bietet genau das, was man von einem Ort namens Seaside erwartet – Spaß im Stil von Coney Island. An der 3,2 km langen „Prom" befinden sich Kutschenvermieter, Videoarkaden und Läden, die kitschige Souvenirs, Elefantenohren, Karamelläpfel und Salzwasser-Toffee verkaufen.

Gearhart ist berühmt für seine Messermuscheln, die sich bei Ebbe am Strand sammeln. Um sie zu suchen, braucht man feste Schuhe, eine Schaufel oder eine „Clam Gun" (Muschelkanone), robuste Handschuhe, eine Lizenz (erhältlich in Gearhart) und einen Eimer. Auf die Finger achten – der Name Messermuschel kommt nicht von ungefähr. Die frisch gekochten Muscheln sind das beste Essen, das man auf der Reise genießen wird. Informationen zum Muschelsammeln gibt die Website des Oregon Department of Fish & Wildlife; die Homepage ist ein einziges Labyrinth, also am besten „ODFW clamming" googeln.

20. Fort Stevens State Park

Tausende von Schiffen sind im Pazifik verloren gegangen. Einige sind bei Ebbe zu sehen, aber am leichtesten ist das Wrack der Peter Iredale zu finden, das auf dem Grund des Fort Stevens State Park ruht. Das Schiff wurde am 25. Oktober 1906 von der rauen See an die Küste getrieben; seitdem liegt das Wrack eingebettet im Sand. Kinder haben das verrostete Schiffsgerippe zu einem Klettergerüst umfunktioniert, und bei Ebbe kommen viele Familien zum Strand, um zu picknicken und Sandburgen zu bauen. (Als das Schiff sank, kamen keine Menschen ums Leben, daher sollte der Gedanke an Geistermatrosen den Spaß nicht trüben.)

21. Astoria

Astoria liegt an der Mündung des Columbia River, wo die Gewässer des Pazifiks am gefährlichsten sind, da die Strömungen des Flusses ins Meer drängen, während die Flut flussaufwärts zu drücken versucht. Die Stadt hat eine lange Schifffahrtsgeschichte; am alten Hafen wurden in den letzten Jahren viele schicke Hotels und Restaurants eröffnet. Das Columbia River Maritime Museum (503-3252323; www.crmm. org) zeigt zahlreiche Exponate, die von alten Booten bis hin zu maritimen Erinnerungsstücken reichen. Ein Rettungsboot, das durch vorgetäuschte hohe Wellen fährt, macht deutlich, wie gefährlich die Arbeit der Küstenwache ist.

22. Oysterville und Nahcotta

Der Charme dieser alten Orte – die einzigen an der Bucht der Long-Beach-Halbinsel von Washington – rührt nicht nur von ihrer Geschichte, sondern auch daher, dass es hier nicht so karnevalsartig zugeht wie in den anderen Küstenstädten. Oysterville hat sich seit dem Austernboom der 1870er-Jahre kaum verändert.

Rechts: Der Cannon Beach in Oregon, einer von vielen Anziehungspunkten der Küste am Highway 101.

Register

Register

Titel der englischen Ausgabe:
The Vanlife Companion
August 2018
Herausgegeben von Lonely Planet Global Limited
CRN 554153
www.lonelyplanet.com

Managing Director, Publishing Piers Pickard
Associate Publisher & Commissioning Editor Robin Barton
Written and compiled by Ed Bartlett and Becky Ohlsen
Editors Nick Mee, Yolanda Zappaterra, Christina Webb, Nora Rawn
Art Directors Daniel Di Paolo, Katharine Van Itallie
Print Production Nigel Longuet

Verlag der deutschen Ausgabe
MAIRDUMONT GmbH & Co. KG
Marco-Polo-Straße 1, 73760 Ostfildern
www.mairdumont.com, www.lonelyplanet.de
Projektbetreuung Andrea Wurth
Übersetzer Irene Anton, Claudia Riefert, Petra Wucher
Produktion VerlagsService Gaby Herbrecht
Redaktion Eckard Schuster, Brigitte Wormer
Abbildungen Fotos © wie angegeben
1. Auflage 2019
ISBN 978-3-8297-2687-0
Printed in Singapore

lonelyplanet.com/contact

BILD BUCHVORDERSEITE ©Justin Foulkes / Lonely Planet
BILDER BUCHRÜCKSEITE: Mit freundlicher Genehmigung von ©Ben und Mande Tucker, ©Mzark Finke und Jolie King, ©Mirte van Dijk, ©Eric McCutcheon und Fanny Rice, ©Zach Both

FSC www.fsc.org MIX Papier aus verantwortungsvollen Quellen FSC® C021741

Das Papier in diesem Buch wurde nach den Forest Stewardship Council®-Richtlinien zertifiziert. FSC® fördert die umweltfreundliche, sozialverträgliche und wirtschaftlich tragfähige Bewirtschaftung des weltweiten Waldbestands.